本书得到以下项目资助：

中南大学"高端智库"项目"轨道交通装备关键核心技术创新突破的战略与政策研究"（项目编号：2022znzk05）

国家社会科学基金一般项目"创新生态系统视角下高速列车关键核心技术瓶颈突破研究"（项目编号：20BGL040）

国家自然科学基金面上项目"高铁产业关键核心技术突破机制：政府职能与产业创新生态系统共演研究"（项目编号：72072124）

创新生态系统视角下
高速列车关键核心技术突破研究

CHUANGXIN SHENGTAI XITONG SHIJIAOXIA

GAOSU LIECHE GUANJIAN

HEXIN JISHU TUPO YANJIU

宋 娟◎著

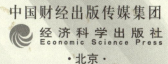

中国财经出版传媒集团

经济科学出版社
Economic Science Press

·北京·

图书在版编目（CIP）数据

创新生态系统视角下高速列车关键核心技术突破研究/
宋娟著. -- 北京：经济科学出版社，2024.7. -- ISBN
978 - 7 - 5218 - 6182 - 2

Ⅰ. U292. 91

中国国家版本馆 CIP 数据核字第 2024BK8419 号

责任编辑：朱明静
责任校对：靳玉环
责任印制：邱　天

创新生态系统视角下高速列车关键核心技术突破研究
宋　娟　著
经济科学出版社出版、发行　新华书店经销
社址：北京市海淀区阜成路甲 28 号　邮编：100142
编辑部电话：010 - 88191217　发行部电话：010 - 88191522
网址：www. esp. com. cn
电子邮箱：esp@ esp. com. cn
天猫网店：经济科学出版社旗舰店
网址：http://jjkxcbs. tmall. com
固安华明印业有限公司印装
710 × 1000　16 开　14.5 印张　260000 字
2024 年 7 月第 1 版　2024 年 7 月第 1 次印刷
ISBN 978 - 7 - 5218 - 6182 - 2　定价：88.00 元
（图书出现印装问题，本社负责调换。电话：010 - 88191545）
（版权所有　侵权必究　打击盗版　举报热线：010 - 88191661
QQ：2242791300　营销中心电话：010 - 88191537
电子邮箱：dbts@ esp. com. cn）

前　言

近年来，中国不断加强关键核心技术攻关，高速列车实现创新引领，新一代运载火箭、大型客机、核电装备等 45 种复杂产品也达到或接近国际先进水平。

不同于大规模制成品创新，高速列车等复杂产品零部件数万甚至上百万，其预研、立项、研发、测试、生产组装甚至商业化/运营等，每个环节均建立在创新生态链成员结成的紧密合作、共生共演的创新生态系统支撑体系基础上，是生态系统成员协同合作、共同突破关键核心技术研发和商业化瓶颈的结果。

由于创新生态体系的缺失，"合作悖论"成为困扰中国关键核心技术突破的难题。一方面，关键核心技术具有高度的复杂性，往往需要在实践中不断试错和测试，积累大量经验数据以持续提高性能；另一方面，下游应用企业由于担心本土企业开发的关键核心零部件精度、稳定性、可靠性差，无法满足其性能要求，导致关键核心技术难以完成商业化。在这样两难困境下，关键核心技术被"卡脖子"几乎是中国工业的通病，中美贸易摩擦升级越发凸显中国在众多领域关键核心技术被"卡脖子"的问题。因此，如何构建并优化创新生态系统结构和协同创新机制、促进生态系统成员协同合作突破关键核心技术瓶颈，成为亟须解决的重要问题。

现有文献对关键核心技术内涵及特征、创新生态系统、瓶颈问题进行了探索性研究，为本书研究奠定了理论和技术基础。但是，还有以下几点需要进一步探索：首先，关键核心技术的内涵、边界界定有待进一步明确，对关键核心技术瓶颈形成原因的研究有待深化，尤其缺乏关键核心技术瓶颈突破路径的系统研究。学者们主要从某一因素或几个因素分析创新生态系统中导致瓶颈出现的原因，但瓶颈往往是多因素相互作用的结果，未来有必要构建系统的理论分析框架，从多维度分析瓶颈形成机理。其次，尽管各界都认识到瓶颈对创新生态系统的重要影响，但到底如何移除瓶颈，现有研究提供的见解极其有限。最后，现有关于瓶颈问题的研究主要根植于西方发达国家情境，中国作为后发国家，面临的技术基础、市场与制度环境、国际形势更复杂，瓶颈的形成机理、突破路径存在差异，因此，有必要构建适合本土情境的关键核心技术瓶颈突破理论。

　　本书以高速列车为研究对象，从创新生态系统视角解析关键核心技术瓶颈形成机理，在此基础上，探究关键核心技术瓶颈突破路径和方法体系，具有重要的理论和实践价值。

　　本书适合管理学尤其是战略与创新管理、国际商务管理领域的研究人员、教师和学生作为学习参考材料，也可为政府和企业破解关键核心技术被"卡脖子"问题提供方法借鉴，为政府和企业在高端装备领域提前谋划、前瞻性布局与创新引导政策的制定提供决策依据。

　　本书研究成果离不开约克大学谭劲松教授及其团队成员、美国印第安纳大学欧若拉·葛宁（Aurora L. Genin）副教授的大力支持与参与，在此致以特别感谢；感谢多家企业负责人、行业专家在调研、课题研讨等方面的大力支持与宝贵建议；感谢课题组成员王可欣、彭依迪、张莹莹、罗瑶、黎璞等参与研究。

2024 年 5 月 8 日

目　录

第四篇　关键核心技术瓶颈突破的政策及对策研究

第一篇

理论基础

第一章
绪论

第一节　研究背景

近年来，中国不断加强关键核心技术攻关，高速列车实现创新引领（贺俊等，2018；吕铁和贺俊，2019；江鸿和吕铁，2019；Gao，2019），新一代运载火箭、大型客机、核电装备等 45 种复杂产品也达到或接近国际先进水平（Gao，2019）。

不同于大规模制成品创新，高速列车等复杂产品零部件数万甚至上百万，其预研、立项、研发、测试、生产组装，甚至商业化/运营等，每个环节均建立在创新生态链成员结成的紧密合作、共生共演的创新生态系统支撑体系基础上，是生态系统成员协同合作、共同突破关键核心技术研发和商业化瓶颈的结果。

例如，和谐号 CRH380A 型电力动车组（以下简称 CRH380A）成功研制，源于构建了一个强大的创新生态系统支撑体系。在这个创新生态系统中，成员分布于生态链每一环节，包括上游高校、研究院所，原材料、元器件、零部件供应商；下游集成企业、配套设备商、运营商等。其中，仅参与关键核心技术联合研发的成员，就有来自 50 余家企业、36 所大学和科研院所、51 家国家级实验室和工程研究中心的近万名研发人员（宋娟等，

2019）。所有成员协同创新，逐个突破关键共性技术，关键零部件技术，关键材料技术，试验验证技术。每一项关键核心技术的突破都是生态系统成员协同合作的结果。又如，牵引制动系统一直是制约我国高速列车发展的关键核心技术，为了突破这个瓶颈，政府发起，中车青岛四方机厂车辆股份有限公司（简称"四方公司"）、株洲中车时代电气股份有限公司（简称"时代电气"）、中车株洲电机有限公司（简称"株洲电机"）、同济大学等多个成员联合攻关，最终突破了这项"卡脖子"问题。

关键核心技术能否成功突破，除了需要创新生态系统成员联合研发以突破技术研发瓶颈外，还取决于上游研究院所、关键部件成员与下游集成企业、配套设备供应商、客户等成员之间交互合作，实现技术与市场精准对接、高效迭代，进而成功商业化（Adner & Kapoor，2010，2016；吕铁和贺俊，2019；路风，2019）。例如，1965 年，中国就诞生了第一块国产芯片，到 908 工程、909 工程，芯片研发脚步从未停止。由此也出现了新紫光集团有限公司、中芯国际集成电路制造有限公司等一批知名公司。但我国芯片关键核心技术却一直受制于人。究其原因，在于创新生态系统上游研发和下游商业化脱节，没有形成从基础研究、技术研发、产品应用到市场培育的完整创新生态体系（赛迪智库，2019）。这一现象普遍存在。20 世纪 90 年代中国研制的"中华之星""中原之星"等失败，主要原因在于缺乏明确的商业化应用目标（吕铁和贺俊，2019；宋娟等，2019）。而 CRH380A、复兴号列车在开始研制时，就有鲜明的商业化应用导向（吕铁和贺俊，2019）。政府、整车企业等生态系统成员为上游零部件成员提供技术支持和试验设施；上游零部件成员、研究院所、高校通过联合研发，并在反复试验、用户反馈和运营中逐步完善技术（吕铁和贺俊，2019）。在成熟高效的创新生态系统支撑下，生态系统成员协同创新，最终突破关键核心技术研发和商业化瓶颈。这些案例充分说明，构建从基础研究、技术研发、产品应用、市场培育的完整创新生态体系，促进上下游成员协同合作，是关键核心技术瓶颈能否突破的决定性因素。

然而，由于创新生态体系的缺失，"合作悖论"成为困扰中国关键核心技术突破的难题。一方面，由于关键核心技术的高度复杂性，往往需要在实践中不断试错和测试，积累大量经验数据以持续提高性能；另一方面，下游应用企业由于担心本土企业开发的关键核心零部件精度、稳定性、可靠性差，无法满足其性能要求，导致关键核心技术难以完成商业化。在这样两难困境下，关键核心技术被"卡脖子"几乎是中国工业的通病（吕铁和贺俊，2019），中美贸易摩擦升级越发凸显中国在众多领域关键核心技术领域被"卡脖子"问题。

因此，如何构建并优化创新生态系统结构和协同创新机制、促进生态系统成员协同合作，突破关键核心技术研发和商业化瓶颈，成为亟须解决的重要问题。

现有文献对关键核心技术内涵及特征、创新生态系统、瓶颈问题进行了探索性研究，为本书研究奠定了理论和技术基础。但是，还有以下三点需要进一步探索：首先，关键核心技术内涵、边界界定有待进一步明确，关键核心技术瓶颈形成原因有待深化，尤其缺乏关键核心技术瓶颈突破路径的系统研究。学者们主要从某一因素或几个因素分析创新生态系统中导致瓶颈出现的原因，但瓶颈往往是多因素相互作用的结果，未来有必要构建系统的理论分析框架，从多维度分析瓶颈形成机理。其次，尽管各界都认识到瓶颈对创新生态系统的重要影响，但到底如何移除瓶颈，现有研究提供的见解极其有限（Masucci et al.，2020）。因此，有必要探究瓶颈突破的路径。最后，现有关于瓶颈问题的研究主要根植于西方发达国家情境，中国作为后发国家，面临的技术基础、市场与制度环境、国际形势更复杂，瓶颈的形成机理、突破路径存在差异，因此，有必要构建适合本土情境的关键核心技术瓶颈突破理论。为此，本书在借鉴以上研究成果基础上，以高速列车为研究对象，从创新生态系统视角，解析关键核心技术瓶颈形成机理，在此基础上，探究关键核心技术瓶颈突破路径和方法体系，具有重要的理论和实践价值。

第二节　研究意义

一、学术价值

基于国际视野，立足于中国复杂产品创新发展独特的技术、市场、制度情境，构建具有本土原创性的创新生态系统视角下关键核心技术瓶颈突破的理论分析框架，相关研究将拓展并深化瓶颈的形成机理研究，弥补瓶颈突破研究的不足，有利于拓展复杂系统理论和创新生态系统理论的融合。

二、应用价值

面对关键核心技术被"卡脖子"问题，突破关键核心技术瓶颈已成为保障我国国家安全、实现高质量发展的重中之重。本书归纳总结高速列车关键核心技术瓶颈突破经验，为政府和企业破解关键核心技术被"卡脖子"问题提供方法借鉴。

第三节　研究对象

本书以高速列车为研究对象。首先，高速列车属于复杂产品，这类产品研制过程的每一环节，都依赖于原材料、元器件、零部件供应商、研究院所、高校、整车企业、用户等生态系统成员结成共生共演、竞合共存关系，具有典型创新生态系统特征。其次，面对欧美等发达国家长期技术封锁，我国高速列车构建了一个包含基础研究、技术研发、产品应用、市场培育的完整创新生态体系，支撑上下游成员协同合作，实现技术与市场精准对接、高效迭代，弥合研发和商业化鸿沟，进而成功突破关键核心技术研发和商业化瓶颈，实现从跟跑、并跑到领跑的跨越，其经历为我们在创新生态系统视角下研究关键核心技术瓶颈突破规律提供了典型证据。

第四节　本书主要内容

关键核心技术瓶颈是如何形成的？如何突破关键核心技术瓶颈？本书以高速列车为研究对象，通过四个专题（共八章）对这些问题展开系统深入研究，以期构建具有本土原创性的创新生态系统关键核心技术瓶颈突破理论体系，为后发企业突破关键核心技术"卡脖子"难题提供经验借鉴；为政府促进关键核心技术突破的政策制定提供科学决策依据。

第一篇　理论基础

重点对本书选题背景、涉及的相关理论研究现状进行梳理，为本书奠定基础。

第一章　绪论。这是本书研究的起点和基础，主要由研究背景、研究意义、研究对象与主要研究内容构成。

第二章　相关理论基础与文献综述。本书涉及的主要理论包括：创新生态系统、协同演进、技术赶超、复杂产品合作创新。本章围绕这几个方面对现有研究进行归纳、梳理。

第二篇　创新生态系统视角下关键核心技术瓶颈形成机理研究

为探寻关键核心技术突破的切入点和着力点，必须深入剖析关键核心技术瓶颈形成的机理。本篇主要研究导致关键核心技术瓶颈形成的原因，厘清影响关键核心技术瓶颈形成的关键因素，揭示关键因素对关键核心技术瓶颈形成的作用机理。围绕这些问题，以理论分析和案例分析为主线，分两个章节展开系统研究。

第三章　创新生态系统视角下高速列车关键核心技术瓶颈形成的理论分析。本章对关键核心技术概念进行界定；分析关键核心技术特征；从制度环境（政府职能）、创新生态系统维度，探究这些层次因素之间相互作用及其对关键核心技术瓶颈形成的作用机理。

第四章　创新生态系统视角下高速列车关键核心技术瓶颈形成的案例分析。本章以高速列车产业为案例研究对象，重点探究核心企业关键核心技术创新"盲点"导致关键核心技术创新突破失败的原因，以揭示关键核心技术瓶颈的形成原因。

第三篇　创新生态系统视角下关键核心技术瓶颈突破路径

关键核心技术被"卡脖子"是制约中国高质量发展难题，如何突破成为当前理论和实践亟须探索的问题。本书认为，高速列车从落后到世界领先，依赖于制度环境、创新生态系统、企业创新能力共演，这三个层次的共演支撑了高速列车关键核心技术多点突破。尤其是创新生态系统形成与演进，是中国高铁实现赶超、最终突破产业链关键环节多个关键核心技术的决定性因素。因此，要厘清高速列车关键核心技术突破路径，首先应明晰高速列车产业创新生态系统形成与演进的路径，揭示创新生态系统形成与演进驱动关键核心技术突破的规律，明晰制度环境、创新生态系统、企业创新能力共演机制。因此，本篇以高速列车"创新生态系统形成与演进路径""创新生态系统演进驱动关键核心技术突破路径""制度环境、创新生态系统、企业创新能力共演路径"为主线，分三个章节，系统探究高速列车关键核心技术突破路径。

第五章　高速列车创新生态系统形成与演进路径研究。本章首先分析了创新生态系统形成与演进对关键核心技术突破路径研究的重要性，采用案例研究方法，分析了架构者变迁及其战略行为演变促进创新生态系统形成和演进的作用机理。

第六章　创新生态系统驱动高速列车关键核心技术突破的案例研究。本章以中国高速列车牵引系统突破为案例对象，结合创新生态系统、耦合与关系多元性理论，探究关键核心技术研发和商业化瓶颈突破路径与规律。

第七章　制度环境、创新生态系统、企业创新能力共演研究。本章以高速列车为对象，采用案例研究方法，探究制度环境、创新生态系统和企业创新能力的共演并促进关键核心技术突破的路径。

第四篇　关键核心技术瓶颈突破的政策及对策研究

第八章　高速列车关键核心技术瓶颈突破的政策及对策研究。本章在前面研究基础上，立足我国复杂产品创新发展国情和中美贸易摩擦复杂国际环境，借鉴领先国家和企业政策、策略经验，遵循瓶颈突破规律，从"政府—

企业"层次提出关键核心技术瓶颈突破的政策与策略。

本书的内容框架如图 1 - 1 所示。

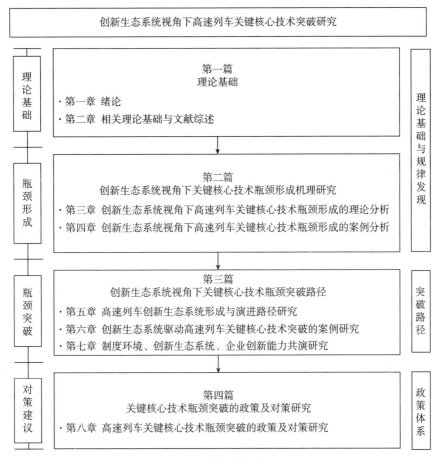

图 1 - 1　本书的内容框架

第二章

相关理论基础与文献综述

第一节　创新生态系统理论

一、创新生态系统研究流派

根据关注重点不同，创新生态系统研究分成两个流派。一个是结构视角的生态系统研究（ecosystem-as-structure），这一流派主要成果以阿德纳（Adner）团队为代表，以相互依赖性活动为中心（activity-centric），更集中于微观层次，研究核心成员如何与生态系统成员相互作用实现价值创造和获取（Adner, 2006, 2017; Adner & Kapoor, 2010, 2016; Kapoor & Lee, 2013; Kapoor & Agarwal, 2017; Adner & Feiler, 2019; Cennamo & Santalob, 2019）。另一个以生态系统成员为中心（actor-centric），将生态系统看成隶属结构（ecosystem-as-affiliation）（Adner, 2017），认为生态系统是由多个相互联系、共存共生的成员组成的松散网络（Iansiti & Levien, 2004; Nambisan & Sawhney, 2011; Jacobides & Tae, 2015; Davis, 2016; Jacobides et al., 2016, 2018; Song, 2016; 李恒毅和宋娟, 2014; 宋娟等, 2019）。隶属结构研究集中分析创新生态系统总体网络特征（Song, 2016; 李恒毅和宋娟, 2014），研究网络规模、密度、中心度等结构特征，在描述中宏观层次互动方面具有独特优势（Adner，2017）。

二、创新生态系统构成与演进

生态系统由成员、位置、联系三个要素组成；新生期生态系统呈现结构不清晰，生态链成员大量缺失的特征（Hannah & Eisenhardt，2018）；成熟期三个要素特征明显且稳定，总体结构没有大变化（Adner，2017）。根据在系统中所扮演角色和影响力不同，成员可以分成核心成员和外围成员（Adner & Kapoor，2010；Adner，2017）。核心成员占据网络中心位置（Moore，1993；Adner，2006；欧忠辉等，2017），可能一个或多个，且随时间推移发生变化（Adner，2017；宋娟等，2019）。成员之间合作、冲突、妥协行为交互，使得成员位置不断发生变化，原来的核心成员可能在下一阶段边缘化，原来的外围企业也可能进入核心层。核心成员发挥主导作用与外围成员良性互动共同促进资源共享与价值共创，促进生态系统演进（Jacobides et al.，2016，2018；欧阳桃花等，2015；欧忠辉等，2017）。

三、架构者与产业架构、生态系统演进

产业的动态性、相互依赖性日益增强（Iansiti & Levien，2004；Adner，2012），但对产业变化的认识远落后于现实（Jacobides et al.，2016），尤其缺乏对产业架构的理解。正如奥兹坎和桑托斯（Ozcan & Santos，2015）等学者所说，产业是企业之间的竞技场，不同企业对产业的理解不同，对产业演进的影响也不同（Ozcan & Santos，2015；Gurses & Ozcan，2015）。但现有研究并不清楚最终是谁推动了产业架构的演进，是什么因素促成或阻碍了这种变化（Jacobides et al.，2016）。

生态系统是一种特定类型的产业架构（Jacobides et al.，2018）。产业架构的结构特征，将会影响生态系统价值创造和价值分配模式，这些模式既存在于不同的、潜在竞争的生态系统之间，也存在于单个生态系统内部成员之间（Jacobides et al.，2018）。虽然现有研究探讨了在特定产业架构中，生态系统结构如何影响价值分配（Dedrick et al.，2010），此外，作为产业架构的核心概念"瓶颈"（Jacobides & Tae，2015），显然也与生态系统相关

（Hannah & Eisenhardt，2018），但现有研究很少从产业架构角度来探讨生态系统形成、治理等问题（Jacobides et al.，2018），极少有研究直接分析生态系统成员之间的相互作用关系如何对产业架构转变产生影响（Jacobides et al.，2016）。虽然现有研究从微观层次，分析技术、产品、企业能力，以及企业之间的相互依赖性关系对创新成功商业化的影响（Adner，2012；Kapoor & Lee，2013），但这些研究主要集中于核心企业对其所嵌入的企业创新生态系统的影响，极少有研究集中于中观产业层次的变化，缺乏对产业架构变化特征的探索（Jacobides & Tae，2015；Jacobides et al.，2016）。

认识到中观产业架构、产业生态系统层次研究的不足，有学者在核心企业基础上，提出"架构者"概念（Gulati et al.，2012），以描述能影响整个产业生态系统构建、演进的核心组织（Gulati et al.，2012；Jacobides et al.，2018）。"架构者"是生态系统的基本、显著特征（Jacobides et al.，2018），"架构者"设定系统目标，协调成员间相互关系，带领生态系统成员向共同目标协同演进（Adner，2017；Jacobides et al.，2018）。核心企业不一定是架构者，因为核心企业不一定能影响整个生态系统架构的变化。雅各比德斯和泰（Jacobides & Tae，2015）等学者从核心组织、占主导地位的原始设备制造商角度，探讨了架构者对产业架构变化的作用机制（Jacobides & Tae，2015；Jacobides et al.，2016）。研究表明，核心企业的预见性、制度影响力（Jacobides & Tae，2015），使其能通过占据生态系统瓶颈位置，控制核心资源，重塑产业生态架构（Jacobides et al.，2016；Hannah & Eisenhardt，2018），促进产业生态架构的重组或演进（Jacobides & Tae，2015；Jacobides et al.，2016）。但这些研究将架构者看成是生态系统的内生因素，且没有考虑架构者的变迁问题。正如雅各比德斯等（Jacobides et al.，2018）所说，生态系统不是自发涌现的，除了生态系统内部的核心企业可能成为架构者外，架构者还可能来源于外部力量。且随着产业创新生态系统演进，架构者角色、战略行为发生变迁，作用机制不同。因此，采用动态演进视角，系统分析架构者角色、战略行为变迁对产业创新生态系统演进的作用机制，是极其重要但有待进一步探索的问题。

四、创新生态系统战略

生态系统战略构建是创新生态系统能否健康发展的决定性因素（Adner，2017）。与以提高自身竞争优势为核心的传统战略不同，创新生态系统战略关键在于如何促进生态系统成员的协同与适配（Adner，2017；Jacobides et al.，2018）。成员在创新生态系统所处位置不同，生态系统战略不同，且随所处位置、生态系统演进而不断变化（Jacobides et al.，2018）。因此，应根据成员所在位置选择与自身角色匹配的生态战略（Adner，2017），并不断进行自适应调整。

根据成员在创新生态系统中所处位置，生态系统战略包括：核心成员战略和外围成员战略。核心成员战略指在一个竞争性的生态系统中，核心成员有效协调生态系统成员关系，同时维持自身在生态系统中的主导地位（Adner，2017）。具体包括：如何促进生态系统成员和连接数量的增加，促进成员之间的协同合作，以提高创新生态系统整体能力（Jacobides & Tae，2015；Jacobides et al.，2016；Adner，2017；Jacobides et al.，2018）；如何提高核心成员在生态系统中的地位、影响力、讨价还价能力（Adner，2017）；如何促进创新生态系统的形成、引导生态系统转型升级，如何处理好生态系统内外的竞合、价值获取和分配问题（Adner & Kapoor，2010；Adner，2017）。在这个过程中，如何平衡好创新生态系统整体绩效和自身绩效的提升，维持其在生态系统中的主导地位（Adner，2017；Jacobides et al.，2016，2018）。对于核心成员来说，传统创新战略以构建企业竞争优势为目的，创新生态系统战略则主要集中于通过管理企业合作关系以实现价值共创，一方面提高生态系统的整体竞争力，另一方面维持自身在生态系统中的主导地位（Adner，2017；Jacobides et al.，2016，2018），扩大自身市场占有率和利润水平（Cennamo & Santalob，2019；Leten et al.，2013；Jacobides et al.，2016，2018；Adner，2017）。外围成员战略包括如何与核心成员设定的目标保持一致，如何降低被其他成员替代的可能性（Adner & Kapoor，2010；Kapoor & Agarwal，2017），需要在"独立性"和"系统性"之间平衡（Nambisan & Baron，2013）。

五、创新生态系统与瓶颈

(一) 瓶颈的内涵及其对创新生态系统的影响

"瓶颈"是创新生态系统中的一个或多个组成部分，由于质量差、性能弱、成本高或稀缺性等问题，限制系统整体效用发挥（Hannah & Eisenhardt，2018；Masucci et al.，2020）。约束系统性能的术语如技术"卡脖子"、组件约束、"死亡之谷"等都是瓶颈表现形式（宋娟等，2023）。其中，关键核心技术研发和商业化障碍是创新生态系统的主要瓶颈。创新生态系统成员之间相互依赖、互补、共存共生的特征，使得其中一个或多个瓶颈发生，会制约其他部件和整个系统性能的发挥（Adner & Kapoor，2016；Song，2016；Hannah & Eisenhardt，2018；Adner & Feiler，2019；宋娟等，2019）。

(二) 瓶颈的位置与识别

创新生态系统可能存在多个瓶颈，瓶颈可能位于核心企业自身；也可能位于上游研发阶段、下游商业化阶段（Adner & Kapoor，2010；Adner，2012），不同位置的瓶颈需要不同的解决方法。由于瓶颈是决定创新生态系统成员能否实现价值创造和价值获取的关键，因此，瓶颈识别是创新生态系统研究的重点问题（Kapoor，2018；Hannah & Eisenhardt，2018）。

(三) 瓶颈出现的原因

在创新生态系统中，成员创新速度的不同可能导致瓶颈产生（Adner，2012）；基础设施薄弱或缺乏互补性资源也可能导致瓶颈出现（Ojala et al.，2018）。创新生态系统成员之间的相互依赖性（Adner & Feiler，2019）、互补性（Adner & Kapoor，2010）、模块化（Jacobides et al.，2018），都是瓶颈出现的可能原因。

（四）瓶颈的突破研究

瓶颈能否突破，是关系创新生态系统成败的关键（Masucci et al.，2020）。瓶颈所处位置不同，所需采取的突破方法也不同（Masucci et al.，2020）。阿德纳和卡普尔（Adner & Kapoor，2010）研究表明，上游部件瓶颈和下游互补性瓶颈移除方式不一样，对于上游部件瓶颈，可以采取垂直整合战略，而如果瓶颈位于下游，核心企业则可以通过对互补性产品的直接投资予以移除。我国学者朱瑞博等（2011）研究表明，垂直整合的架构创新策略是振华重工突破关键核心零部件的重要原因。但有学者指出，由于核心企业能力的差异性，很多企业难以实施垂直整合战略，且垂直整合战略还可能触发价值捕获紧张关系（Zhu & Liu，2018），最终损害共同价值（Masucci et al.，2020）。此时，可以采用开放式创新（Masucci et al.，2020），或者边界拓展策略，向占据生态系统瓶颈位置的互补者投入资源支持，或者补贴潜在的互补者进入瓶颈位置等方式突破瓶颈（Li et al.，2019）。

（五）领先企业的瓶颈战略

认识到瓶颈对复杂产品创新成败的重要作用，领先企业往往通过占据瓶颈位置、构建瓶颈战略来控制关键核心技术，达到维持市场主导地位，实现更高价值获取目的（Jacobides & Tae，2015；Hannah & Eisenhardt，2018）。瓶颈战略是领先企业获取竞争优势的生态系统关键战略（Hannah & Eisenhardt，2018）。

第二节　协同演进理论

转型经济为组织理论、制度理论、战略管理学者构建和验证制度环境与组织战略之间的协同演进提供了得天独厚的研究情境和实验环境（Tan，2005；Tan & Tan，2005；Suhomlinova，2006；Tan，2009），转型经济的共演模型研究是关注该情境的战略管理学者贡献全球管理知识的巨大机会。

一、协同演进的内涵及多层次特征

协同演进理论来源于生态学，描述为两个或多个物种之间相互作用、彼此促进对方演化（Wilson & Hynes，2009）。组织理论将协同演进定义成组织和环境相互独立，却又相互作用的过程（Lewin & Volberda，1999；Wilson & Hynes，2009）。不同于传统的纵向案例研究，协同演进研究应满足：考虑微观—宏观演化过程中的多方向因果关系，协同演进的结果是涌现的，应考虑延迟或嵌套效应（Lewin & Volberda，1999）。战略管理学者认为，协同演进不是微观企业战略自适应或者宏观制度环境选择某一单一力量的结果，而是这两者共同作用的结果（Tan & Litscher，1994；Lewin & Volberda，1999；Volberda & Lewin，2003；Tan，2005；Tan & Tan，2005）。任何从单一维度解释自适应—选择现象的研究日益显示出其局限性，战略与组织理论学者应该同时考虑管理自适应性和制度环境选择这两者共同作用的结果（Tan & Litscher，1994；Volberda & Lewin，2003；Tan，2005；Tan & Tan，2005）。

协同演进的多层次特征。协同演进方法具有在统一框架下整合微观企业和宏观制度环境演化的潜力，包含多个分析层次和情境效应，并带来新的理论体系和经验方法（Lewin & Volberda，1999；Tan & Tan，2005；江诗松等，2011；张红娟等，2011；许晖等，2013）。协同演进主要可以分成两类：水平协同演进与垂直协同演进。水平协同演进集中分析同一层次群体之间的协同演进（Jacobides & Winter，2005；苏屹等，2016）。垂直协同演进集中分析不同层次（组织、产业、制度环境）群体之间的相互作用、共同演化关系（Tan & Litscher，1994；Tan，2005；Tan & Tan，2005；Suhomlinova，2006；Murmann，2013；Tan et al.，2015；Zhang et al.，2016；Jiang et al.，2016）。

二、制度环境对企业的影响

企业嵌入特定的制度环境之中，受到制度环境的影响（Tan et al.，2007），企业战略选择和绩效应该放在所嵌入的制度框架中才能更好地理解（Tan & Litschert，1994；Peng et al.，2005；Tan et al.，2007）。早期制度理论强调制度变革的外生性及其对企业的决定性作用，认为制度变革"仅仅是一个'自然'过程"，制度对企业的效应是自上而下和决定性的，此时的制度理论集中分析制度对企业战略和绩效的影响。近年来，学者们将资源理论引入制度理论分析框架，开始有学者将制度理论和社会网络理论结合分析，研究表明，制度环境会影响企业的社会网络属性和效果（Lin et al.，2009；Tan et al.，2013；Tan et al.，2015；Zhang et al.，2016）；在弱的制度环境下，企业更倾向于建立更多合资合作网络应对制度环境的不确定性（Meyer et al.，2009）；在市场化改革早期阶段建立的创业企业，更倾向于采用网络深入战略，在市场化改革后期阶段建立的企业，则往往采取网络扩展战略（Zhang et al.，2016）。

三、企业对制度环境变革的影响

后期制度理论强调制度变革的内生性以及企业在制度变革过程中的代理角色，认为企业不是被动适应制度环境，而是会主动适应、改变制度环境，或者建构环境（Tan & Peng，2003；Tan & Tan，2005；Tan et al.，2013；Zhang et al.，2016；Holmes et al.，2016），资源丰富的企业对制度环境的影响更大，例如处于网络中心的核心企业往往能利用自身网络位置优势影响并创造适合自身发展的制度环境（Tan et al.，2013），国有企业是推动制度环境变革的重要驱动力。新兴经济体国家的企业往往通过合作而非对抗的方式改变制度环境（Tan & Peng，2003；Tan，2005；Zhang et al.，2016；Holmes et al.，2016）。为解决新制度与原有制度间的冲突，制度创业者利用自身拥有的物质与社会资源，向场域内其他企业成员阐述其新制度构想的合理之处，争取他们的认可和支持（Greenwood & Suddaby，2006），当新制度构想得到场域内成员的普遍认可时，新制度就建立起来；否则，行动者行为因缺乏合法性而被限制（Sminia，2011）。尽管制度理论的新近发展承认制度变革和企业代理角色，但是对制度变革过程中企业活动的真正角色还需要深入研究，企业如何系统地影响制度环境，如何对企业与制度环境协同演进机理进行实证分析，是未来进一步研究方向。

四、制度环境与企业的协同演进

已有两篇发表在战略管理顶级期刊《战略管理杂志》（*Strategic Management Journal*）的文章从实证角度对企业战略和制度环境之间的协同演进关系进行了开拓性探索（Tan & Litschert，1994；Tan & Tan，2005）。他们认为，制度环境同时表现为外生变量和内生变量，企业战略既适应环境又作用于环境，制度环境影响企业战略的同时，企业也会主动影响制度环境变革，制度环境与企业行为之间是交互影响，共同演化的关系（Tan & Litschert，1994；Tan，2005；Tan & Tan，2005），并且制度环境与企业战略之间协同演进、相互适应和相互匹配的关系在转型经济背景下尤为显著。这两篇文章是制度环境与企业战略协同演进研究的奠基之作，为后续研究奠定了理论和方法论上的坚实基础。此后，越来越多学者开始关注制度环境与企业战略的协同演进问题（Suhomlinova，2006；Murmann，2013；Jiang et al.，2016；江诗松等，2011；张红娟等，2011；陈嘉文和姚小涛，2015）。研究表明，制度的演变过程伴随着企业的演进以及企业间互动关系的改变，是一系列行动的前因与结果（Tan & Tan，2005；Zhang et al.，2016；Holmes et al.，2016），制度环境与企业协同演进研究是缩小微观与宏观研究鸿沟的有效途径（Jiang et al.，2016；Zhang et al.，2016；江诗松等，2011），只有将这两者放到一个统一分析框架中，剖析这两者之间的协同演进过程，才能准确揭示产业演化企业成长机理（Tan & Tan，2005；Zhang et al.，2016）。

第三节　技术赶超研究

企业技术赶超是指面临技术劣势和市场劣势的后发企业（Hobday，1995），通过实施技术赶超策略提升技术能力，缩小与技术领先者的差距，并最终赶上或超过技术领先者（Lee & Malerba，2017）。

一、赶超阶段、策略与陷阱

赶超阶段划分。李和马莱尔巴（Lee & Malerba，2017）、贾凯蒂和马尔基（Giachetti & Marchi，2017）将赶超周期分成：进入阶段、渐进性追赶（后发企业通过技术学习、技术引进等方式缩小与领先企业的差距）、引领阶段、落后阶段。郑刚和郭艳婷（2017）根据市场发展阶段将追赶过程分为追赶起步期、追赶加速期和超越追赶期；彭新敏等（2017）则将企业技术赶超过程分为：追赶时期，超越追赶时期、创新前沿三个阶段。在这些学者阶段划分基础上，根据江诗松等（2011）的建议，阶段划分的主要依据是导致研究构念发生剧变的关键事件和转折点，结合中国轨道交通装备企业赶超特征，本书拟将企业技术赶超过程分为：追赶时期（落后—追赶），超越追赶时期（追赶—接近前沿）、创新引领三个阶段。

赶超策略与陷阱。企业所处追赶阶段不同，面临的挑战、冲突、机会不同（吴先明和苏志文，2014；柳卸林等，2017；吴先明等，2018）。追赶早期，一方面，后发企业往往通过技术引进、市场换技术、技术学习等方式不断缩小与领先者的技术差距（傅晓霞和吴利学，2013；柳卸林等，2017；吴先明等，2018）；另一方面，这种低成本获得高质量和高技术的方式在推动本土企业获得阶段性追赶条件和机会的同时，导致企业丧失自主研发的动力，给企业带来了"低端锁定"困境（黄永春和李倩，2014；吕一博等，2017；应瑛等，2018；吕越等，2018）。

随着国内外企业技术差距的缩小，越来越多的后发企业开始向产业生态链中高端发展，逐步威胁到领先企业地位。引起国际领先企业对后发企业技术引进的知识封锁和战略隔绝（朱瑞博等，2011），后发企业遭遇追赶"天花板"陷阱（张米尔和田丹，2008）。

伴随创新投入和能力增加，后发企业通过合资（黄江明和赵宁，2014）、架构创新（朱瑞博等，2011）、跨国并购（吴先明和苏志文，2014；魏江和杨洋，2018）、构建全球创新网络（刘洋等，2013；应瑛等，2018；寿柯炎和魏江，2018；吴先明等，2018）、双元性学习（彭新敏等，2017）等方式加快追赶速度，实现从追赶向超越追赶跨越（郑刚和郭艳婷，2017）。有的企业甚至走到创新前沿，完成"追赶者"到"引领者"转变（彭新敏等，2017；魏江和杨洋，2018；吴先明等，2018）。

"追赶者"能否向"引领者"成功跃迁，最关键的是要突破主导技术轨道壁垒（朱瑞博等，2011）。主导技术轨道是指在技术实现突破性进展后，由多项技术创新融合成为一个新的特征集，该特征集为某个产品类别建立了具有主导性和排他性的技术轨道（朱瑞博等，2011）。除了主导技术轨道，当后发企业接近技术创新前沿时，国家间贸易摩擦增多，发达国家为了维持其领先地位，将更加重视对前沿技术的更新和保护（吴先明等，2018），甚至发起反倾销以遏制发展中国家企业技术赶超（杨飞等，2018；余振等，2018），例如2018年美国发起对华贸易摩擦主要是针对《中国制造2025》，意在遏制中国从追随向创新引领转变，避免在产业竞争力和技术实力等方面对美国形成实质性威胁（余振等，2018；杨飞等，2018；关志雄，2018）。

二、机会窗口与赶超阶段跃迁

机会窗口指后发企业必须及时抓住关键的机会才能实现追赶和跨越式发展（Lee & Ki，2017；Vértesy，2017；朱瑞博等，2011）。赶超的发生与机会窗口的强度和数量有关（Guennif & Ramani，2012；Vértesy，2017）。企业能否抓住机会窗口，是突破"低端锁定""突破领先企业战略隔绝和知识封锁"，实现跨越式发展的关键（Yap & Truffer，2019；Li et al.，2019）。

最开始，学者从技术经济范式角度提出机会窗口概念（Perez & Soete，1988），技术轨迹的范式转换时刻往往是后发企业赶超的机会窗口，因为对于技术范式转换，所有人都是新手，后发者的劣势在这样的时刻不会很大（Park & Lee，2006）。机会窗口是多种因素共同作用的结果（Yap & Truffer，2019），既可能是外生的（魏江等，2016），也可能由后发者主动创造变成内生因素（Kang & Song，2017；Morrison & Rabellotti，2017；Yap & Truffer，2019）。除了微观技术经济范式转变，外部因素如市场需求、政府干预（Guennif & Ramani，2012；Gao，2014，2019；Shin，2017；Vértesy，2017）也都可能创造机会窗口进而影响追赶结果。在这些研究基础上，李和马莱尔巴（Lee & Malerba，2017）对机会窗口内涵进一步扩展，他认为机会窗口是一个多维度概念，包括"技术窗口—新技术开发带来的机会""需求窗口—新的需求模式带来的机会""制度/公共政策窗口—政府对产业干预或制度环境改变带来的机会"，追赶阶段不同，三种机会窗口动态变化。除了这三种机会窗口，对于航空航天装备制造等高端装备产业，产业创新系统演进也是导致机会窗口出现的原因（Vértesy，2017）。因此，机会窗口是宏观制度环境、产业创新系统、微观企业战略和创新能力跨层次相互作用的结果，只有将这几个维度进行整合，才能更好地识别机会窗口，更好理解产业领袖变化的原因（Guennif & Ramani，2017）。机会窗口的整合、后发企业与所嵌入的产业创新系统中其他部件成员的反应，共同决定后发企业能否跃迁为行业领袖（Lee & Malerba，2017；Vértesy，2017；Guennif & Ramani，2017）。

三、政府在技术赶超中的作用

日本、韩国、新加坡等新兴经济体的崛起表明，政府干预在促进产业、企业技术赶超中发挥重要作用（Mahmood & Rufin，2005；Lazzarini，2015；Musacchio et al.，2015；Lee & Malerba，2017；Giachetti & Marchi，2017；Wang，2018；Li et al.，2019）。

由于在吸引跨国公司技术转移、投资分配、技术升级等方面存在市场失灵，政府有必要采用适当方式进行纠偏性干预（周亚虹等，2015）。后发国家往往通过吸引跨国公司进行技术转移以提升本国技术能力，如果不运用某些干预手段确保企业认真吸收并深化这些技术，将导致技术能力很难得到提高。在赶超过程中，后发企业面临技术能力弱、先发企业技术封锁、市场隔绝等情况，需要政府通过多种干预手段帮助后发企业实现技术突破和市场突围，实现技术赶超（黄永春和李倩，2014；柳卸林等，2017）。例如，韩国政府通过供给推动、需求拉动、管理体制改革三种手段突破先发国家技术锁定，实现对德国西门子、法国阿尔斯通等高铁行业领先企业的技术追赶（黄永春和李倩，2014）。韩国政府通过颁布《信息高速公路建设计划》和《电子工业振兴法》，并运用财税、信贷等经济杠杆扶持信息产业，帮助其率先突破技术封锁，实现对先行者的追赶（黄永春和李倩，2014）。尤其是一些新兴产业，面临市场不成熟、技术能力低、体制不健全等困境（黄永春等，

2013），政府干预能帮助后发企业快速实现技术跨越和市场突围（黄永春和李倩，2014）。

不仅是后发国家，在领先国家的部分产业，政府在促进后发产业赶超中同样发挥重要作用。例如，对于飞机制造业，政府支持在促进加拿大庞巴迪公司成功赶超英国 Bae 公司和荷兰福克公司，成为 50 座喷气式飞机行业领袖、巴西航空工业公司（EMBRAER）成功赶超加拿大庞巴迪，成为 70 ~ 120 座喷气式飞机全球行业领袖中扮演重要角色（Vértesy，2017）。

随着与技术领先国家的技术差距不断缩小，尤其是当后发企业成功赶超进入行业"无人区"时，由于政府认知的局限性，很难把握创新发展方向，追赶期政府角色和干预手段应发生转变，此时政府应给与科学家和企业家更多自主权，释放全社会的创新活力，明确政府干预的退出机制（Mahmood & Rufin，2005；柳卸林等，2017）。

第四节　复杂产品合作创新

一、复杂产品系统理论

大型复杂产品系统是指研发周期长、技术含量和研发成本高、集成度高的大型产品、系统和设施（江鸿和吕铁，2019），包括高速列车、航空航天装备等。大型复杂产品系统零部件数万甚至上百万，其预研、立项、研发、测试、生产组装、商业化/运营等，每个环节都建立在整个产业生态链（包括原材料企业、元器件企业、零部件企业、研究院所、整车企业、用户等）成员之间结成紧密合作、共生共演的产业创新生态系统支撑体系基础上。传统的创新管理理论不适用于这类系统性很强的产品（Adner，2006，2012）。虽然有学者从产品开发平台（路风，2018）、企业的激励结构和能力发展路径（贺俊等，2018）、主导逻辑（苏敬勤和单国栋，2016）、技术学习（Lee & Yoon，2015；吕一博等，2017）等微观层次；或者从企业与政府等几类能力主体（Gao，2019；Genin et al.，2021；江鸿和吕铁，2019；吕铁和贺俊，

2019）、政策导向（路风，2013，2019）、市场需求（黄阳华和吕铁，2020）方面；甚至从企业、区域或国家创新体系（高柏等，2016）等视角对轨道交通等复杂产品创新发展问题进行了有益探讨，但没有研究从产业创新生态系统视角出发开展研究。割裂所嵌入的产业创新生态系统演进特征从某一局部变量或产业链某一位置成员（如整车等集成企业）角度探讨其创新问题，难以揭示赶超背后的真正原因（Lee & Malerba，2017），且难以为大型复杂产品创新管理实践提供理论支撑（曾赛星等，2019）。虽然有个别学者以重大工程项目（曾赛星等，2019），以及航空航天等大型复杂产品产业中的集成企业为对象，分析所主导的创新生态系统构成要素、创新生态系统演化对创新能力提升的影响（Song，2016；欧阳桃花等，2015；宋娟等，2019），但这些研究属于项目和企业生态系统范畴。除了企业、项目创新生态系统支撑，大型复杂产品产业从落后到世界领先，最主要的原因是构建了从基础研究、技术研发、产品应用、市场培育的完整产业创新生态系统，产业生态链上游研究院所、原材料企业、中游关键部件成员与下游集成企业、配套设备供应商、客户等成员之间交互合作，突破研发和商业化鸿沟，实现技术与市场精准对接、高效迭代，成功商业化的结果。虽然有学者认识到全产业创新生态链关键环节都强大的支撑体系，是高铁等大型复杂产品成功赶超的关键（吕铁和贺俊，2019）。但由于产业创新生态系统边界界定难度（Surie，2017）、产业竞合数据的复杂性增加了数据收集的难度等原因，导致鲜有研究从中观产业创新生态系统角度探究大型复杂产品创新发展问题。

二、关系多元性理论

关系多元性（relational pluralism）是指个人、团队或组织出于不同目的，与其他主体形成一系列不同类型的合作关系（Genin et al.，2021；Shipilov et al.，2014）。知识、经验等有形无形资源通过不同关系网络在具有不同需求或目的的主体间流动（Joris & Bakker，2019；宋娟和曹兴，2013；宋娟等，2015）。根据主要价值链活动，现有研究将多元关系网络分为两类（Ranganathan & Lori，2014；Jiang et al.，2018）：旨在通过技术研发、交流等活动发现、创造新知识和技术的研发网络（R&D Network）；旨在通过规模商用等市场活动利用现有知识和技术的商业化网络。前瞻性或突破性创新成果的研发既需要众多专业领域的深度知识储备，又需要拓宽搜寻范围以获得广泛且多样的异质知识（Yayavaram et al.，2018），这通常超出单个企业能力范围，因而需要构建以合作伙伴间知识交流为核心的研发网络（Tan et al.，2015；Genin et al.，2021；Genin et al.，2022；曹兴等，2010；曹兴和宋娟，2010，2011，2014），通过不同学科领域知识、数据和经验等资源的流动、分享，利用外部资源库补充自身知识存量（Zhang et al.，2019；Genin et al.，2021；Genin et al.，2022；张红娟和谭劲松，2014），促进创新成果产出（Ranganathan & Lori，2014；李恒毅和宋娟，2014）。相比于参与成员多集中于产业链上游的研发网络（Lavie & Rosenkopf，2006），商业化网络强调与产业链上下游广泛联系（Ranganathan & Lori，2014；Cho & Sang，2017；李恒毅和宋娟，2014），推动创新成果商业化（Genin et al.，2021）。

核心企业需要在成熟创新生态系统支撑下，与上下游成员构建研发和商业化网络（谭劲松等，2021）。一方面，利用研发网络进行技术知识的交换、转移、共享，不断提高创新能力（Tan et al.，2015；Genin et al.，2021；Genin et al.，2022；李恒毅和宋娟，2014；谭劲松等，2019）；另一方面，借助商业化网络，将蕴含创新技术和成熟技术的产品推向市场，在规模商用中持续优化完善，实现价值创造和获取（Adner & Kapoor，2010；李恒毅和宋娟，2014；谭劲松等，2021）。因此，本书将借鉴兰加纳坦等（Ranganathan et al.，2014）和姜等（Jiang et al.，2018）的观点，将多元关系网络分为涉及知识、技术研发创新活动的研发网络和涉及商业化应用活动的商业化网络，探究核心企业如何与创新生态系统成员构建适配的研发和商业化网络耦合模式，突破关键核心技术。

三、耦合理论

耦合描述了两个或多个模块、组织、集群等不同层级主体之间联系、连接或相互作用关系，体现多维契合和彼此作用的特征（Bahemia et al.，2018；杜运周等，2021）。

现有关于耦合对企业创新影响的研究主要集中于两个层次。围绕知识层面展开：在划分技术知识为领域知识和架构知识的基础上，将耦合界定为知识领域共同被利用的程度（Yayavaram & Ahuja，2008）。领域知识指企业掌握的不同技术领域的知识；架构知识指企业掌握的组合不同技术领域知识的知识；依据知识集群（由相同领域的知识汇集而成）内部和之间的耦合程度，知识库呈现高度可分解性到中度可分解性再到低度可分解性（Yaya-varam et al.，2018；Yayavaram & Ahuja，2008）。特别地，知识库的中度可分解性意味着企业拥有较为丰富且相对平衡的领域知识和架构知识，既能降低企业深入挖掘知识的难度，又可促进广泛的知识搜寻，更有助于产出兼具深度专业化知识和丰富异质知识的重大创新性成果（Yayavaram & Ahuja，2008）。组织层次的研究：已有学者将耦合引入创新生态系统，认为核心企业解决不同创新问题需要不同的耦合模式（Brusoni & Prencipe，2013；宋娟等，2019），并用主体间关系强度、互动频次加以度量。其中，关系强度影响合作动机、知识共享意愿和知识获取效率，从而影响合作创新绩效（Tan et al.，2015；Hofman et al.，2016）；互动频次则影响信任和契合程度，进而影响组织间沟通与跨组织边界的资源交换和整合效率，最终对合作创新绩效产生影响（Hofman et al.，2017）。基于此，将耦合分为"紧密耦合""松散耦合""解耦"。"紧密耦合"是成员间紧密联系、要素集中的结构。频繁的交流互动能促进复杂隐性知识、经验的转移吸收，使组织间资源交换和整合成为可能（Hofman et al.，2017；Genin et al.，2021）；但这种模式易导致惯性，短期内进行关系、架构调整的难度较大，阻碍非冗余信息及其他资源的获取（Brusoni & Prencipe，2013；Zhang et al.，2016）。随着耦合程度的降低，成员间共生共存、相互依赖性减弱。自由、灵活的"松散耦合"令企业有更多机会获取丰富且异质的资源；协调、互动也利于转移知识和解决合作中出现的问题（Brusoni & Prencipe，2013）。当成员间关系极弱、相互独立时，形成要素分散的"解耦"结构，为企业提供广泛接触异质信息的机会（Brusoni & Prencipe，2013）；也带来更高的知识转移和交换成本，尤其对于隐性、非编码信息，不利于资源流动；沟通交流的不足还使技术、知识的分享动机有限，理解和吸收转化的难度增加（Adner，2017）。创新生态系统中存在不同挑战，例如复杂性、不确定性、模糊性等，核心企业需要针对具体问题，采取特定知识整合模式（Yayavaram et al.，2018），与生态系统成员构建适配的耦合模式，且耦合模式随问题性质的变化而相应调整，才能有效解决问题（Brusoni & Prencipe，2013）。现有研究更多从微观层面考察单个系统内主体间耦合，跨层次耦合研究较少（杜运周等，2021），跨层次耦合与生态系统理论交叉分析是未来研究重要方向。

第五节　述评

综上所述，现有文献对创新生态系统、协同演进、技术赶超、复杂产品合作创新等问题进行了卓有成效的研究，为本书奠定了坚实理论基础。但仍有以下几点需要进一步探究：其一，关键核心技术内涵、特征有待进一步明确，尤其缺乏关键核心技术突破路径的系统研究。其二，尽管认识到关键核心技术瓶颈的战略重要性，但到底如何移除，现有研究提供的见解极其有限（Masucci et al.，2020），虽然有极个别学者从核心企业角度分析瓶颈移除方式（Hannah & Eisenhardt，2018；Zhu & Liu，2018；Masucci et al.，2020），但极少有研究将关键核心技术与一般技术区别开来。技术特征不同，突破所需的有效耦合模式不同（Yayavaram et al.，2018；Bird et al.，2019），关键核心技术的独有特征使其突破机制与一般技术明显不同。只有针对关键核心技术独特特征探究突破路径，才能真正厘清突破的本质规律。其三，已有研究主要基于西方发达国家，中国作为后发追赶者，面临特殊技术基础、市场与制度环境（Genin et al.，2021；Genin et al.，2022；吴晓波等，2019；谭劲松等，2021），瓶颈形成机理、突破路径存在差异。因此，在本土情境下，核心企业如何针对关键核心技术特征，与创新生态系统成员构建适配耦合模式，突破关键核心技术，是亟须探索的问题。

第二篇

创新生态系统视角下关键核心技术瓶颈形成机理研究

第三章

创新生态系统视角下高速列车关键核心技术瓶颈形成的理论分析

本章对关键核心技术概念进行界定；分析关键核心技术特征；从核心企业创新能力、制度环境（政府职能）、创新生态系统维度，探究这些层次因素之间相互作用及其对关键核心技术瓶颈形成的作用机理。

第一节 关键核心技术的概念界定及其特征

关键核心技术是由关键技术和核心技术构成的复合型概念，在行业或领域处于核心地位并发挥关键作用，是决定产品性能的关键（朱瑞博等，2011；王可达，2019；宋娟等，2023），具有高投入、高风险、高价值、高辐射、颠覆性、长周期、寡头垄断、核心技术突破的商用生态依赖性等特征（余江等，2019；王可达，2019；宋娟等，2023）。关键核心技术的创新突破只是实现技术轨道自主，要使自主设计的技术轨道成为全球制造技术的主导设计标准，关键在于技术与市场精准对接与高效迭代，取决于能否成功商业化（吕铁和贺俊，2019；谢富胜等，2019；谭劲松等，2021；宋娟等，2023）。构建上、中、下游成员协同合作的生态系统，是突破关键核心技术商业化的前提（余江等，2019；谭劲松等，2021；宋娟等，2023）。这是因为，关键核心技术的高度复杂性决定其需要在实践中不断试错和测试，通过大量经验数据积累以提高性能（吕铁和贺俊，2019；谭劲松等，2021；宋娟等，2023）；而且关键核心技术需要通过成果转化和大规模应用才能实现价值，缺乏产业生态支持的实验室"样品"研发水平再高，也难以形成规模商用（余江等，2019）。

基于现有研究，结合调研访谈与高端装备制造业关键核心技术特征分析，本书将关键核心技术定义为：制约创新生态系统其他组件和整体效用发挥、决定整个创新生态系统绩效的技术，同时具有多层次嵌套性、高度复杂性和相互依赖性，可靠性要求极高，其突破需要创新生态系统成员共同努力；并且还受到严格技术封锁，被极少数领先企业垄断掌控且难以被模仿替代，成为"卡人家脖子"的技术。

关键核心技术具体特征如下：（1）技术特征。第一，多层次嵌套性。关键核心技术是一个复杂的技术体系，由多个子技术分支构成，每个子技术分支又由一级、二级、三级甚至四级等子技术分支构成，多层嵌套。第二，高度复杂性。从知识组成角度，关键核心技术由需求分析、产品设计、生产与加工工艺等众多底层基础知识有机集成，覆盖多领域、多学科，其中既包含大量显性科学知识，又涉及技术诀窍、经验等隐性缄默知识。第三，相互依赖性强。某一项子技术分支的改进，需要与之关联的其他子技术分支同时升级，整个系统性能才能提高，具有"牵一发而动全身"效应。第四，关键核心技术的多层嵌套性、高复杂性、强相互依赖性等特征，要求其突破必须建立在创新生态系统支撑之上，需要掌握不同子技术分支的成员有效耦合，令各层级子技术分支之间适配，增强系统整体性能；子技术分支间的关联性与创新生态系统成员间的共生依赖性互为因果。（2）战略特征。关键核心技术至关重要且难以被替代模仿，被极少数国家领先企业垄断，受到严格技术封锁，传统的"市场换技术"策略无效，可以成为领先企业"卡人家脖子"的技术（宋娟等，2023）。

第二节　高速列车关键核心技术瓶颈形成的原因分析

关键核心技术创新突破是研发新的关键核心子系统、系统、新技术、产品（宋娟等，2023），使其成功商业化以实现价值增值的行为（宋娟等，2023），是企业发展和获得持续竞争优势的关键（Tan & Tan，2005；Tan & Tan，2017）。现实中，越来越多的关键核心技术创新突破难以孤立发生，而需要企业与其他组织互动协作，才能为客户提供完整的创新产品，所有这些相互依赖、共生共存的组织共同构成了创新生态系统（Song，2016；Adner，2017；李恒毅和宋娟，2014；谭劲松等，2021；宋娟等，2023）。创新生态系统中核心企业是占据系统中心地位、扮演系统领导者角色的企业，承担核心创新活动（Song，2016；Adner，2017），核心企业创新成功的关键在于将创新视野从自身技术和市场扩展到创新生态系统所有耦合关系中，同时克服关键核心技术创新"盲点"的不利影响（Adner，2012）。如果核心企业忽视与创新生态系统成员耦合过程中所隐藏的依赖性因素，将可能引致关键核心技术创新"盲点"出现，进而导致创新过程中研发或商业化的失败（Garnsey & Leong，2008；Adner，2012；Li & Garnsey，2014；李恒毅和宋娟，2014；宋娟等，2019）。这种例子层出不穷，例如波音公司的737MAX客机，在2018年和2019年接连发生两起重大事故，原因在于波音公司与下游互补方航空公司未实现良性耦合，波音公司未讲清楚新机型安装了自动失速保护系统，只有当飞行员的手动操作符合系统设定条件时，自动失速系统才会终止，而互补方的飞行员并未被告知自动失速保护系统的存在及其功能，所以在事故发生时，无法关闭自动失速保护系统并控制飞机，最终导致这款历时多年花巨资研制的产品不得不在接连事故下停飞。由于空中客车公司（Airbus）在研制A380巨型客机过程中未重视成员之间的耦合，导致德国与法国分部所使用的设计软件版本不同，加上发动机供应商等其他失误，致使A380推迟两年投产（Adner & Kapoor，2010）。青岛四方庞巴迪铁路运输设备有限公司生产的CRH1动车组作为复杂系统合作创新产品，由于与互补方中国铁路通信信号股份有限公司（简称"中国通号"）未实现良性耦合，忽视了互补方提供的列控中心设备存在严重设计缺陷，最终导致发生"7·23"甬温线特别重大铁路交通事故（宋娟等，2019）。

因此，本书认为，核心企业如果忽视了其与所在创新生态系统成员耦合过程的关键因素，将导致关键核心技术研发或商业化失败。因此，关键核心技术瓶颈的形成，需要从创新生态系统视角，探究核心企业的"创新盲点"及其对关键核心技术瓶颈形成的作用机理。

阿德纳（Adner，2012）首次提出关键核心技术创新"盲点"概念来解释核心企业创新失败的问题，他认为，核心企业的创新失败不能仅仅归因于企业自身的问题，例如自身学习与创新能力、未能满足客户需求、领导不力以及执行不力等，许多创新失败的根源在于核心企业没有重视甚至忽视同创新生态系统成员的依赖关系，即自身的创新还依赖其他成员的互补创新和活动部署，并未有效协调和管理其他成员的行为，导致出现关键核心技术创新"盲点"，任何一个"盲点"都可能会对创新产生毁灭性的影响。他将关键核心技术创新"盲点"定义为：导致创新失败的隐性因素，这种隐性因素主要来源于核心企业忽视了与系统成员的依赖关系（Adner，2012）。学术界对关键核心技术创新"盲点"的研究仅限于阿德纳（2012）的概念提出、现象解释和它的可能来源，缺乏对导致关键核心技术创新"盲点"形成的微观机理、关键核心技术创新"盲点"的具体表现形式以及有效识别并成功突破关键核心技术创新"盲点"的研究。这些研究问题极其重要，亟须进行探索性分析。且仅从成员间依赖关系（Adner，2012）这一静态角度研究关键核心技术创新"盲点"问题具有很大局限性。耦合是指主体之间相互依赖、相互作用及由此形成的互联关系，研究表明，耦合不仅能从相互依赖性（Alnuaimi & George，2016）等静态角度，还能够从互动、互联（Cabigiosu & Camuffo，2012；Brusoni & Prencipe，2013；Hofman et al.，2017）等动态行为和过程角度揭示主体之间相互依赖本质特征，并且不同的耦合特征对主体之间合作创新效果影响不同，因此，从耦合角度才能从本质上揭示关键核心技术创新"盲点"出现的深层次原因。

本书对阿德纳（Adner，2012）的研究进一步深化和拓展，将核心企业关键核心技术创新"盲点"界定为：隐藏于核心企业与所在创新生态系统成员耦合过程，出现在关键核心技术研发和商业化阶段，主要受到核心企业与其他成员的耦合特征影响，是导致核心企业关键核心技术创新失败的隐性因素。本书第四章将从创新"盲点"视角，探究关键核心技术瓶颈的形成原因。

第三节　高速列车关键核心技术突破的影响因素分析

一、产业创新生态系统对关键核心技术突破的影响

关键核心技术的突破，需要构建产业创新生态系统支撑体系。因为不同于大规模制成品创新，高速列车、飞机等大型复杂产品零部件数万甚至上百万个，每一个产品都可能涉及成百上千家企业。其预研、立项、研发、测试、生产组装甚至商业化/运营等，创新的每个环节都是建立在整个创新生态链（包括原材料供应商、元器件供应商、零部件供应商、研究院所、集成企业、用户等）成员之间结成紧密合作、共生共演的创新生态系统支撑体系基础上，是整个生态系统成员协同合作，共同突破关键核心技术研发和商业化瓶颈的结果（谭劲松等，2021；宋娟等，2023）。

2019年5月，中国高铁成功突破高速磁浮系列关键核心技术，时速600千米高速磁浮试验样车下线，成为除德国、日本之外，第三个成功研制高速磁悬浮的国家。这个过程，也是中车青岛四方机车车辆股份有限公司（简称"四方股份"）、中车株洲电机有限公司（简称"株洲电机"）等生态系统成员协同创新，突破高速磁悬浮导向、运行控制、牵引控制、走行机构等车辆关键技术，实现高速磁悬浮自主研发的结果。

科技成果商业化也一直是全球性难题，在业界，研发与商业化往往脱节，导致研发的商业化成功率往往很低。在我国，科技成果商业化的鸿沟尤为突出。学界也对这种现象进行了研究，将科技创新无法有效地商品化、产业化，科技成果与产业化发展之间出现断层，称为科技创新的"死亡之谷"。

由于缺乏商业化目标导致的失败现象非常普遍。美国之所以能够一直居

于全球集成电路产业第一强国的位置，不仅仅在于其起步较早，拥有像英特尔、高通等一批芯片龙头企业，更重要的还在于他们形成了像硅谷这样的完整的创新生态体系（赛迪智库，2019）。在商业化应用导向比较鲜明的CRH380A、复兴号列车的研制过程中，整车核心企业四方股份、中车长春轨道客车股份有限公司（简称"长客股份"）等，牵引电机核心企业中车永济电机有限公司（简称"永济电机"）、株洲电机；制动系统核心企业中车株洲电力机车研究所有限公司（简称"株洲所"）；齿轮箱核心企业中车戚墅堰机车车辆工艺研究所有限公司（简称"戚墅堰所"）等企业的崛起，使得整个产业生态链关键成员逐步掌握了核心技术（吕铁和贺俊，2019；谭劲松等，2021；宋娟等，2023）。且这个过程中，政府、整车企业等生态系统成员为上游零部件成员提供技术支持和试验设施；上游零部件成员、研究院所、高校通过联合研发，并在反复试验、用户反馈和运营中逐步完善技术（吕铁和贺俊，2019；谭劲松等，2021；宋娟等，2023）。在成熟高效的产业创新生态系统支撑下，生态系统成员协同创新，突破关键核心技术研发和商业化鸿沟（谭劲松等，2021；宋娟等，2023）。

这些案例也充分说明，构建从基础研究、技术研发、产品应用、市场培育的完整创新生态体系，促进上下游成员协同合作，是关键核心技术瓶颈能否突破的决定性因素（宋娟等，2023）。

近年来，中美贸易摩擦推动了逆全球化和全球贸易保护主义的兴起，导致全球供应链朝着萎缩和封闭的方向发展。而新冠疫情的暴发以及因此导致的全球供应链破坏，进一步加剧了美欧对供应链安全的担忧，从而促使他们在保障产业链安全和公共卫生安全的政策口号下，加速推动全球供应链的封闭和萎缩。

由此，中美贸易摩擦不断升级，全球贸易保护主义和逆全球化盛行，加上新冠疫情对全球产业生态链造成的巨大冲击，产业生态链中断给很多企业、产业带来了致命打击。在这样复杂多变的全球格局背景下，能否构建全产业生态链关键环节都强大的支撑体系，是未来企业和产业能否实现从追赶到创新引领的关键。因此，如何构建具有绝对竞争力和控制力的产业生态体系，成为中国企业、产业甚至国家层面突破创新发展瓶颈的首要问题（谭劲松等，2021）。

二、政府角色对关键核心技术突破的影响

关键核心技术突破除了需要构建产业生态系统支撑体系，同时也需要充分发挥政府在其中的重要作用。关键核心技术具有研发投入高、周期长、不确定性大特征，需要政府进行早期市场培育。例如，正是美国、德国、日本、韩国等发达国家政府为关键核心技术早期应用培育市场，才奠定了美国和日本在半导体行业，德国和美国在内燃机领域，韩国在存储器行业的国际领先地位。美英等发达国家针对关键核心技术这一类研发投入高、周期长、不确定性高的技术领域，不仅给予高额且持续的研发补贴，还通过政府采购的方式来培育早期应用市场，帮助技术落地。例如，高通的第一单合同正是和美国军方签订的 CDMA 技术项目，随后美国通信工业协会（TIA）也采纳了 CDMA，很快高通便开始向合作商供应大量移动芯片。政府的合理引导能够有效缓解技术推广应用初期的"市场失灵"风险，尤其是在一些发达国家已经具备先发优势而我国亟须后发追赶的"卡脖子"技术领域，在给予财税金融支持之外，更要注重培育与技术兼容适配的早期市场（谭劲松等，2021；宋娟等，2023）。

另外，关键核心技术的创新突破，更需要政府为关键核心技术成长构建上、中、下游产业生态链协同合作的产业生态系统，并根据产业技术演进阶段特征，自适应调整干预组合，优化产业生态结构，以促进技术与市场精准对接、高效迭代（吕铁和贺俊，2019；路风，2019；谭劲松等，2021），弥合研发和商业化鸿沟。

产业关键共性技术供给需要政府的作用。产业关键共性技术关乎整个行业的兴衰，单靠企业一方难以实现突破。从拥有完全自主知识产权的三代核电技术到自主研制的复兴号标准动车组，都表明产业共性技术需要集中力量进行重点突破。

关键核心技术突破需要政府营造良好的技术创新环境。这是因为，技术创新成败之间存在"死亡之谷""模糊地带"，关键核心技术的突破本身就是不断试错的过程，需要对探索性的失误宽容以待，美国硅谷、美国国防高

级研究计划局（DARPA）的成功就充分印证"鼓励创新""宽容失败"所起的重要作用。此外，技术创新离不开制度创新保障，联合产业链上下游各方主体、创新链前后端各类资源，构筑起适宜技术生长的生态并维系生态平衡，需要从资金调配、人才培育、金融创新、创新载体搭建、基础设施提供等方面不断营造创新"沃土"，尤其是先行先试的政策探索、创新改革以及针对关键技术需求特点的精准施策，做到产业政策质量与效率的统一（宋娟等，2023）。

此外，与大规模制成品不同，轨道交通装备、航空航天装备等大型复杂产品系统，市场多为自然垄断或高度政治化，政府在其中发挥的作用是大型复杂产品区别于大规模制成品创新的关键因素（谭劲松等，2021）。虽然有少数研究考虑政府因素，但偏重政府的制度供给者角色，或者装备用户、系统集成者角色。对于复杂产品等国家控制的战略型产业，政府角色是复杂多面的（谭劲松等，2021；宋娟等，2023）。如何准确而较为系统地考察政府角色，是现有研究有待探索的问题。此外，随着经济转型和国有企业改制等系列改革，政府角色发生了显著变化，产业发展不同阶段，政府有效干预的组合方式不同，不同的干预组合作用效果不同。面对如此大的变化，采用动态演进视角追溯这些变化及其原因，是识别中国轨道交通装备产业成功的关键（谭劲松等，2021；宋娟等，2023）。

中国高铁之所以能在短短 20 年中从落后向创新引领跨越，正是政府职能与产业生态系统协同演进，促进关键核心技术突破的结果。

第四章

创新生态系统视角下高速列车关键核心技术瓶颈形成的案例分析

核心企业创新"盲点"是导致关键核心技术瓶颈形成的核心要素，因此，本章以高速列车产业为案例研究对象，重点探究核心企业创新"盲点"导致关键核心技术创新突破失败的原因，以揭示关键核心技术瓶颈的形成原因。

第一节　创新生态系统视角下关键核心技术瓶颈形成的理论分析

一、创新"盲点"内涵与关键核心技术创新失败

创新生态系统由影响产品创新的所有成员构成，阿德纳（Adner, 2012, 2017）根据合作创新发生的生态链位置不同，将核心企业创新生态系统合作伙伴分为共同创新成员（co-innovators）和采用链成员（adoption chain part-ners）两大类，这些成员之间相互依赖、共生共存，创新生态系统的高效运行取决于成员之间的相互作用，其中核心企业发挥主导作用，与其他成员互动协作为客户提供完整的创新产品（Song, 2016; Adner, 2017; 李恒毅和

— 37 —

宋娟，2014；宋娟等，2019）。创新生态系统成员之间具有显著的相互依赖性（Adner，2006；Kapoor，2018），核心企业创新成功不仅取决于自身，还依赖创新生态系统其他成员的共同努力，不将视野扩展到整个创新生态系统消融创新孤岛，将导致关键核心技术创新失败（Adner，2012；宋娟等，2019；曾赛星等，2019）。汉娜和艾森哈特（Hannah & Eisenhardt，2017）认为，创新生态系统中成员间创新速率不同，所生产的产品性能也存在差异，因此会出现瓶颈，瓶颈的存在将限制整个创新生态系统的价值创造。而创新生态系统中各成员交互协作、共享资源，实现协调适应，有利于创新生态系统的健康发展（戴亦舒等，2018）。核心企业通过制定可行的创新生态系统共同愿景，能够减少早期的不确定性，促进成员之间的协调并为共同创新提供资源（Brice et al.，2018）。

相关研究对可能影响核心企业创新失败的因素进行了一些初步探索，强调了创新生态系统成员间的相互依赖性所造成的创新风险，如依赖性风险、整合风险、采用链风险等，任何一个合作伙伴出现延迟或失败，都有可能导致核心企业的创新失败（Adner，2006）。核心企业的创新需要相关企业的合作与支持（Tan，2005，2006，2007；Tan et al.，2013；Ansari et al.，2016），若忽视与相关合作伙伴的知识交流和协调，会造成产品不兼容，导致关键核心技术创新失败（Kapoor & Adner，2012）。李和加恩西（Li & Garnsey，2014）认为，企业创新受互补创新的影响，面临与其他合作伙伴共同创新的风险，如果无法整合内外部的资源，获得其他合作伙伴的支持，将导致创新失败。在创新生态系统背景下，阿德纳（Adner，2012）首次提出关键核心技术创新"盲点"的概念来解释创新失败的问题，他认为关键核心技术创新"盲点"是导致核心企业创新失败的隐性因素，这些隐性因素来源于核心企业忽视了与系统成员的依赖关系，未有效协调和管理其他成员的行为。因为技术依赖结构越来越普遍，单一企业的创新往往难以构成完整创新，需要其他组织提供互补创新、产品或技术，并重新部署其活动（Adner & Kapoor，2010）。所以核心企业的创新往往需要经过多个环节，多个成员的参与和支持，并最终实现成员的一致性协同，才能为最终消费者提供完整的产品，并在市场上取得成功（Adner，2017）。阿德纳（Adner，2012）认为，关键核心技术创新"盲点"是导致核心企业创新失败的主因，只有识别并突破关键核心技术创新"盲点"，才能成功创新，实现创新生态系统的价值创造。由此可见，要揭示关键核心技术创新"盲点"产生的原因并进行识别和突破，不能仅仅关注核心企业内部，更要关注创新生态系统所有成员间的依赖关系，识别每一个可能导致创新失败的隐性因素。

综上所述，现有研究从成员之间的相互依赖关系分析了创新失败问题，且有个别研究提出关键核心技术创新"盲点"概念解释创新失败问题。但相关研究仅仅停留在概念提出与现象解释阶段，通过现象解释从定性角度得出关键核心技术创新"盲点"是导致创新失败的主因，但具体哪些因素会导致关键核心技术创新"盲点"形成尚不明晰，如何对关键核心技术创新"盲点"进行识别并针对性地突破也是亟待解决的问题。

二、耦合与核心企业合作创新

耦合是指主体之间相互依赖、相互作用，并因此形成的互联关系。主体之间基于依赖关系，利用各种协作方式互相联系，通过资源交换和共享，共同进化、协同创新的过程就是耦合过程（Mazzaola，2012）。奥顿和韦克（Orton & Weick，1990）将网络中节点间互联程度定义为耦合。继承奥顿和韦克（Orton & Weick，1990）对耦合的研究，布鲁索尼和普伦奇普（Brusoni & Prencipe，2013）将耦合引入创新生态系统中来研究创新生态系统成员之间关系的本质，并提出核心企业解决不同的创新问题需要不同的成员耦合程度。耦合程度的两个决定因素分别是部件间相互依赖的可预测程度和技术不平衡程度，这两个因素的结合需要组织满足特定要求，才能成功管理创新（Brusoni & Pavitt，2001）。

现有对耦合与核心企业合作创新的研究主要集中在耦合对合作创新的影响方面。现有研究多用关系强度来评估合作伙伴之间的耦合，关系强度的高低影响它们之间的沟通效率、合作动机、知识共享意愿和知识获取的效率，从而影响协作创新绩效（Hofman et al.，2016）。与关系强度类似，主体之间的互动、合作时间等也能有效评估成员之间的耦合，互动的频次与关系的持续时间影响主体之间的信任程度和契合程度，进而影响跨组织边界的资源交换和整合以及组织间沟通的效率，最终对组织间的创新绩效产生影响（Cabigiosu & Camuffo，2012；Hofman et al.，2017）。有些研究者则用合作专利数作为主体间合作的依据来研究耦合，企业通过合作可以获得互补性知识，从而提高合作创新绩效（Mazzaola，2012）。相互依赖性也是衡量组织间耦合的有效途径之一（Alnuaimi & George，2016），能够对合作创新产生显著影响。因此，耦合特征可以通过组织之间合作关系强度的高低、互动频次、合作与否、依赖性高低等测度，对合作创新产生显著影响。

综上所述，学者们对耦合与核心企业合作创新之间的关系进行了卓有成效的研究，这些研究为本章研究提供了坚实基础。但现有文献仅从成员间的依赖关系这一静态角度出发研究导致核心企业创新失败的关键核心技术创新"盲点"问题，存在很大局限性，且对关键核心技术创新"盲点"的研究仅限于概念提出、现象解释及可能来源。有研究表明耦合不仅能从相互依赖性（Alnuaimi & George，2016）等静态角度，并且能够从互动、互联（Cabigiosu & Camuffo，2012；Brusoni & Prencipe，2013；Hofman et al.，2017）等动态的行为和过程角度来研究主体之间的关系特征，并且不同的耦合特征对合作创新绩效的影响不同。因此，要从本质上揭示关键核心技术创新"盲点"出现的深层次原因，有必要从耦合这一动静结合的角度，分析创新生态系统下导致关键核心技术创新失败问题。此外，虽然现有研究强调了耦合的重要性，但具体哪些耦合特征会导致关键核心技术创新"盲点"出现尚未进行深入分析。且创新生态系统成员构成复杂多样，核心企业与创新生态系统不同类型成员之间的耦合可能出现的"盲点"表现形式是什么，如何对这些关键核心技术创新"盲点"进行识别并针对性地突破是亟待解决的问题。因此，本章以中国轨道交通装备产业为案例研究对象，在现有研究基础上，从核心企业与所处创新生态系统几类关键成员：采用链成员（政府）、共同创新成员（高校和科研机构、上游部件供应商、下游互补方）等合作关系出发，深入剖析可能导致关键核心技术创新"盲点"出现的主要因素及具体表现形式，并构建相应的关键核心技术创新"盲点"突破方法体系，为核心企业提高创新成功率提供理论指导。

第二节　研究设计

因为本书需要分析关键核心技术创新"盲点"的形成原因、表现形式、突破路径，这些研究问题，国内外尚缺乏深入研究。纵向探索性案例研究特别适合新的研究领域或现有研究不充分的领域（Eisenhardt，1989；Eisenhardt & Graebner，2007）。首先，纵向探索性案例研究是一种经验性的研究方法，适用于解释"为什么""怎么样"等问题（Yin，2009），能够清晰地展现关键核心技术创新"盲点"形成的全过程。其次，纵向探索性案例研究方法可以从质性数据当中总结规律，有利于实现对关键核心技术创新"盲点"形成的内在机理和突破方法体系的理论提炼，从而验证和发展理论（Eisenhardt & Graebner，2007）。最后，纵向案例研究，能够帮助确认关键事件发展次序，识别因果关系，提高探索性研究的内部效度（Eisenhardt，1989）。

一、案例选择

中国轨道交通装备的研制过程为本章研究提供了契合的实验情境。首先，案例选取满足典型性原则（Eisenhardt，1989）。本章选择轨道交通装备产业最具代表性的两大产品（"中华之星"与 CRH380A 高速动车组）创新过程为案例研究对象。"中华之星"和 CRH380A 高速动车组研制过程需要核心企业（主机企业）、政府、高校和科研机构、上游部件供应商、下游互补方等多个物种协同合作才能成功实现研发并商业化，在其研制过程中，这些物种之间是共存共生、相互依赖的关系，具有典型的创新生态系统特征，是创新生态系统下核心企业与其他成员合作创新的结果。其次，案例选取满足极端性原则。这两个产品都是中国自主创新具有划时代意义的产品，但在"中华之星"研制过程中，由于核心企业与生态系统成员的诸多非良性耦合因素，最终导致该车在技术水平、成熟程度和可靠性等方面还存在差距（高柏等，2016），只生产了一列并且没有实现商业化。与之相反，CRH380A 是中国轨道交通装备产业自主创新成功典范。两个对比性的案例能为本章探究关键核心技术创新"盲点"的形成机理提供支持，符合案例研究中极化类型的选择，能够鲜明地展示构念之间的关系（Yin，2009）。

二、数据收集

案例信息的收集过程遵循"三角验证"原则（Yin，2009），确保案例资料来源多样化，数据之间交叉验证，从而提高案例研究的信度和效度（Eisenhardt，1989）。因此，在访谈过程中尽可能达到同一信息多人员验证，同时，通过调研访谈、专著、媒体资料等多方进行鉴定。

从 2014 年开始，笔者所在研究团队共进行了 30 多次企业调研访谈，访谈对象主要包括中高层管理者、高级技术人员和技术工人，每次访谈时间约为 2 小时，并在每次访谈结束之后 12 小时内，对访谈记录进行整理。调研访谈主要是了解"中华之星"和 CRH380A 高速动车组研制及商业化过程涉及的合作创新成员，成员间如何进行协同创新，以及核心企业与其他成员之间的耦合过程。

文献资料方面，首先，收集政府主管官员、企业高管著作，包括南车集团前总经理赵小刚、西南交通大学中国高铁发展战略研究中心主任高柏等出版的书籍，以了解相关产业背景、"中华之星"和 CRH380A 高速动车组创新动态、相关成员企业互动情况。其次，收集公司年鉴，通过查阅中国铁路机车车辆工业总公司 1994～2001 年年鉴，中国南车集团、北车集团 2002～2015 年年鉴，整理与"中华之星"和 CRH380A 高速动车组创新相关信息。案例的典型性使得"中华之星"和 CRH380A 高速动车组的研制受到众多媒体的追踪报道，研究团队对这些媒体评价信息进行了深入的收集整理。

第三节　创新生态系统视角下关键核心技术
瓶颈形成的案例分析

"中华之星"和 CRH380A 高速动车组的研发处于中国轨道交通装备产业发展的不同阶段，前者是早期国内核心企业探索性自主研制的产品，后者是在引进消化吸收后全面自主创新的典型。两者虽处于不同发展阶段，但所形成的创新生态系统构成要素基本一致。本章通过比较"中华之星"和CRH380A创新中核心企业与创新生态系统成员的耦合特征，识别关键核心技术创新"盲点"出现的原因、表现形式，并探究关键核心技术创新"盲点"突破方法体系。

一、"中华之星"电动车组描述性分析

20世纪90年代，我国铁路运输能力不足制约社会经济的发展。中央政府颁布"八五""九五"计划，确定轨道交通产业扩能提速的目标和"自力更生为主，国际合作为辅"的产业创新政策（沈志云和张天明，2014）。在这样的政策背景下，通过国家计委立项，铁道部调动中车集团的核心力量，合作研制"中华之星"。

"中华之星"从研发至商业化都体现了创新生态系统要素之间的互动，图4-1所示为"中华之星"创新生境与创新生态系统核心成员构成。

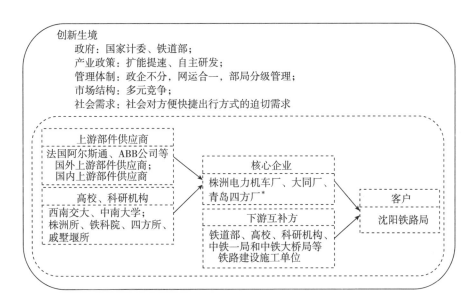

图4-1　"中华之星"创新生境与创新生态系统核心成员构成

注：*株洲电力机车厂、大同厂、青岛四方厂现在分别为中车株洲电力机车有限公司、中车大同电力机车有限公司、中车青岛四方机车车辆股份有限公司。

资料来源：根据调研访谈、《南车集团年鉴》、《高铁创新体系研究》等著作及新闻报道整理。

二、CRH380A 高速动车组描述性分析

2008 年科技部和铁道部颁布了《中国高速列车自主创新联合行动计划》，在此背景下 CRH380 系列产品开始设计。随后，铁道部与科技部共同部署南车、北车集团下属 10 家核心企业、11 家科研机构、25 家高校、51 家国家级重点实验室与工程研究中心等诸多路内外资源，为 CRH380A 的研制提供支持（赵小刚，2014）。CRH380A 是 CRH380 系列产品中自主创新程度最高，且网络控制及牵引传动系统等多项关键技术都实现了自主研制的产品，这一创新成果也得到了国内外普遍认可。CRH380A 创新生境与创新生态系统核心成员构成如图 4 - 2 所示。

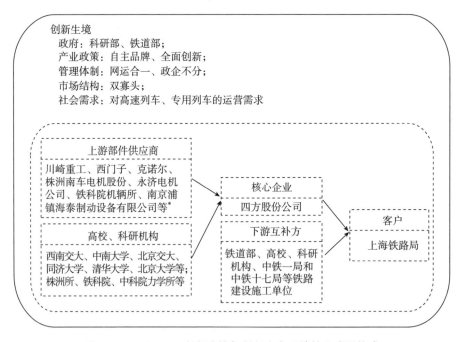

图 4 - 2　CRH380A 创新生境与创新生态系统核心成员构成

注：* 表示出现多个国内关键上游部件供应商，核心企业不再完全依赖国外上游部件供应商。

资料来源：根据调研访谈、《南车集团年鉴》、《高铁创新体系研究》等著作及新闻报道整理。

三、"中华之星"与 CRH380A 案例分析

（一）"中华之星"

政府政策环境不稳定和支持态度的转变是导致核心企业关键核心技术创新"盲点"出现的原因。核心企业与政府、政策环境非良性耦合，导致政府与核心企业非一致性协同，出现关键核心技术创新"盲点"。"中华之星"研制初期，政府塑造了有利政策环境，并为企业研制新产品提供了强大资金支持。一方面，国家计委、铁道部等行业内主管部门颁布了一系列纲领性文件，明确提升铁路运输能力、发展轨道交通产业和独立自主创新的战略方向，为"中华之星"的研发提供政策保障；另一方面，国家批准了 1.3 亿元经费，并通过科研立项方式，为"中华之星"研制提供资金支持。但在产品创新后期阶段，核心企业与政府、政策环境之间未实现良性耦合，具体表现在以下四个方面。

首先，"中华之星"由于系统耦合等问题使铁道部的支持态度发生转变。"中华之星"虽在冲刺试验中创造了当时铁路试验的最高速度纪录，但由于系统耦合不佳，在实际运营中出现较多故障，未满足铁道部对动车组"安全、经济和高效"的要求。与国外产品相比，"中华之星"在技术水平、成熟度和可靠性等方面还存在较大差距（高柏等，2016）。铁道部领导层逐渐认识到单单依靠国内企业自主创新不能很快提升企业的创新能力，由此，产业政策从自主创新转变为引进、消化、吸收再创新。此时铁道部高层对"中华之星"项目的支持意愿下降，2004 年，"中华之星"列车被铁道部排除在200 千米/时动车组的采购招标之外，且 2005 年 7 月阶段验收的总结会上也对"中华之星"采取否定的态度，使得"中华之星"最终没能实现成功商业化。正如一位管理人员称："秦沈线上的'中华之星'就是个试验品，没几个人知道秦沈线上运营着国产高速列车，'中华之星'已经被铁道部否定了。'中华之星'研制之后，铁道部转变了发展的思路，开始走引进技术的道路，主要是采用庞巴迪、西门子这些公司的技术，而国产动车组失去了市场……这辆车也已经成为历史了！"

创新产品能够被最终消费者获取和使用才有在市场上取得成功的机会，这依赖采用链上核心企业与最终消费者之间的其他中间客户广泛采用创新产品（Adner，2012，2006）。铁道部作为产业内部的直接买方，它的支持态度以及产业政策决定了"中华之星"能否被其采用，决定最终消费者是否有获取和使用"中华之星"的机会。而铁道部对核心企业的创新采取不支持的态度并转变了产业创新政策，最终"中华之星"仅生产了一辆，没有实现商业化，限制了最终消费者使用"中华之星"的机会。因此，政府与核心企业非良性耦合性，使得核心企业和政府之间非一致性协同，[①] 出现关键核心技术创新"盲点"，导致"中华之星"创新失败。

其次，核心企业与高校、研究机构合作关系强度低，非良性耦合，导致核心企业与高校、研究机构非一致性协同，出现关键核心技术创新"盲点"。"中华之星"的研发制造是政府直接通过科研立项，将课题任务分配给相关的高校和科研机构（高柏等，2016）。例如，"中华之星"研发设计由两所高校和四所科研机构共同参与，其中西南交通大学负责动力学计算、参数设计以及模拟动力学试验，中南大学负责空气动力学试验、外形结构设计，四所科研机构主要负责关键技术的研发设计、试验测试以及生产制造。这种核心企业与研究机构通过政府下达任务书被动式合作，使得核心企业与高校、研究机构之间合作效率低，合作各方主要目标是完成政府下达的指令计划，各个合作伙伴对系统整体集成了解不够深入。被动式合作各方缺乏真正深入的交流、互动，且合作范围仅限特定的模式和内容，这也导致合作方之间交流不深入，耦合程度低。正如一位管理人员称："这个阶段，我们和高校、科研机构的合作不是自己找合作对象，也不是基于合作经验来选择，而是根据铁道部的指令，才一起工作的。铁道部先提出需要什么样的动车组，然后通过下发课题任务的形式，直接将这些研究课题指定给我们还有高校和其他

---

① 一致性协同是指创新生态系统成员就各自承担的创新活动达成一致，实现对核心企业创新的有效响应，包括共同创新成员克服各自的创新挑战，提供符合核心企业要求的创新产品，以及采用链成员调整其活动，采用核心企业的创新成果。而非一致性协同则恰恰相反，即创新生态系统成员未就各自承担的创新活动达成一致，没能对核心企业创新作出有效响应，包括共同创新成员未能提供符合核心企业要求的创新产品，或采用链成员未调整其活动采用核心企业的创新成果。

的机构。"

再次，核心企业与高校、科研机构之间的合作模式使合作各方的积极性不高，合作效率和耦合程度低，低耦合导致核心企业与高校、科研机构就动车组各个组成模块的创新协调不足。动车组关键技术如交—直—交牵引传动、列车网络及控制和诊断系统等创新不同步且功能不稳定，各子系统之间不匹配兼容，严重影响列车总体性能（高柏等，2016）。据统计，由于未良性耦合导致"中华之星"在秦沈客运专线试运营的近半年里就发生 31 项 A级故障、22 项 B 级故障、6 项 C 级故障（高柏等，2016）。由此可知，核心企业与高校、科研机构合作关系强度低，非良性耦合，不利于双方就共同创新进行有效协调，导致核心企业与高校、研究机构非一致性协同：即高校和科研机构未能有效实现对核心企业创新的响应，没能提供符合核心企业要求的创新产品，列车在试运营中故障频发，出现关键核心技术创新"盲点"，导致核心企业创新失败。

核心企业对上游部件供应商过度依赖，与上游部件供应商非良性耦合，导致上游部件供应商与核心企业没有实现一致性协同，出现关键核心技术创新"盲点"。核心企业与上游部件供应商非良性耦合主要体现在，其一，国内上游部件供应商少，且技术能力很弱，导致核心企业对国外上游部件供应商过度依赖，并且在双方合作中处于不利地位。例如，"中华之星"研制时期，国内企业动车组研制技术处于起步阶段，技术积累低，尤其是上游部件供应商少，且这些国内上游部件供应商提供的核心部件极少能达到动车组性能要求，高速动车组关键的部件都依赖国外上游部件供应商提供。"中华之星"的高速受电弓、高速轴承、真空断路器及信号系统等都是从国外购买（高柏等，2016），这种高度依赖性大大降低了核心企业在合作中讨价还价的能力，且导致核心企业难以获取部件知识。其二，核心企业对国外上游部件供应商过度依赖，并且难以获取部件知识，阻碍了核心企业与国外上游部件供应商实现紧密合作。例如，国外上游部件供应商在合作中，向国内核心企业转让技术的意愿较弱，即使是达成良好合作关系的国外企业在合作研发阶段也只提供设计图纸，涉及核心部件的技术国内企业根本无从获取。正如一位管理人员指出："虽说'中华之星'这辆车的技术水平当时在国内较高，但国产化率并不高，当时我们国内对动车组的研究刚刚起步，很多关键的零部件我们都自己生产不了，所以'中华之星'大部分的零部件都选择使用进口的产品，我们对这些进口的产品一知半解，国外企业也不愿意把技术转让给我们。"

最后，核心企业对上游部件供应商过度依赖的同时，对国外上游部件供应商提供的部件技术了解程度不够，这种过度依赖和核心企业对部件技术的不了解导致两者之间无法就共同创新进行有效沟通，最终造成上游部件供应商提供的部件产品出现问题。例如，由于进口轴承和法国供应商提供的TVM430 信号系统出现掉码或无码等问题，导致 2002 年"中华之星"发生多次故障进而受到各界质疑。由此可知，此阶段核心企业对上游部件供应商过度依赖，且对国外上游部件供应商提供的部件技术了解程度不够，这种过度依赖和核心企业对部件技术的不了解，证明核心企业与上游部件供应商没有实现良性耦合，阻碍了双方就部件共同创新进行有效沟通，进而导致上游部件供应商与核心企业未实现一致性协同：即上游部件供应商未能提供符合核心企业要求的部件产品，而核心企业易忽视自身创新依赖上游部件供应商的成功创新，进而忽视与上游部件供应商非一致性协同对创新的影响，最终出现关键核心技术创新"盲点"，导致创新失败。

核心企业与下游互补方缺乏合作，非良性耦合，导致下游互补方与核心企业没有实现一致性协同，出现关键核心技术创新"盲点"。核心企业与下游互补方未良性耦合表现在以下几个方面。其一，核心企业与下游互补方：铁路研究建设方缺乏合作交流。"中华之星"的运营线路秦沈客专的研究设计方是铁道第三勘察设计院集团有限公司（简称"铁三院"），参建方主要包括中铁一局集团有限公司（简称"中铁一局"）、中铁大桥局集团有限公司（简称"中铁大桥局"）等在内的 15 个局，而负责"中华之星"研制的核心企业并未与铁路建设方合作，限制了双方就动车组和铁路建设技术研发方案交流和共享的可能性，导致核心企业与下游互补方未高效耦合。其二，核心企业与下游互补方：动车组与铁路系统耦合技术研究方没有建立良好的技术合作机制。例如在轮轨、弓网、流固及机电等方面动车组与铁路系统之间的耦合技术研究，主要由路内高校和科研机构承担，核心企业并未参与，双方未实现良性耦合，核心企业对"车—线"耦合关系认识不深入。其三，核心企业与下游互补方缺乏合作交流，未建立良性耦合，以及对"车—线"耦合关系认识不深入，导致核心企业与下游互补方出现技术非耦合性。例如，"中华之星"借鉴了法国和德国的先进技术体系与标准，动力类型为电力，采取动力集中分布的交流电力传动方式（高柏等，2016），与"中华之星"动车组多样的技术标准相比，秦沈客运专线主要是传统的有砟轨道技术和简单链形悬挂的电气化技术（沈志云和张天明，2014），"中华之星"与线路很难匹配耦合。核心企业与下游互补方的技术非耦合性，造成列车运行中出现很多由"车—线"耦合不当导致的故障。例如，"中华之星"在秦沈客专试验和试运营中出现了很多由"车—线"耦合不当而导致的主变流器故障、电机传感器失灵和轮对擦伤等问题（赵小刚，2014）。因此，铁道部以线路条件不符合高速动车组运行为由对"中华之星"实施限速运行。一位技术人员指出："我们当时只负责拖车的研制部分，并且车的外形结构基本是模仿国外，参照国外的标准……列车与线路之间的耦合研究主要是高校和科研机构的理论研究，我们对这些了解并不多，虽然也会做些实验，但是实验做得很不完善，属于探索性质的，走了很多弯路……最后列车在运行中出现了很多由于不匹配耦合引发的故障……"

铁路系统属于高速动车组的互补产品，两者要达到配套耦合才能使高速动车组发挥效用。核心企业与下游互补方缺乏合作，未实现良性耦合，导致核心企业对"车—线"耦合关系认识不深入，限制了双方就下游互补产品共同创新进行有效协调，使得下游互补方与核心企业之间未能实现一致性协同：即下游互补方提供的互补产品与核心企业创新产品不匹配耦合，"车—线"耦合不当，而核心企业易忽视自身创新成功依赖下游互补方的互补产品，进而忽视与下游互补方非一致性协同对创新的影响，最终出现关键核心技术创新"盲点"，导致创新失败。

综上所述，在"中华之星"产品研制过程中，核心企业与所处创新生态系统成员出现诸多非良性耦合因素，导致核心企业与系统成员出现"非一致性协同"，进而导致创新失败（见表4-1）。

表4-1 "中华之星"创新过程中核心企业与系统成员的耦合特征

构成要素	核心企业与系统成员耦合特征
政策环境	"中华之星"产品系统耦合不佳,产业政策从自主创新转变为引进、消化、吸收再创新,"中华之星"未能顺应政策环境,导致核心企业与政府政策环境非良性耦合,最后"中华之星"仅采用了一辆,限制了最终消费者使用创新产品的机会,出现政府与核心企业非一致性协同的关键核心技术创新"盲点"
政府	项目之初,铁道部积极提供资金和资源支持,促进"中华之星"创新;后期,由于"中华之星"故障频发,铁道部支持态度转变,对"中华之星"支持意愿下降,导致核心企业与政府非良性耦合,"中华之星"仅采用了一辆,限制了最终消费者使用创新产品的机会,政府与核心企业出现非一致性协同,即关键核心技术创新"盲点"
高校和科研机构	共同参与创新的高校和科研机构少,合作内容不深入,且基于政府的指令性合作,合作积极性和频次低,导致核心企业与高校、科研机构合作关系强度低,未良性耦合,就动车组各个模块的创新协调不足,高校、科研机构与核心企业出现非一致性协同,即关键核心技术创新"盲点"
上游部件供应商	核心企业对上游部件供应商依赖性强,对部件知识了解不够,与上游部件供应商非良性耦合,导致两者之间无法就部件共同创新进行有效沟通,引发上游部件供应商与核心企业非一致性协同的关键核心技术创新"盲点"
下游互补方	核心企业与动车组运营线路的研究设计和参建方,以及高速铁路技术系统耦合的分析与研究方缺乏合作,未良性耦合,限制了就动车组和铁路建设技术研发方案交流和共享的可能性,加上核心企业对"车—线"耦合关系认识不深入,造成"车—线"耦合不当,引发下游互补方与核心企业非一致性协同的关键核心技术创新"盲点"

资料来源:根据相关网站、新闻报道及访谈内容整理。

(二) CRH380A

核心企业与政府、政策环境之间保持"战略契合",实现一致性协同,有利于提高创新成功率 (Zajac et al., 2000)。核心企业与所嵌入的创新生态系统中,政府、政策环境之间建立了良好的耦合机制。

2008 年科技部和铁道部共同签署了《中国高速列车自主创新联合行动计划》,明确全面自主创新的政策目标,提出自主研发速度 350 千米及以上高速列车。这一时期,为支持全面自主创新的开展,政府发挥两部联合行动的优势,构建了紧密的高速动车组创新链和产学研联盟。政府部门的联合行动促进了产业内部紧密合作，将创新要素向核心企业聚集，帮助核心企业实现自主创新和将创新成果转化为生产力（高柏等，2016）。正如一位首席技术专家所说："在科技部和铁道部的强劲支持下，在'中国高速列车自主创新联合行动计划'的支撑下，南车四方已与国内21所大专院校、科研机构和41家配套企业形成了紧密的创新联盟……在产业内联合创新中，南车四方采取的是'点对链'的方式，即同时联合国内多家高等院校、科研机构组成创新联盟。这种模式把国内优秀的科研资源发挥出了组合的能量，实现对核心技术的自主掌控。"

铁道部积极支持CRH380A实现商业化，借助新闻媒体、报纸等多种手段加强对CRH380A高速动车组的报道与宣传，并以招标、订单等方式推动CRH380A等高速动车组上市运营，同时加快CRH380A等系列动车组出口，拓展海外市场。核心企业与政府、政策环境之间的良性耦合为这些成员之间的一致性协同提供保障，助推核心企业成功研发并商业化，突破关键核心技术创新"盲点"。

核心企业与高校、科研机构合作关系强度增加，良性耦合，有利于高校、科研机构与核心企业实现一致性协同，突破关键核心技术创新"盲点"。核心企业与高校、科研机构良性耦合主要体现在以下几个方面。其一，原铁路系统中高校和科研机构以及之前未参与的高校和科研机构都积极参与高速动车组的研发（高柏等，2016），并且基于政府指令性的合作减少了，使合作方之间的合作积极性增强。例如，参与研发的高校有25家，科研机构11家，国家级重点实验室与工程研究中心有51家，合作方之间合作意愿增强，实现良性耦合。其二，核心企业同高校、科研机构在合作模式和内容上更加深入，耦合程度增加，例如四方股份公司等核心企业与西南交通大学之间的合作不仅仅局限在过去的模式与内容上，还扩展到仿真分析和跟踪试验等方面（高柏等，2016）。其三，高校和科研机构还通过设立重点实验室为整个创新生态系统提供研究设计与试验检测等服务，形成紧密合作体系，高效互动。一位管理人员称："清华大学、浙江大学、中科院力学所、软件所等都是后来才参与高速动车组研发的，大家在一个更加开放式的大平台发挥各自优势，建立长期合作关系……并且现在的合作都是我们企业方自己找合作伙伴，选择合作方式，政府指令性的合作少了……以前我们与西南交通大学合作主要集中在动力学计算、疲劳实验等方面，现在我们之间的合作还扩展到其他领域。"

核心企业与高校、科研机构之间合作关系强度增加，有利于就共同创新高效协调，CRH380A 在京沪高铁实际运行中故障率仅有百千米 1.46 次，列车具有很强的稳定性，实现了成功创新。由此可知，核心企业与高校、科研机构之间合作关系强度增加，良性耦合，使得高校、科研机构与核心企业实现了一致性协同：即对核心企业的创新积极响应，提供了符合核心企业要求的创新产品，降低了故障率，列车具有较高的稳定性，成功突破高校、科研机构与核心企业之间由于非一致性协同导致的关键核心技术创新"盲点"。

核心企业降低对上游部件供应商的依赖，与上游部件供应商良性耦合，有利于上游部件供应商与核心企业实现一致性协同，突破关键核心技术创新"盲点"。核心企业与上游部件供应商良性耦合主要体现在，首先，CRH380A 研制前期，核心企业与国内上游部件供应商紧密合作，通过引进、消化、吸收，实现了能力的提升，掌握了一系列关键部件技术。例如，作为 CRH380A 研制与创新集成的核心企业，四方股份获得了一系列关键技术如 ATM9 牵引变压器、绝缘栅双极型晶体管（IGBT）牵引逆变器和 MT205 型牵引电动机等电气系统技术的转让，并实现了国产化，增加了对关键部件的了解和掌握。其次，CRH380A 研制阶段，核心企业通过与国内上游部件供应商密切合作，降低了对国外上游部件供应商的依赖，摆脱了在与国外上游部件供应商合作中难以沟通交流实现一致性协同的困境。例如，株洲所完全掌握了交流异步电机牵引系统和永磁同步电机牵引系统、四方股份公司成功攻破牵引传动系统的核心部件 IGBT 芯片的成套技术，不再依赖三菱集团、ABB 集团、英飞凌科技公司等国外关键部件供应商，并且通过对牵引动力系统等关键技术的开发，降低了对日本部件供应商的依赖。一位管理人员称："在实施引进消化吸收政策的初期阶段，一些核心零部件只能由国外供应商独家供应，就算国内能提供，也仅仅只有一两家供应商，后来铁道部要求摆脱这种局面，在引进整车的同时，同步引进关键的系统部件，实现零部件的国产化，在当时我们称这是'两条腿走路'，到现在基本上零部件都实现了自主化。"

随着国内企业技术创新能力的不断增强，以及自主研发产品平台的逐步建立和完善，一系列关键部件技术都得到攻破，核心企业与国内上游部件供应商结成了紧密耦合关系，降低了对国外上游部件供应商的依赖，这种紧密耦合关系为核心企业与上游部件供应商协同创新成功提供保障，实现上游部件供应商与核心企业的一致性协同。例如，在核心企业与株洲电机有限公司的紧密耦合下，株洲电机有限公司成功完成了牵引电机、变压器产品的创新，装载这些部件的 CRH380A 高速动车组创造了 486.1 千米/时的世界铁路运营试验最高时速。由此可知，核心企业摆脱了对国外上游部件供应商的过度依赖，良性耦合，使得上游部件供应商与核心企业实现了一致性协同，即对核心企业的创新积极响应，提供了符合核心企业要求的创新产品，成功规避上游部件供应商与核心企业耦合过程中的关键核心技术创新"盲点"。

核心企业与下游互补方密切合作，实现良性耦合，有利于下游互补方与核心企业实现一致性协同，突破关键核心技术创新"盲点"。核心企业与下游互补方实现了良性耦合主要体现在，首先，CRH380A 研制前期，"车—线"技术耦合性提高。例如，为了实现高速动车组与运行线路耦合，以西南交大为代表的一系列高校打破之前学术界将 4 种高速列车耦合关系作为独立问题研究的传统，通过创立高速列车耦合大系统动力学将它们纳入统一的理论体系进行分析，提高了系统之间的兼容性（赵小刚，2014）。其次，CRH380A 研制阶段，核心企业与下游互补方积极合作，建立了良好的合作机制。例如，在动车组与铁路系统之间的耦合技术研究方面，核心企业与高校、科研机构、铁路建设公司积极合作，轮轨、弓网、流固及机电等方面的动车组与铁路系统之间的耦合研究得到全面充分的考虑与论证，核心企业与下游互补方实现了良性耦合。一位技术人员称："拥有完全知识产权的 CRH380A 和 CRH380B 虽然表面属于两种动车组技术标准，但实际上它们已经实现互联互通……且 CRH380A 高速动车组的脱轨系数不到 0.13，低于规定的标准，'车—线'实现完美对接。"

核心企业与下游互补方积极合作，良性耦合的同时，"车—线"之间的耦合研究得到充分论证，双方能够在共同创新中密切协调，最终"车—线"实现匹配耦合。高速铁路技术系统是高速动车组能否安全、高效和成功运行的关键互补产品。核心企业与下游互补方积极合作，实现良性耦合，能够就共同创新高效协调，有利于下游互补方实现与核心企业的一致性协同：即对核心企业的创新积极响应，提供符合核心企业要求的互补产品，使得"车—线"匹配耦合，成功突破下游互补方与核心企业之间可能存在的关键核心技术创新"盲点"。

综上所述，CRH380A产品研制过程中，核心企业与所处创新生态系统成员建立了良性耦合关系，为核心企业与系统成员实现一致性协同提供保障，进而突破关键核心技术创新"盲点"，成功创新（见表4-2）。

表4-2　　CRH380A创新过程中核心企业与系统成员的耦合特征

构成要素	核心企业与成员耦合特征
政策环境	科技部和铁道部共同签署《中国高速列车自主创新联合行动计划》，坚持全面自主创新的政策，CRH380A正是这一联合行动计划的产物，核心企业与政府、政策环境高效耦合，实现了政府与核心企业的一致性协同，突破了关键核心技术创新"盲点"
政府	铁道部积极支持，构建紧密的产业创新链和产学研联盟，为核心企业创新汇集资源，并以多种方式支持创新产品商业化，核心企业与政府之间良性耦合，实现了双方之间的一致性协同，突破了关键核心技术创新"盲点"
高校和科研机构	高校、科研机构积极广泛参与创新产品的研发，合作意愿增强、合作模式多样化、合作内容更加深入、高效互动，促进核心企业与高校、科研机构之间合作关系强度增加，实现良性耦合，能有效就共同创新进行协调，实现了高校、科研机构与核心企业的一致性协同，突破了关键核心技术创新"盲点"
上游部件供应商	核心企业与国内上游部件供应商的实力增强，摆脱了对国外上游部件供应商的过度依赖，核心企业与上游部件供应商在合作中实现良性耦合，能有效就部件共同创新进行沟通，实现了上游部件供应商与核心企业的一致性协同，成功突破关键核心技术创新"盲点"
下游互补方	核心企业与下游互补方合作解决铁路系统与高速动车系统之间的耦合问题，良性互动，双方良性耦合，能在共同创新中密切协调，实现了下游互补方与核心企业的一致性协同，成功突破关键核心技术创新"盲点"

资料来源：根据相关网站、新闻报道及访谈内容整理。

四、跨案例比较

"中华之星"和CRH380A的案例研究表明，核心企业与所处创新生态系统成员之间能否良性耦合（具体包括政策环境稳定性、政府支持态度、与高校和科研机构的合作关系强度、对上游部件供应商的依赖程度、与下游互补方的合作状况）是影响核心企业能否实现研发并成功商业化的决定性因素。

中国轨道交通装备产业中政府是产业内部的自然垄断性买方（贺俊等，2018；江鸿和吕铁，2019），是采用链上核心企业与最终消费者之间的中间商。中间商与核心企业非一致性协同，即核心企业创新产品没有被中间商采纳，将限制最终消费者使用核心企业创新产品的机会（Adner，2012，2006）。而创新过程中核心企业往往仅关注自身（Adner，2012），忽视外部成员非一致性协同对创新的影响，最终导致创新失败，因此，政府与核心企业的非一致性协同是导致核心企业创新失败的隐性因素，即关键核心技术的创新"盲点"。产品创新过程中政府转变支持态度和政策，核心企业与政府、所嵌入的政策环境非良性耦合，将对核心企业创新带来负面影响（Tan，2006；Tan et al.，2013；Zhou et al.，2017），不利于创新产品的采用，导致政府与核心企业非一致性协同，最终出现关键核心技术创新"盲点"。而若政府积极支持引导、政策环境稳定利好可以使核心企业在政府的支持和政策的保护下稳步创新（陈衍泰等，2015），提高政府对创新成果的采用，实现与核心企业之间的一致性协同，突破关键核心技术创新"盲点"。如在"中华之星"创新中政府政策从独立自主创新转变为引进、消化、吸收再创新，政府对核心企业创新的支持态度也发生转变，"中华之星"未得到政策保障和政府支持，导致核心企业与政策环境、政府之间未良性耦合，"中华之星"最终未商业化。而CRH380A创新过程中政策环境稳定利好，政府持续支持，核心企业与政府、政策环境之间良性耦合，政府作为自然垄断性买方对CRH380A大力采用，助推核心企业实现成功研发并商业化，突破政府与核心企业之间非一致性协同的关键核心技术创新"盲点"。

命题1：政府与核心企业非一致性协同是关键核心技术创新"盲点"的一种表现形式，核心企业与所嵌入的政策环境、政府之间非良性耦合，会导致关键核心技术创新"盲点"出现，而核心企业与所嵌入的政策环境、政府之间良性耦合有利于核心企业突破关键核心技术创新"盲点"。

高校和科研机构通常是核心企业创新研发阶段的合作者与技术知识提供

者（Caloghirou et al.，2004），高校、科研机构与核心企业非一致性协同，即高校、科研机构在合作创新中未能提供符合核心企业要求的创新产品，将影响核心企业创新产品成功与否。而创新过程中核心企业往往容易关注自身（Adner，2012），忽视其合作伙伴非一致性协同对创新的影响，最终导致创新失败，因此，高校、科研机构与核心企业非一致性协同是导致核心企业创新失败的隐性因素，即关键核心技术创新"盲点"。产品创新过程中核心企业与高校、科研机构合作关系强度低，核心企业与高校、科研机构非良性耦合，不利于知识和复杂信息的流动，阻碍各模块生产方共同创新中的协调（Kapoor & Adner，2012），导致高校、科研机构与核心企业之间非一致性协同，出现关键核心技术创新"盲点"。而若高校、科研机构与核心企业合作关系强度增加，形成良性耦合关系，将有效提升合作伙伴间信任和互惠程度，提高合作和沟通的意愿，增加隐性知识和复杂信息的流动（Hagedoom & Frankort，2008），促进合作方之间行为、决策的协调（Lavie，2007），实现与核心企业之间的一致性协同，突破关键核心技术创新"盲点"。如在"中华之星"创新中系统内合作的高校、科研机构主要基于政府指令性合作，合作积极性不高、内容有限、交流不深入，导致合作关系强度低，核心企业与高校、科研机构之间未良性耦合，不利于列车各组成模块创新的协调，使得列车各子系统之间不匹配兼容，出现高校、科研机构与核心企业非一致性协同的关键核心技术创新"盲点"。而CRH380A创新中高校和科研机构积极参与合作研发，合作模式更加多样化、内容更加深入，合作关系强度提高，核心企业与高校、科研机构之间实现了良性耦合，能够在共同创新中密切协调，突破高校、科研机构与核心企业非一致性协同的关键核心技术创新"盲点"。

命题2：高校、科研机构与核心企业非一致性协同是关键核心技术创新"盲点"的一种表现形式，核心企业与高校、科研机构之间非良性耦合，会导致关键核心技术创新"盲点"出现，而核心企业与高校、科研机构之间良性耦合有利于核心企业突破关键核心技术创新"盲点"。

核心企业的创新依赖上游部件供应商对部件产品的共同创新，若上游部件供应商与核心企业非一致性协同，即上游部件供应商未能提供符合核心企业要求的部件产品，核心企业将难以完成创新产品的交付（Adner & Kapoor，2010）。创新过程中，核心企业容易忽视自身创新依赖其他成员的成功创新，忽视外部成员的非一致性协同对创新的影响，最终导致创新失败，因此，上游部件供应商与核心企业非一致性协同是导致核心企业创新失败的隐性因素，即关键核心技术创新"盲点"。产品创新过程中核心企业对上游部件供应商过度依赖，双方非良性耦合，将会降低核心企业在合作中讨价还价的能力（Alexy et al.，2013），而部件技术知识通常被上游部件供应商看作是一种关键资产，并努力避免泄露（江诗松等，2015），导致核心企业难以获取和了解部件知识，面临与上游部件供应商技术知识交流不足的风险，限制部件共同创新中双方的沟通和协调（Kapoor & Adner，2012），致使上游部件供应商与核心企业非一致性协同，最终出现关键核心技术创新"盲点"。而若核心企业对上游部件供应商的依赖性降低，双方形成良性耦合关系，则有利于核心企业与上游部件供应商的沟通交流，增加部件共同创新中双方协调的程度（Kapoor & Adner，2012），实现上游部件供应商与核心企业之间的一致性协同，突破关键核心技术创新"盲点"。如在"中华之星"创新中核心企业对国外上游部件供应商过度依赖，在合作中处于不利地位，无法获取和了解部件技术知识，致使核心企业与上游部件供应商非良性耦合，双方无法就共同创新进行有效沟通，导致上游部件供应商提供的部件产品如轴承等存在问题，出现上游部件供应商与核心企业非一致性协同的关键核心技术创新"盲点"。而CRH380A创新过程中核心企业与国内上游部件供应商实力增强，许多核心部件技术得以突破，降低了核心企业对国外上游部件供应商的依赖，加上与国内上游部件供应商建立了紧密耦合关系，有效促进核心企业与上游部件供应商在部件共同创新中的协调，成功突破了关键核心技术创新"盲点"。

命题3：上游部件供应商与核心企业非一致性协同是关键核心技术创新"盲点"的一种表现形式，核心企业与上游部件供应商之间非良性耦合，会导致关键核心技术创新"盲点"出现，而核心企业与上游部件供应商之间良性耦合有利于核心企业突破关键核心技术创新"盲点"。

核心企业创新需要下游互补方对互补产品进行共同创新（Adner，2006；Adner & Kapoor，2010），若核心企业与下游互补方非一致性协同，即下游互补方未能实现互补产品的共同创新、提供符合核心企业要求的互补产品，将阻碍核心企业创新产品的商业化（Adner，2012）。而创新过程中核心企业往往仅关注自身，忽视外部成员非一致性协同对创新的影响，将导致核心企业创新失败，因此，下游互补方与核心企业非一致性协同是导致核心企业创新失败的隐性因素，即关键核心技术创新"盲点"。产品创新过程中核心企业与下游互补方缺乏互动合作，双方非良性耦合，不利于互补产品共同创新中核心企业与下游互补方的沟通和协调（Kapoor & Lee，2013），增加共同创新的风险（Adner，2012），导致下游互补方与核心企业非一致性协同，最终出现关键核心技术创新"盲点"。而若核心企业与下游互补方密切合作与交流，实现良性耦合，更能实现下游互补产品创新中双方的协调适应（Kapoor & Lee，2013），实现下游互补方与核心企业之间一致性协同，突破关键核心技术创新"盲点"。如"中华之星"创新中核心企业与下游互补方缺乏合作，双方未实现良性耦合，难以对互补产品共同创新进行有效协调，造成"车—线"耦合不当，出现下游互补方与核心企业非一致性协同的关键核心技术创新"盲点"。而CRH380A创新过程中核心企业与下游互补方密切合作，双方实现了良性耦合，能够有效协调互补产品共同创新，"车—线"匹配兼容，突破下游互补方与核心企业非一致性协同的关键核心技术创新"盲点"。

命题4：下游互补方与核心企业非一致性协同是关键核心技术创新"盲点"的一种表现形式，核心企业与下游互补方之间非良性耦合是导致关键核心技术创新"盲点"出现的原因，而核心企业与下游互补方之间良性耦合有利于核心企业突破关键核心技术创新"盲点"。

第四节　结果讨论

本章通过考察在"中华之星"和CRH380A创新过程中，核心企业与所嵌入的创新生态系统成员耦合特征的差异性，探究导致关键核心技术创新

"盲点"形成的非良性耦合特征，并对关键核心技术创新"盲点"进行定位识别。研究表明，核心企业与所嵌入创新生态系统成员之间的非良性耦合是导致关键核心技术创新"盲点"发生的原因，且非良性耦合具体表现在：核心企业所处创新生态系统中政策环境不稳定、政府支持态度转变、与高校和科研机构合作关系强度低、对上游部件供应商过度依赖、与下游互补方缺乏合作几个方面。成员之间的非良性耦合导致关键核心技术创新"盲点"出现，表现为：核心企业与创新生态系统成员——政府、高校和科研机构、上游部件供应商、下游互补方之间非一致性协同。具体来说，具备一定创新能力的核心企业，通过与创新生态系统其他合作成员实现良性耦合，将有效地突破关键核心技术创新"盲点"，提高创新成功率。在关键核心技术创新"盲点"的形成原因和表现形式研究基础上，本章对关键核心技术创新"盲点"进行定位识别，如图4-3所示。

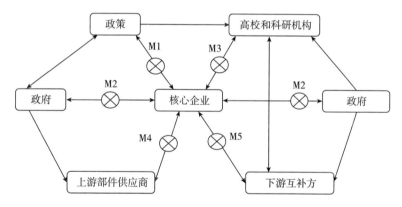

图4-3 创新生态系统中核心企业关键核心技术创新"盲点"定位

注：图中M1～M5分别指代核心企业在创新发展过程中，由于与创新生态系统成员之间非良性耦合，导致关键核心技术创新"盲点"可能发生的位置。

资料来源：根据本章研究内容绘制。

图4-3中单向箭头表示政府引导与战略部署，双向箭头表示系统成员之间的互动合作，M1～M5分别表示创新生态系统下核心企业关键核心技术创新"盲点"可能发生在核心企业与政策环境、政府、高校和科研机构、上游部件供应商、下游互补方之间的耦合过程中。

  识别核心企业关键核心技术创新"盲点",首先,应关注核心企业所处创新生态系统中的政策环境和政府的支持态度,政策环境是否稳定、政府能否提供持续的支持,将影响核心企业与政策环境、政府之间能否实现良性耦合,最终关系到政府能否与核心企业实现一致性协同;其次,创新生态系统中核心企业与上下游成员,即高校和科研机构、上游部件供应商、下游互补方是否建立良性耦合关系,关系到核心企业与所处创新生态系统成员之间的一致性协同,决定核心企业的创新产品能否成功研发并商业化,因此,也是识别核心企业关键核心技术创新"盲点"的关键。

  阿德纳(Adner,2017,2012)根据合作创新发生的生态链位置不同,将核心企业创新生态系统合作伙伴分为共同创新成员和采用链成员两大类。根据这种分类,本章中共同创新成员包括高校和科研机构、上游部件供应商、下游互补方,它们对核心企业产品创新所需的部件、互补产品等进行共同创新,采用链成员是政府,通过采用核心企业的创新产品,给最终消费者提供获得和使用创新产品的机会。本章对阿德纳(Adner,2017,2012)的研究进一步深化和拓展,结果表明,核心企业应与共同创新成员构建良性耦合关系,促进共同创新成员提供符合核心企业要求的创新产品,实现共同创新成员与核心企业的一致性协同,与此同时,核心企业也应与采用链成员构建良性耦合关系,促进采用链成员适应性调整,积极采用核心企业的创新产品,实现与核心企业之间的一致性协同。核心企业只有与共同创新成员和采用链成员构建良性耦合关系,实现一致性协同,才能突破关键核心技术创新"盲点",成功创新。

  根据上述关键核心技术创新"盲点"的识别与定位,及"中华之星"和CRH380A产品创新中核心企业与创新生态系统成员的耦合特征,构建了创新生态系统下核心企业关键核心技术创新"盲点"识别与突破模型,如图4-4所示。

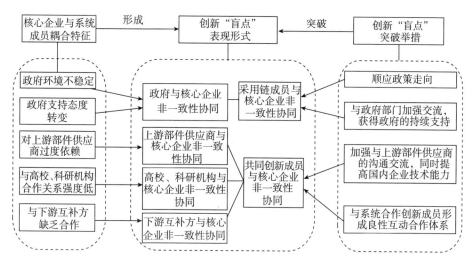

图4－4　核心企业关键核心技术创新"盲点"识别与突破模型

资料来源：根据研究思路绘制。

　　因此，为了有效突破关键核心技术创新"盲点"，本书的建议是：首先，核心企业的创新应顺应政策环境，并与政府相关部门加强交流，积极获得支持，实现与政策环境、政府之间良性耦合，以此提高政府对创新成果的采用，实现采用链成员与核心企业一致性协同。其次，核心企业与共同创新成员建立良性耦合关系，也是有效突破关键核心技术创新"盲点"的关键。核心企业能否与所嵌入的创新生态系统共同创新成员形成良性的互动合作体系，成员之间能否围绕共同创新目标协调适应，能否建立良性耦合机制，决定核心企业与所处生态系统成员之间最终能否实现一致性协同。而要降低在合作中对上游部件供应商的过度依赖，实现与上游部件供应商良性耦合，需要加强核心企业与国外上游部件供应商的沟通交流，同时全面提高国内企业技术能力。

　　综上所述，在创新生态系统中，核心企业创新成功与否取决于核心企业与其他创新生态系统成员能否保持一致性协同，如果核心企业与创新生态系统成员出现非一致性协同，将导致核心企业创新失败。正如阿德纳（Adner，2017）所提出的，如果传统战略的核心是寻求竞争优势，那么生态系统战略的核心就是寻求一致性协同。但是创新生态系统中核心企业与其他成员之间不存在层级关系，其他成员具有很强的独立性，核心企业无法直接控制和影响它们的行为和决策（Jacobides et al.，2018）。这为核心企业创新管理带来极大的挑战，核心企业要积极协调它无法直接控制的成员的行为，实现成员之间的一致性协同，否则将出现关键核心技术创新"盲点"。耦合是成员之间能否实现"一致性协同"的决定因素，且不同的耦合特征影响主体之间实现协调的程度（Brusoni & Prencipe，2013），进而影响它们之间的一致性协同。因此，核心企业应与其他成员建立良性耦合，帮助核心企业与其他成员实现行为、决策的有效协调，在保持各自独立性的情况下实现一致性协同，突破关键核心技术创新"盲点"，实现成功创新。

第五节　主要结论

创新"盲点"是导致大量核心企业关键核心技术创新失败的隐性因素，但如何识别并有效突破是现有研究亟须探索的问题。本章以中国轨道交通装备产业为案例研究对象，剖析在创新生态系统视角下，核心企业关键核心技术创新"盲点"出现的原因及其表现形式，在此基础上探究突破关键核心技术创新"盲点"的路径。研究发现，关键核心技术创新"盲点"存在于核心企业与所嵌入的创新生态系统成员耦合过程中，核心企业与创新生态系统成员，即采用链成员（政府）、共同创新成员（高校和科研机构、上游部件供应商、下游互补方）的非良性耦合是导致关键核心技术创新"盲点"出现的原因；而与这些成员之间的非一致性协同是关键核心技术创新"盲点"的表现形式；核心企业与系统各成员建立良性耦合关系是突破关键核心技术创新"盲点"的关键。

本书研究在如下方面作出了贡献。

第一，本章从耦合的角度探究关键核心技术创新"盲点"的形成原因，突破了以往主要从依赖性的静态角度分析导致核心企业创新失败的研究（Adner，2012），且从核心企业与创新生态系统主要成员耦合特征探究导致核心企业创新失败的微观机制，拓展并深化了阿德纳（Adner，2012）的研究，丰富了核心企业创新管理、创新生态系统理论研究。

第二，本章对核心企业与创新生态系统不同类型成员耦合所形成的关键核心技术创新"盲点"的表现形式进行了探索性研究，发现核心企业与创新生态系统不同成员合作过程中的非一致性协同是导致核心企业创新失败的隐性因素，使创新生态系统下核心企业与不同类型成员合作创新中可能出现的关键核心技术创新"盲点"表现形式得以明晰，深化并拓展了关键核心技术创新"盲点"研究。

第三，如何避免核心企业创新失败是现有创新管理研究难点。传统理论主要从核心企业自身如组织学习能力（Madsen & Desal，2010）等视角分析创新失败问题。本章突破传统理论局限，聚焦于核心企业与所嵌入的创新生态系统成员的耦合关系，探究关键核心技术创新"盲点"的形成原因和表现形式，并在此基础上构建突破关键核心技术创新"盲点"的方法体系，为理解核心企业创新管理提供了新的洞见。

第四，如何有效治理创新生态系统一直是创新生态系统战略研究关注的重点（Jacobides et al.，2018；Walrave et al.，2018），虽然现有研究从核心企业角度分析了创新生态系统管理问题（Alexy et al.，2013；Walrave et al.，2018），但如何针对创新生态系统成员构成的不同，采取相应的协同管理战略是有待探索的问题。本章系统探究核心企业如何突破与创新生态系统不同关键成员耦合过程中可能出现的关键核心技术创新"盲点"，为核心企业有效管理创新生态系统成员协同创新行为提供了微观证据和新的思路。

第三篇

创新生态系统视角下关键核心
技术瓶颈突破路径

第五章
高速列车创新生态系统形成与演进路径研究

第一节　创新生态系统形成与演进对关键核心技术突破路径研究的重要性

在当前复杂多变的全球环境下，尤其是在中美贸易紧张局势不断升级、贸易保护主义盛行，以及新冠疫情给全球供应链和产业创新生态系统带来了巨大挑战的情况下，关键核心技术的突破路径研究在高速列车产业的创新与竞争中显得尤为重要。这种研究不仅关乎技术本身的创新，还需要深入了解产业创新生态系统的形成与演进，因为它们密切相关，共同影响着关键核心技术的前进方向。

高速列车产业中的关键核心技术突破对整个行业的创新和竞争力至关重要。这些技术的突破决定了高速列车的性能、效率和安全性，也直接影响着企业的市场地位和国际竞争力。然而，这些技术突破不仅仅取决于技术研发，还受到产业创新生态系统的各种参与者的影响（谭劲松等，2021），包括政府、企业、研究机构和供应链伙伴。因此，了解关键核心技术突破路径不仅需要关注技术本身，还要深入考察产业创新生态系统的作用和影响（谭劲松等，2021）。

产业创新生态系统中的架构者扮演着关键角色，他们塑造了系统中不同参与者之间的关系、资源分配和协同合作。这些架构者可以是政府、企业、研究机构或其他利益相关者（谭劲松等，2021），他们的变迁和战略行为直接影响着关键核心技术的发展和商业化进程。

政府在产业创新生态系统中的作用是不可忽视的。通过政策制定、资金投入和法规制定，政府可以引导产业创新生态系统的发展方向，推动关键核心技术的研究和应用。企业也可以是架构者，通过战略合作、联盟建立和供应链管理，加速关键核心技术的商业化过程。因此，研究产业创新生态系统的形成与演进是关键核心技术突破路径研究所不可或缺的组成部分，因为它揭示了架构者如何影响关键技术突破的方向和速度。

从创新生态系统的角度来看，关键核心技术的突破由技术创新推动，也受产业创新生态系统影响。这一系统不仅包括技术研究和开发，还包括市场需求、政策支持和商业化机会。因此，了解产业创新生态系统的形成与演进对于理解关键核心技术突破路径的形成过程至关重要。

综上所述，产业创新生态系统的形成与演进研究在关键核心技术突破路径研究中具有至关重要的作用。它揭示了架构者如何影响技术突破的方向和速度，如何推动技术的商业化，以及如何应对复杂的全球挑战。通过深入研究这些关键变量，可以更好地理解高速列车产业的关键核心技术路径，为未来的创新和发展提供有力的指导。

第二节　研究背景

近年来，中美贸易摩擦不断升级，贸易保护主义和逆全球化盛行，加上新冠疫情对全球产业创新生态链造成了巨大冲击，产业创新生态链中断给很多企业、产业以致命打击。在这样复杂多变的全球格局下，如何构建全产业创新生态链关键环节都强大的支撑体系，能否构建具有绝对竞争力和控制力的产业创新生态系统，是企业和产业未来能否实现从追赶到创新引领的关键，也是中国企业、产业甚至国家层面突破创新发展瓶颈的首要问题。

与通信、工程机械等领域一家独大不同，中国轨道交通装备产业不仅培育了四方股份、株机公司等世界领先的整车企业（吕铁和贺俊，2019），而且形成了从上游研发设计（包括前沿技术研发）与基础材料、中游部件（包括转向架、车体、牵引变压器、牵引变流器、牵引电机、牵引控制、网络控制、制动系统等关键核心零部件），到下游总成、运营维修等全产业创新生态链每一环节都有一个或多个掌握关键核心技术的龙头企业的格局。在这种完整的产业创新生态系统支撑下，中国轨道交通装备产业实现追赶向创新引领跨越（宋娟等，2019）。

中国轨道交通装备产业创新生态系统如何形成和演进？是谁在其形成与演进中发挥关键作用？作用机制是什么？对这些问题的剖析，对于身处逆全球化、技术和贸易封锁盛行、产业创新生态链本土化将成为未来国家战略主线（贺俊，2020）的复杂国际环境下的中国企业、产业创新发展，对于多个正处于从追赶向创新引领跨越的中国企业、产业，具有重要意义。

虽然有学者从微观企业或政府等能力主体、产品开发平台、市场需求、国家创新体系等角度研究高铁等大型复杂产品赶超问题（Lee & Yoon，2015；Gao，2019；Genin et al.，2020；路风，2013，2019；苏敬勤和单国栋，2016；吕一博等，2017；贺俊等，2018；江鸿和吕铁，2019；吕铁和贺俊，2019；黄阳华和吕铁，2020），但鲜有研究探讨支撑其赶超的全产业生态链关键环节都强大的产业创新生态系统是如何形成的？如何才能构建具有绝对竞争力和控制力的产业创新生态系统？这些问题是逆全球化时代制约大型复杂产品创新发展的首要问题。

在创新生态系统研究方面，现有研究主要从微观层次，分析技术、产品、企业能力、企业间相互依赖关系对创新成功商业化的影响（Adner & Kapoor，2010，2016；Adner，2012；Kapoor & Lee，2013；Kapoor & Agarwal，2017；Adner & Feiler，2019；Cennamo & Santalob，2019），主要集中于核心企业对其所嵌入的企业创新生态系统的影响，极少有研究集中于产业层次的变化（Jacobides et al.，2015，2016）。认识到中观产业架构、产业创新生态系统层次研究的不足，有学者在核心企业基础上，提出"架构者"概念（Gulati et al.，2012），以描述能影响整个产业生态系统构建、演进的核心组织（Gulati et al.，2012；Jacobides et al.，2018）。雅各比德斯和泰（Jacobides & Tae，2015）从核心组织、占主导地位的原始设备制造商角度，对影响产业架构变化的组织及其作用机制进行了探索性研究（Jacobides et al.，2016；Jacobides & Tae，2015），但他们的研究建立在自组织理论基础上，将架构者局限于生态系统内部成员，没有考虑架构者可能来源于生态系统外部。且产业创新生态系统演进过程中，架构者如何变迁？战略行为如何演变？架构者变迁和战略行为演变对产业创新生态系统形成和演进作用机制是什么？这些问题对创新生态系统研究极其重要，但现有研究还鲜有探讨。

此外，对于大型复杂产品行业，市场多为寡头垄断或高度政治化，除了集成商，政府作用是复杂产品区别于大规模制成品研究的关键（贺俊等，2018；江鸿和吕铁，2019；路风，2019）。政府同时扮演制度供给者（Genin et al.，2020；江鸿和吕铁，2019）、关键或先进用户（黄阳华和吕铁，2020）、系统集成者等角色（江鸿和吕铁，2019；宋娟等，2019；吕铁和贺俊，2019）。政府角色不同，影响机制非常不同（Lee & Yoon，2015；江鸿和吕铁，2019）。且随着经济转型和国有企业改制等系列改革，政府角色发生了显著变化（Tan & Tan，2005，2017）。政府角色多面性及其具体作用机制的差异如何？如何演进？还有待深入探讨。有学者分析了政府角色在高铁技术赶超中的重要影响，但集中于对该行业技术、企业学习能力、产品开发平台等微观主体影响（贺俊等，2018；路风，2018，2019；江鸿和吕铁，2019；吕铁和贺俊，2019；黄阳华和吕铁，2020）。且虽然有个别学者指出全产业链技术能力提升是中国高铁区别于其他产业成功赶超的关键（吕铁和贺俊，2019），但这些研究都没有从中观产业创新生态系统层次，分析政府角色多面性在推动产业创新生态系统架构形成、演进中的具体作用机制；而这一关键中间变量，才是高铁实现赶超的决定性因素。

基于以上所述的现实需求与理论研究缺口，本书以中国轨道交通装备产业为对象，采用纵向案例分析方法，系统探究架构者变迁及其战略行为演变对产业创新生态系统形成和演进的作用机理，集中探索以下问题：全产业关键环节都强大的产业创新生态系统如何形成和演进？推动其形成与演进的架构者是谁？架构者变迁和战略行为演变在构建具有绝对竞争力和控制力的产业创新生态系统中的作用机制是什么？

第三节　研究方法与数据

一、纵向案例研究

本书采用纵向案例研究方法，原因有以下两个方面。其一，本书研究主题"架构者变迁及其战略行为演变对产业创新生态系统形成与演进的影响"现有研究缺乏深入探讨，且属于"如何"问题，案例研究适合新的研究领域或现有研究不充分领域，适用于解释性和探索性回答"如何"问题（Eisenhardt & Graebner，2007）。其二，本书研究对象涉及三个层次：架构者角色涉及微观生态系统成员和宏观制度构建者，产业创新生态系统属于中观层次。本书旨在探究微观产业创新生态系统成员、宏观制度环境构建者的战略行为对中观产业创新生态系统架构演进的作用机理及其涌现结果。而纵向案例方法适合这种复杂、跨层次、动态演进问题研究（Murmann，2013），可以确认演进过程中，关键事件发生的次序，有利于构念间因果关系识别（Eisenhardt & Graebner，2007）。

二、案例对象

本书研究选择中国轨道交通装备产业为案例对象，集中于车的研制。阿德纳（Adner，2017）、汉娜和艾森哈特（Hannah & Eisenhardt，2018）、雅各比德斯等（Jacobides et al.，2018）将创新生态系统定义为：直接参与产品价值创造的组织（所有企业提供的产品或服务必须整合在一起，才能为客户提供完整解决方案）所结成的相互依赖、共生共演、竞合共存的群体。根据这种定义，轨道交通装备产业创新生态系统边界界定为：直接参与轨道交通装备（车）研制的所有组织。因此，全产业创新生态链成员主要包括：原材料与元器件企业、零部件企业、研究院所、高校、整车企业、配套设备供应商、用户、维修企业。

政府在中国轨道交通装备产业发展中发挥重要作用（贺俊等，2018；路风，2018，2019；江鸿和吕铁，2019；吕铁和贺俊，2019；黄阳华和吕铁，2020），先后承担：行业主管部门、产业政策制定者、技术集成者、关键用户与领先用户等角色，呈现多面性、演化特征。2000 年前，作为生产方的中国铁路机车车辆工业总公司，作为使用方的铁路局，与部属高校、铁路系统的研究机构，都由铁道部直接行政管理（黄阳华和吕铁，2020），此时政企合一，政府属于产业创新生态系统成员。2000 年，铁道部与机车车辆企业、部属院校脱钩，不再完全行政控制。此后，铁道部对这些成员的行政干预逐渐减弱，且随着经济转型和国企改制，企业与政府关系也发生了变化（Tan & Tan，2005，2017）。2003～2008 年，机车车辆企业相继完成现代企业改革改制，成为决策主体。2013 年，按照政企分开原则，撤销铁道部，组建国家铁路局和中国铁路总公司（铁总），前者承担原铁道部拟定的铁路发展规划和政策的行政职责，隶属于交通运输部；后者承担原铁道部的企业职责，成为关键用户。因此，结合上述产业创新生态系统边界界定和政府角色特征，2000 年以后，政府角色跨层次分离：作为行业主管部门和产业政策制定者（铁道部）、国家科技资助者（以科技部为主），是产业创新生态系统创新生境的构建者，但没有直接参与产品的价值创造，位于产业创新生态系统外部；作为关键用户的原铁道部（后来的铁总），直接参与产品价值创造，属于产业创新生态系统成员。

根据上述产业创新生态系统边界、政府角色及其演化、政企关系演变情况，以 2000 年为分界线，中国轨道交通装备产业创新生态系统构成如图 5-1、图 5-2 所示。

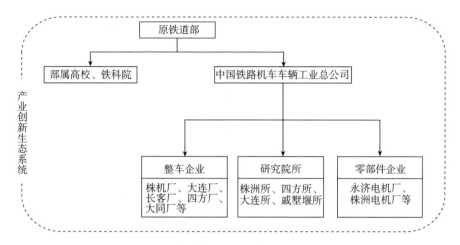

图 5 - 1　2000 年前轨道交通装备产业创新生态系统

注：企业所用名为 2000 年前企业名称，绝大部分企业改革改制后改名，例如株机厂为现在的中车株洲电力机车有限公司。

资料来源：根据年鉴、年报、调研访谈等资料整理。

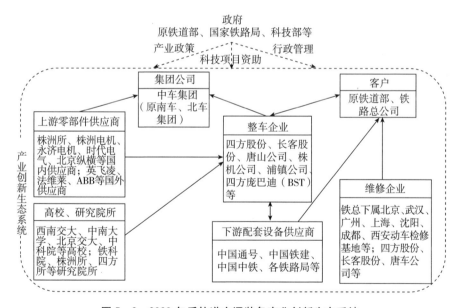

图 5 - 2　2000 年后轨道交通装备产业创新生态系统

资料来源：根据年鉴、年报、调研访谈等资料绘制。

三、案例选择

将中国轨道交通装备产业作为案例研究对象，非常适合研究的主题。

第一，中国轨道交通装备产业创新生态系统经历了新生期大量关键核心成员缺失，扩展期、提升期到成熟期核心企业形成并遍布全产业创新生态链所有环节的演进过程，是架构者变迁及其战略行为演变作用的结果，满足案例典型性原则。

第二，中国轨道交通装备产业是一个典型的产业创新生态系统。按所处产业链位置，包括高校、研究院所、原材料与元器件企业、零部件企业、整车企业、配套设备供应商、维修企业、客户（原铁道部、铁总）等物种，产业创新生态链完整。在这个系统中，整车企业需要研究院所、零部件企业提供相应的技术和零部件支持才能完成整车研制，零部件企业和研究院所需要整车企业集成才能使自身的技术或产品最终满足客户需求。各物种之间竞合共存、共生共演，具有典型创新生态系统特征。

第三，中美贸易摩擦不断升级，全球贸易保护主义和逆全球化盛行，加上新冠疫情对全球产业生态链造成了巨大冲击，产业生态链中断给很多企业、产业以致命打击。在这样复杂多变的全球格局背景下，能否构建全产业创新生态链关键环节都强大的支撑体系，是未来企业和产业能否实现从追赶到创新引领的关键。面对欧美等发达国家长期技术封锁，我国轨道交通装备产业构建了完整的产业创新生态系统，支撑成员协同合作，实现跟跑、并跑到领跑跨越。这种完整的产业创新生态系统的形成与构建机制问题的探究，对于身处逆全球化、技术和贸易封锁盛行、产业生态链本土化将成为未来国家战略主线（贺俊，2020）的复杂国际环境下的中国企业、产业创新发展，对于多个正处于从追赶向创新引领跨越的中国企业、产业，将具有极其重要的启示。

第四，数据可获取性和调研便利性。首先，中车集团、各子公司年鉴、年报、官网详细记录了当年政府在推动产业发展中的所有活动（包括政策、研发资助、政府采购等资料），当年产业、企业重要事件（包括各类合作）等相关数据；集团公司、子公司志书记录了产业、企业发展演变过程。其次，近年来中国轨道交通装备的快速发展吸引了中外媒体、行业智库等广泛关注，政产学各界从不同角度分析该产业发展变化。另外，笔者工作单位中南大学作为轨道交通产业特色鲜明重要研究型大学，从技术支持、人才培养等不同层面，支撑中国轨道交通装备产业发展，学校、本人团队与该产业企业建立了长期密切合作关系。这些资源为数据获取、调研访谈多方取证提供了便捷条件。

四、数据收集和来源

本书研究数据收集主要分三个阶段。

第一阶段：预调研。为了准确界定产业创新生态系统边界，团队成员对中国南车集团公司、中国株洲电力机车有限公司、中车株洲电力机车研究所有限公司、中车青岛四方机车车辆股份有限公司、中南大学等十余家企业、直属机构、研究院所、高校进行预调研，充分了解轨道交通装备行业发展历程、所包含的企业及其数据收集可能渠道。通过预调研，明确原铁道部、中国铁路总公司（以下简称铁总）是影响该行业发展的主要政府部门（原国家计委、科技部等也有重要影响），中车集团及下属企业、铁科院几乎涵盖了中国轨道交通装备大部分企业，且其他轨道交通装备企业（包括西门子、阿尔斯通、川崎重工、庞巴迪四大巨头和国际知名零部件供应商等）与中车集团及下属企业（所有整车、研究院、关键零部件企业等）、铁科院有直接或间接联系。因此，初步将产业创新生态系统边界界定为：相关政府部门（主要包括原铁道部、铁总、科技部、原国家计委）、原部属高校、中车集团及其所有一二三四级企业、铁科院，以及与这些企业有直接合作竞争关系的国内外轨道交通装备制造企业。这样就可以较为全面准确描述中国轨道交通装备制造产业生态情境。

第二阶段：在预调研基础上，为了确保产业创新生态系统架构数据全面和准确，团队历时两年半，收集整个轨道交通装备产业企业合作数据（包括技术合作与交流、专利联合研发、联盟、采购供销等）构建产业创新生态系统网络；与此同时，收集1949～2016年原铁道部、国家计委、科技部等政府促进该产业发展所颁布的政策文件、行政指令、国家科技项目资助、政府采购等定性和定量数据。

数据收集和处理流程如下：产业创新生态系统边界确定之后，首先，利用年鉴、志书等档案资料和提名法相结合确定历年产业创新生态系统成员构成。其次，收集这些成员企业的属性和关系数据。属性数据包括当年该企业的工程技术人员数、销售收入、申请专利数等。其中，因为专利申请数能更好测度当年创新产出（Schilling，2015；Genin et al.，2020），且采用同一国家专利能保证专利数据一致性、可靠性（Schilling，2015）。且本书研究团队通过对轨道交通装备全球专利数据分析，发现中国轨道交通装备产业专利申请99%集中在中国本土。因此，本书研究利用中国知识产权信息平台收集产业（按照IPC分类号B61"轨道车辆"进行检索）历年专利申请数据测度产业技术能力。

采用关系数据构建产业创新生态系统网络。因为年鉴和志书详细记录了原铁道部（铁总）、铁科院、集团公司和各子企业该年重要合作信息，从这些资料收集所有成员有记载的合作数据；然后从专利数据库补充专利合作数据，如果某一年两个企业共同申请多个专利，则技术合作数为共同申请专利数；接下来从上述企业官网、信息披露报纸等途径补充遗漏的合作信息；最后采用深入访谈方式，补充遗漏或信息不全的数据。此外，因为合作终止很少报道，学者们往往采用1～5年窗口期（Schilling，2015；Genin et al.，2020）。调研中企业和行业专家认为企业平均合作时间为三年左右，本书研究采用三年窗口期测度网络结构数据（Clement et al.，2018；Genin et al.，2020）。

第三阶段：为了避免第二阶段数据收集中公开资料不足，对缺失值、信息不全的数据，采用深入访谈进行补充，同时访谈也能达到验证数据准确性和完备性的目的。此外，在前面两个阶段实地调研、数据收集、文献研读基础上，增加研究主题：架构者变迁及其战略行为演变对产业创新生态系统演进的影响，聚焦于探讨体制转轨、国有企业改制过程中，关键主体对中观产业创新生态系统架构演进的影响。因此，第三阶段调研除了企业竞合方面的问题，还增加了架构者方面的问题，例如"推动产业架构变化的关键主体有哪些，他们采用什么方式影响产业架构变化""企业是否对整个产业架构变化产生影响？采取了哪些方式影响产业变化"等问题。调研访谈机构覆盖了相关政府部门、部属高校和全产业链不同位置的龙头企业，包括国家铁路局、铁总、中南大学、铁科院、中车集团、四方股份、株机公司、株洲所、株洲电机公司、时代电气、时代新材等 56 家单位；受访对象超过 90 人，进行了约 150 人次的半结构化访谈（平均访谈时间为半小时至两小时）。访谈对象主要有六类人：第一类是政府主管部门（原铁道部、国家铁路局等）负责人，他们对产业有全面宏观了解；第二类人对铁总、集团和下属企业有全面了解，包括铁总负责人、集团总经理和各级子公司（一二三级子公司）总经理；第三类人，负责企业的对外合作等商务事宜，以企业副总为代表；第四类人是企业总工、技术主管与研发人员；第五类人是销售人员，他们了解企业供应商和客户情况；第六类人是轨道交通装备行业专家，他们对该产业技术发展路径有深刻理解。数据来源多途径能"三角验证"不同证据（见表 5 - 1、表 5 - 2 和表 5 - 3），提高研究信度、效度和稳健性（Eisenhardt & Graebner，2007）。

表 5 - 1　　　　　　　　　　　　数据来源

数据类型	具体来源	资料数量
文档数据	1. 年鉴：1999 ~ 2017 年《中国铁道年鉴》；中国铁路机车车辆工业总公司 1994 ~ 2001 年年鉴；南车集团、北车集团 2002 ~ 2015 年年鉴；中车集团 2016 ~ 2019 年年鉴；铁科院 1996 ~ 2017 年年鉴；株机公司、大连公司、戚墅堰公司 1989 ~ 2017 年年鉴等 2. 志书：1881 ~ 2013 年中国铁路机车车辆工业志、株洲所志、戚墅堰所志、大同公司志书等	72 本
	3. 年报：2006 ~ 2015 年年报南车集团；2008 ~ 2015 年年报北车集团；2016 ~ 2019 年年报中车集团；时代电气年报等 4. 产业调查报告	45 份
	5. 商业出版物：政府主管官员、企业高管著作（赵小刚等著作）；回忆录（沈志云回忆录等）；学术界专家研究著作（以高柏等为代表的学术界相关研究著作）	16 本
	6. 企业内部资料（包括印刷资料、PPT、PDF 等文件）	28 份
	7. 国资委、原铁道部等政府主管部门领导、集团董事长、总经理等企业高层讲话	336 篇

续表

数据类型	具体来源	资料数量
网页数据	1. 官网：包括工业和信息化部、科技部、国家统计局、中国铁路总局、国务院国有资产监督管理委员会、集团公司、各子公司等相关部门官网和世界轨道交通资讯网 2. 中国知识产权信息服务平台 3. 中车集团选定的信息披露报纸：《中国证券报》《上海证券报》《证券时报》等	
	4. 媒体对相关人员的访谈、报道、期刊文章	167 兆
访谈数据	1. 实地调研	56 家单位
	2. 非结构化访谈（平均每次访谈持续 0.5~2 小时）	约 150 人次

资料来源：根据数据收集、调研访谈等整理。

表 5-2　　　　　　　　　　访谈企业及对象

相关政府部门	国家铁路局、科技部
用户	铁总、广州铁路集团、武汉铁路局、济南铁路局
集团公司、整车和维修企业	中车集团公司、四方股份、长客股份、株机公司、浦镇公司等 15 家企业
研究院所	中车研究院、铁科院、株洲所、四方所、浦镇所、大连所
相关高校	中南大学、西南交通大学
零部件企业	时代电气、时代新材、株洲电机公司、永济电机公司等一二三级企业 28 家

资料来源：根据调研访谈整理。

表 5-3　　　　　　　　　　访谈对象

访谈对象	次数	访谈时长（约）
行业主管部门负责人	6	每位 0.5~2 小时
总经理	12	每位 0.5~2 小时
对外合作等商务事宜负责人	26	每位 1~2 小时
总工、技术主管与研发人员	43	每位 1~2 小时
销售人员	42	每位 1~2 小时
行业专家	20	每位 1~2 小时

资料来源：根据调研访谈整理。

五、关键变量定义及其测度

产业创新生态系统架构演进特征测度。隶属结构的生态系统以成员为中心，在描述中宏观层次互动方面具有独特优势（Adner，2017）。本书研究集中于中观产业层次，因此，沿用隶属结构生态系统方法，对其三个元素：成员属性、位置、联系（Adner，2017）进行测度。用网络规模、网络合作数、网络密度、网络中心度、竞争合作强度测度联系特征演变；用产业技术能力测度成员属性特征；用产业链核心成员构成测度产业链的成熟度、核心成员更替以及成员属性和位置特征变化。

产业创新生态系统架构者。古拉蒂等（Gulati et al.，2012）首次提出"架构者"概念描述在生态系统形成和演进过程中关键组织的作用。"架构者"是生态系统基本、显著特征（Jacobides et al.，2018），"架构者"设定系统目标，协调成员之间相互关系，带领生态系统成员向共同目标协同演进（Jacobides et al.，2016，2018；Adner，2017）。本书研究对雅各比德斯等（Jacobides et al.，2016，2018）提出的架构者概念进行深化，将架构者界定为：能对整个产业创新生态系统结构变化产生影响的组织。

政府角色。对于轨道交通装备等大型复杂产品来说，政府角色是复杂、多面且不断演进的（Genin et al.，2020；江鸿和吕铁，2019）。在前面学者对政府角色（Genin et al.，2020；吕铁和贺俊，2019）研究的基础上，结合调研访谈和前期研究，本书研究认为政府角色有：行政主管部门、产业政策制定者、技术集成者、关键用户等。阿德纳（Adner，2017）、雅各比德斯等（Jacobides et al.，2018）将创新生态系统边界界定为：直接参与产品价值创造的组织。因此，本书研究将政府角色分为两个层次：制度建构者（例如产业政策的制定、行业主管部门等），是产业创新生态系统创新生境的构建者，但没有直接参与产品的价值创造，位于产业创新生态系统外部；参与主体（关键用户），直接参与产品价值创造，属于产业创新生态系统内部成员。

架构者的战略行为。与以提高自身竞争优势为核心的传统战略不同，生态系统战略关键在于如何促进生态系统成员的协同与适配（Adner，2017；Jacobides et al.，2018）。本书研究在阿德纳（Adner，2017）和雅各比德斯等（Jacobides et al.，2018）对架构者和生态系统战略内涵分析基础上，将架构者战略行为界定为架构者用来促进产业创新生态系统成员协同与适配、促进产业创新生态系统演进的战略和行为。

第四节 产业创新生态系统形成与演进过程中架构者变迁及其战略行为演变

2000 年以前，政企合一的政府（铁道部）是能影响整个产业创新生态系统结构变化的唯一架构者。2000 年开始，机车车辆工业与铁道部脱钩重组，机车车辆的卖方主体与原铁道部分离，解除了与原铁道部的行政隶属关系，原铁道部对产业的行政干预减弱，但对整个产业的影响仍然很强。2000~2007 年，作为制度构建者和参与主体的铁道部，与集团公司是产业创新生态系统的架构者。2008 年以后，铁总、四方股份、株机公司、株洲所、铁科院等产业创新生态系统核心企业，替代制度构建型政府，成为产业创新生态系统架构者。

一、1949~1977 年：政企合一的政府是主导产业创新生态系统雏形形成的架构者

这一时期属于计划经济体制下政府全面管理阶段，政府是主导产业创新生态系统雏形构建的架构者。以铁道部为代表的政府行使政企合一职能，对该产业所属工厂、研究院所、部属高校实行统一领导和高度集中的全面行政管理。[①] 行使政企合一职能的铁道部对机车产业统一规划，是整个产业创新生态系统的架构者，通过产业结构专业化调整、优化空间布局、逆向工程任务分解，构建产业创新生态系统雏形。

---

① 中国铁路机车车辆工业 50 年：1949~1999［M］. 北京：中国铁道出版社，1999.

二、1978～2003 年：政府（由政企合一向制度构建者和参与主体分离）是主导产业创新生态系统扩展的架构者

此阶段，产业创新生态系统架构者仍然是政府。政府开始放松管制，从全面行政管理逐步向行政直接干预与政策、经济干预并存转化；与此同时，政府角色从全面管理向宏观制度构建者（行业管理与规划、产业政策制定者）、微观产业创新生态系统成员（关键用户：运输组织管理机构，设备采购招标议标企业）两个层次分离。

一方面，政府开始将权力下放，指令性计划比重日益缩小，行政干预比上一阶段有所弱化，但依然占主导地位。1978 年开始的改革开放推动机车工业扩权放权，政府逐步下放管理权限：1982 年，政府对所有机车车辆工业企业下放财务、物资、干部任免等权限 17 条；1984 年，下放权力增加到 36 条。1996 年，铁道部批准中车公司改组为控股公司，标志政府与企业关系从行政管理变为资产纽带关系。2000 年铁道部部属院校脱离其直管，至此，政府对该产业成员不再完全行政控制。

另一方面，政府放松行政干预的同时，加大政策干预力度。通过政策内容细化，引导技术发展路径改变等方式加大政策干预力度。政策内容从宏观产业发展规划细化到具体技术选择。例如，政府相继颁布"内电并举以电力为主（1983）""产业发展总目标为'高速'和'重载'（1988～2003）"政策推动产业技术升级。与此同时，围绕"高速"和"重载"目标，政府逐步细化技术政策，从聚焦整车仿制扩展到零部件研制，例如 1991 年"八五"计划明确指出"着力抓好基础零部件""提高配套能力"。且与前一阶段仿制不同，1992 年国务院明确提出"自力更生为主，国际合作为辅"，将自主创新作为此阶段产业技术发展路径。

此外，政府引入经济干预促进产业发展。首先，政府改变上一阶段行政直接拨款方式，对科研院所和企业进行研发经费改革。一方面，科研院所开始自负盈亏，建立激发竞争活力的科研有偿合同制。例如，1984 年《中共中央关于经济体制改革的决定》颁布，经济体制改革得到厂所的积极响应。同年，院所全部实现科研有偿合同制改革。另一方面，企业研究经费则从行

政拨款转为企业自筹和政府拨款并存。1983年开始，"六五"至"九五"国家科技攻关计划资助各主机厂、高校和研究院所研发，且科研经费逐年增加。除了研发经费改革，1997年，铁道部正式取消路内机车生产指令性计划，机车采购全部采取招议标方式，促使企业开始全面走向市场，企业之间竞争增加。2000年机车车辆工业与铁道部脱钩重组后，机车车辆的卖方主体与铁道部分离，此时，政府角色向上分离为宏观制度构建者；向下分离成为产业创新生态系统中的成员：关键客户（运输组织管理、设备采购招标议标企业）。由此，作为制度构建者的政府，是产业创新生态系统的外部力量，通过政策、行政管理，自上而下影响产业创新生态系统演进；作为产业创新生态系统中关键用户的参与型政府，采用需求拉动方式，从微观层次推动产业创新生态系统演进。

三、2004～2007年：作为制度构建者和参与主体的政府，以及集团公司是引导产业创新生态系统提升的架构者

政府通过行政、政策、经济干预，引导产业创新生态系统演进。在行政干预方面，由于轨道交通装备企业和部属高校脱离了铁道部直管，相较上一阶段行政直接干预进一步弱化，但由于铁道部和铁路局是唯一买方，网运合一管理体制使得铁道部对该产业仍然有较强的行政干预能力（高柏等，2016）。具体表现为：2004～2005年，政府通过制定市场准入政策，控制技术引进企业数量，统一技术引进和考核标准，统一指挥6家企业进行电力机车、内燃机车和动车组技术引进。某行业专家说："技术引进时期，铁道部的行政干预是企业之间能够结成合作的主要原因。"

此外，政府加强政策、经济干预力度。在政策干预方面，从确定产业发展宏观政策，逐步细化到确定关键技术引进模式、对象、国产化实施方案。例如，2004年国务院确定"引进先进技术、联合设计生产、打造中国品牌"总体方针，标志宏观政策从上一阶段自主创新转变为技术引进。围绕技术引进宏观政策，政府（铁道部）颁布系列细化政策，包括明确技术引进对象、技术引进内容（和谐号整车、九大关键技术和十项配套技术等）、引进模式和国产化方案，推动宏观政策逐步落地。另外，政府采购（铁道部）、国家

研发资金资助（科技部）等经济间接干预迅速增强，成为政府推动产业跨越式发展主要手段。由此，政府通过双重角色：制度构建者和参与主体，分别自上而下和自下而上同时推动产业创新生态系统演进。

集团公司通过对产业架构进行调整成为除政府之外的另一架构者。2000年，机车车辆工业与原铁道部脱钩，分解重组为中国南方机车车辆工业集团和中国北方机车车辆工业集团公司，集团公司通过坚持专业化生产、规模化发展、集约化经营、扬长避短、优胜劣汰、加强重点、有进有退、培养各类产品的龙头企业等原则，对产业结构、组织结构、产品结构进行调整。

四、2008 年至今：核心企业（包括铁总）是主导产业创新生态系统演进的架构者

核心企业（作为领先用户的参与型政府、整车企业、关键零部件企业）代替制度构建型政府，成为自下而上推动产业创新生态系统演进的架构者；制度构建型政府通过产业政策、科技资金资助引导产业创新生态系统稳定发展。

客户需求牵引下，整车、子系统集成等核心企业通过构建合作创新网络、产业创新联盟、以项目为载体联合研发、整合全球技术资源在国外成立研究合作机构等方式，构建以产品为载体的创新生态系统。在这个系统支撑下，技术与市场精准对接、高效迭代，且从前期注重应用研究向原始创新、关键共性技术、前沿技术扩展。由此，带动整个产业生态链延伸扩展、结构优化和全产业生态链技术能力提升，支撑产业从技术跟随向创新引领跨越。

2008 年后，政府作为制度构建者，通过政策引导、科技资金资助驱动，与作为产业创新生态系统参与主体的铁总，通过采购拉动，共同吸引路外成员加入产业创新生态系统，为自主创新提供制度环境保障，引导产业创新生态系统研发与商业化交互迭代。

第五节　架构者变迁及其战略行为演变对产业创新生态系统形成与演进的影响

一、1949～1977 年：政企合一的政府全面管理构建产业创新生态系统雏形

1952 年前，中国机车全部依靠进口，只具备对引进的蒸汽机、客车、货车的修理能力，几乎不具备机车制造和设计技术。① 针对当时中国轨道交通装备产业一穷二白现状，1953～1977 年，行使政企合一职能的铁道部是整个产业创新生态系统的架构者，通过对机车产业统一规划，对产业结构专业化调整、优化空间布局、逆向工程任务进行分解，构建产业创新生态系统雏形。

1. 高度集权的政府构建产业创新生态系统雏形

政府对产业专业分工重置。1953～1958 年，铁道部对产业进行专业分工调整：制造厂停止修理；修理厂变机、客、货车全修为只修一种或两种；建立专业配件生产基地。1961～1965 年，政府对产业配件、修理、制造比例进一步调整，要求各厂按车种、车型分工定点生产。②

政府构建并优化产业创新生态系统空间布局，根据产品类型建立起整车、关键部件和研究院所地理集聚的空间架构，并采取自上而下方式构建新物种。例如，1959 年，铁道部组建株洲所，作为株机厂配套科研机构；组建戚墅堰所，作为戚墅堰机车厂配套科研机构；组建四方所，促进同处于青岛的四方厂对引进技术消化吸收和仿制；将原大连所改名大连内燃机车研究所，协助内燃机车大连机车厂仿制。这种根据专业分工进行地理空间临近配套布局，为大连、株洲、常州、青岛四个城市成为轨道交通装备产业四大集群奠定基础，也为这几个企业后面分别成为内燃、电力、城轨、动车等龙头

---

① 中国机械电子工业年鉴［M］. 北京：机械工业出版社，1984.
② 中国铁路机车车辆工业 50 年：1949～1999［M］. 北京：中国铁道出版社，1999.

企业奠定基础。

政府通过对产业专业分工调整、构建配套研究机构并优化地理空间布局等方式，建立由配件厂、修理厂、主机厂、高校、研究院所五类种群构成的产业创新生态系统雏形：产业创新生态系统成员数量少，物种单一，产业生态链成员大量缺失，没有明显核心外围结构。整个系统以政府为中心，虽然各类物种陆续建立。但到 1980 年，主机厂、院所、配件厂、高校等物种不到 50 家（33 个工厂和 4 个研究所，路外生产铁路机车车辆产品的企业 10 余家）；研究院所、高校、零部件企业极少，且只是作为主机厂寄生物种存在（例如 20 世纪 80 年代以前高校处于铁道部管辖下，配合主机厂进行理论研究，研究所则作为主机厂配套的试验、中试机构）；此外，虽然系列车型仿制促使转向架、电机等零部件企业相继成立（例如永济厂、株洲电机厂），但大量关键部件如制动系统、牵引系统等研制成员缺失。据记载，"在当时历史条件下，这种体制在促进机车车辆工业体系的形成和发展方面，起到了积极推动作用"。[①]

2. 高度集权的政府促使产业创新生态系统成员分工合作积累技术能力

1956 年，政府开始规划发展内燃和电力机车，1958 年，政府从苏联引进 Тэ3 型内燃机车和 H60 型电力机车。铁道部等相关部门分别制定这两类机车技术任务书，内燃机车仿制任务下派给大连厂等主机厂，电力机车仿制任务下派给株机厂等主机厂，下面各主机厂所根据分工逆向工程。由此，政府通过政企合一半军事化行政管理和经济集权手段，建立起以政府为顶层的金字塔结构，这种组织架构使得在对引进设备仿制过程中，政府可以将引进的大型设备按所属产品类别，分拆给专业厂所逆向工程，专业厂所聚焦于某一部件或技术消化吸收仿制，提高仿制效率，促进人才、技术能力积累。另外，这种半军事化行政管理，产业创新生态系统成员成为被动适应政府干预的寄生物种，整个系统缺乏竞争和活力。[②]例如 1952 年前，所有主机企业只具备机车修理能力，没有制造能力；到 1980 年，通过技术引进，株机厂等成员虽具备仿制能力，但制造和技术能力都很弱。政府通过行政指令，组织

①②　中国铁路机车车辆工业 50 年：1949～1999［M］. 北京：中国铁道出版社，1999.

成员合作仿制，生态系统成员被动合作，没有竞争，缺乏创新动力。

二、1978～2003 年：政府（制度构建型和参与主体）主导产业创新生态系统扩展

1978 年，政府开始扩权放权，企业通过改革改制提高自主权；2000 年，机车车辆企业与铁道部脱钩重组，解除了与铁道部的行政隶属关系，铁道部对机车车辆市场的调控手段从主要运用行政手段转向更多运用经济手段①。由此，政府架构者角色和作用机制出现跨层次分离：向上成为宏观制度构建者（铁道部的政府职能：行业管理、规划、安全监管、标准），作为产业创新生态系统外部力量，通过行政扩权放权、产业政策、国家研发资金资助间接影响产业创新生态系统演进；向下成为微观产业创新生态系统成员主体：关键用户（铁道部企业行为：运输组织管理、设备采购招标或议标），② 拉动产业创新生态系统演进。

（一）政府行政放权提高产业创新生态系统成员活力

1978 年党的十一届三中全会后，国务院颁发系列扩权、放权、转换企业经营机制文件，铁道部首先对大连、长客、长机、成都、大同、浦镇等工厂进行扩大自主权试点。政府行政放权推动试点成员生产、技术能力提升；试点成员生产、技术能力的提升进一步推动了政府加大放权力度和范围，如此反复，建立政府行政放权与产业创新生态系统自主权增强的协同演进机制。例如，1981 年，铁道部对大连厂等几个工厂扩大企业自主权试点。"经济责任制的推行，对调动员工积极性，起到了很好作用。"③ 试点成员生产效率提升推动了政府进一步放权。1984 年，政府进一步下放计划、物资等权力给企业。大连厂作为当时第一批试点单位在生产经营、人事等方面进行了一系列改革，开始由单纯生产型向生产经营型转变。1985 年底，大连厂成功研制了

---

① 株洲电力机车厂年鉴 2001 ［M］. 北京：中国铁道出版社，2001：10～16.
② 中国南车年鉴 2009 ［M］. 北京：中国铁道出版社，2009：69.
③ 中国铁路机车车辆工业 50 年：1949～1999 ［M］. 北京：中国铁道出版社，1999.

东风4C型内燃机车，主要技术指标在国内同行业中居领先地位。[①] 大连厂等主机厂试点成功证明经济承包责任制适合产业发展需要，由此促成1986年国务院发布《关于铁道部实行经济承包责任制的方案》，经济责任制在全路各企业实施（傅志寰，2002）。此后，产业创新生态系统企业先后进行了经营承包责任制、资产经营责任制、建立现代企业制度的改革改制。1996年，铁道部批准中车公司改组为控股公司，铁道部与中车公司行政管理关系转变为资产纽带关系，铁道部不再直接管理。[②] 2000年铁道部部属院校脱离其直管，至此，政府对该产业成员不再完全行政控制。政府的扩权放权、企业改革改制，大大提升了企业技术、生产能力，企业从单纯的产品生产单位，向独立的经营实体转变，整个产业创新生态系统成员的研制能力有所加强，产业创新生态系统成员之间的关系从计划经济时代的无竞争被动合作，向市场交易关系转变，引入竞争，合作增强。

（二）政府作为制度构建者和参与主体：通过经济干预促进产业创新生态系统演进

政府行政体制改革同时伴随经济放权和改革。随着政企分开，铁道部对机车车辆市场的调控手段已经从主要运用行政手段转向更多运用经济手段。[③] 政府改变原有行政拨款，通过科研单位事业制改革、招投标制度改革、采购权下放和国家科技资金资助的经济干预组合促进产业创新生态系统演进。

事业制改革促进产业创新生态系统网络结构演变。1984年，国务院颁发《关于开展研究单位由事业费开支改为有偿合同的改革试点意见》，各研究所相继推行科技体制改革，以完成部局下达科研任务为前提，积极承担社会各界委托的科研任务，签订有偿合同，自负盈亏。以株洲所为例，有偿合同制改革一方面使株洲所从只为株机厂配套生产逐步转向为多家主机厂、路外企业提供配套产品或技术服务。研究院所针对某些技术或零部件与其他成员结

---

① 铁道部大连机车车辆工厂志：1899～1987［M］. 大连：大连出版社，1993.
② 中国铁路机车车辆工业50年：1949～1999［M］. 北京：中国铁道出版社，1999.
③ 株洲电力机车厂年鉴2001［M］. 北京：中国铁道出版社，2001：10～16.

成多个小而紧密的研发合作网络，自我中心网络开始建立并扩大，逐步从外围成员变为核心成员。原来由政府和少数主机厂为主导的凝聚型网络架构被打破，产业创新生态系统呈现联系强度增加但网络分散化特征。此外，株洲所等研究院所开始将一些技术含量低的零部件生产外包出去，由此吸引更多外部成员进入生态系统，推动产业生态链向两端扩展。

招投标制度改革提高了生态系统竞合强度，促进产业技术能力提升。1997 年，铁道部取消路内机车生产指令性计划，机车采购全部采取招议标方式，标志该产业从计划调控向市场调控转型。招投标制度推行，原有"大锅饭"计划体制被打破，使得各主机厂必须凭借先进产品获得中标机会。为了拿到订单，企业需要更主动地与其他成员技术合作以提高自身技术能力，进而提升竞争力。另外，招投标制使得该产业内的各成员企业（整车之间、研究院所之间、零部件企业之间）形成市场竞争关系，据记载，"企业间的竞争已不可避免……一场'争上产品，争上质量，争抢市场'的大战，不管是明的暗的都在激烈展开"。①

政府通过需求拉动、国家研发资金资助，整合产业创新生态系统资源，促进产业创新生态系统演化。一方面，1997 年，铁道部将采购权下放至下面的十多个路局，由此，路局作为需求方，拉动整车、零部件企业联合研制十余款动车产品；另一方面，国家研发资金资助，整合产业创新生态系统资源，促进政产学研合作网络演化。科技部以国家科技攻关课题形式确立技术研发目标，铁道部利用网运合一管理体制，"代表用户审查并下达设计任务书，按照专业分工，主机厂负责系统设计，科研单位和高校根据各自擅长的领域不同从事关键技术的专项研究，配件厂提供专项配件"（傅志寰，2002）。1996～2003 年，政府同时作为制度构建者和产业创新生态系统参与主体：关键用户，支撑各铁路局与机车车辆制造厂联合研制出以"中华之星"为代表的几十种不同型号机车车辆，由此促进产业创新生态系统规模、合作强度增加，呈现多核心特征，提升了全产业链不同位置成员的技术能力。但由于这些产品技术杂（涉及动力集中型和分散型的电动、内燃和柴油动车

---

① 大连机车车辆厂年鉴［M］. 北京：中国铁道出版社，1996.

组），每一种不同产品大多仅生产一列或两列（例如代表当时最高技术水平的"中华之星"仅生产一列，没有大规模商业化）（宋娟等，2019），呈现"用户散、厂商多、批量小、技术杂"特征（黄阳华和吕铁，2020）。虽然此时大量成员参与动车组研制，但每一种产品批量小，且不同产品之间的替代性低，研发与商业化没有反复迭代条件，由此也导致此时产业创新生态系统各成员研制能力大大提升，但整车集成能力、整车稳定性和可靠性较低。

（三）政府作为制度构建者：通过政策干预促进产业创新生态系统演进

政府通过政策文件促进产业技术升级，拉开成员之间差距，引导产业创新生态系统核心物种形成和更替。1983 年与 1988 年，铁道部分别提出"内电并举以电力为主""停止补充新的蒸汽机车，全面进入内燃机车和电力机车时代"，促进株机厂等电力机车研制成员，大连机车厂等内燃机车研制成员进入核心层，而以四方厂为代表的蒸汽机车制造、修理成员则有边缘化趋势，生态系统成员之间差距拉大。1996 年，铁道部提出"重点投入，择优扶强"政策，生态系统成员差距进一步拉大，核心和外围成员开始涌现。

政策间接干预促进产业链上游零部件成员建立和成长，进一步推动核心成员向产业创新生态系统两端扩展。20 世纪 90 年代前，大部分零部件需要进口，1991 年国务院通过第八个五年计划，明确指出"着力抓好基础零部件，基础工艺的技术改造""提高配套能力"，促进零部件企业相继建立并迅速成长，有个别关键部件企业甚至从外围进入核心层（永济厂、南口厂分别于 1992、1993 年进入核心层），由此，核心成员从下游整车企业逐步向上游零部件企业扩展。零部件企业的成长，尤其是零部件核心成员涌现同时也推动政策、研发资金资助从整车仿制向关键零部件和基础研究扩展。1996 年，"九五"计划明确提出"高速和重载"是突破重点，"加强科研院所、高等院校和企业之间的联合与合作"。这些政策使得产业创新生态系统成员围绕高速列车和重载货车结成多个联合研制网络，产业创新生态系统规模迅速增长，呈现多核心特征。

由此，产业创新生态系统规模增大、合作频率增加，随着市场化竞争机制引入，成员之间开始有竞争但较弱。原来由少数主机厂为主导的凝聚型网络架构被打破,生态系统成员间联系呈现程度加强但分布分散特征(生态系统网络中心度和密度指标逐年下降)。以主机厂为主的核心成员涌现并增多,制造能力提升,促使多个关键零部件企业建立,同时也吸引更多外围成员进入系统,产业生态链进一步扩展和丰富。核心层中,铁道部依然占据主导地位,主机厂是核心成员主体,部分高校、研究院进入核心层,永济厂、南口厂等个别关键部件企业从外围进入核心层。由此,核心成员从下游整车企业逐步向上游零部件企业扩展。扩展期产业技术能力得到较大提升,培养了一批具有自主研发能力的人才队伍,为后面技术引进和自主创新奠定了技术、人才基础。

三、2004～2007 年:政府(制度构建者和参与主体)、集团公司引导与产业创新生态系统提升

(一)政府(制度构建者和参与主体)引导产业创新生态系统创新能力从核心向外围提升

政府作为制度构建者和参与主体双重角色,分别通过产业政策、行政干预、国家科技项目资助,与采购相结合,共同促进产业创新生态系统架构从以整车为主要核心企业的产业创新生态系统,向往核心企业上下游两端扩展的多中心扁平化产业创新生态系统架构演进。

2003 年,作为行业直管机构的铁道部,提出"跨越式发展"战略,确定将上一阶段自主创新技术发展路径改变为技术引进。铁道部通过网运合一行政手段指定 6 家机车制造企业为技术引进方。铁道部通过增加采购额为技术引进提供资金支持,并逐步细化政策:明确产业创新生态系统技术发展路径与目标,技术引进对象、标准、模式和实施方案。技术引进促使四方股份、长客股份等六大整机企业,株洲所等关键零部件企业和研究所与阿尔斯通、西门子、川崎重工等国际巨头结成了紧密的竞合关系。2004～2005 年,原来以整车企业为核心的产业创新生态系统架构,向铁科院、六大整车企业、株洲所等少部分关键部件企业为主、个别外企为核心的封闭式网络架构演进。正如某研究院技术部长所说:"原铁道部对很多体制内企业定位、生

存影响是巨大的。这个项目让谁参与，不让谁参与，直接关系到企业生存及未来的发展、定位，对整个轨道交通的生态、架构都是直接影响。比如，四方厂因参与动车组的研发、生产直接受益，从效益较差的企业摇身一变变成了动车组生产的标杆企业，直接带动青岛轨道交通的配套产业发展。"

由于中国市场对外国领先企业的放开，大规模技术引进促进产业创新生态系统竞合强度进一步加强。正如南车集团前总经理赵小刚（2004）所说[①]："这次技术引进，对我国机车车辆企业的科技主导地位、产品生产布局产生巨大冲击，特别是对机、客车的整车和配件制造厂带来前所未有的挑战。……铁路实施技术引进方案，使国内机车车辆市场进一步对外开放。一方面，铁路用户将根据运营需要，面向全球市场技贸结合引进机车车辆装备，使有限的机车车辆购置费用向引进产品倾斜；另一方面，国外企业将在近两三年内大力利用技术和资金优势，抢占国内市场，用向合资企业转让技术替代向国有企业转让技术，用本地化生产替代国产化要求，我们将首先在中国本土参与一场激烈残酷的国际竞争。"

为了避免陷入引进落后再引进怪圈，2006年国务院明确"自主创新"工作指导方针，促使轨道交通装备产业重新回到自主创新发展路径；同年，京沪高速确定最高时速350千米、运行时速300千米，这就驱使高速列车研制成员必须在技术引进基础上，自主研制更高时速动车组技术（技术引进车型都没有超过300千米时速）。2006年，铁道部和企业、高校共同签署《动车组引进消化吸收再创新重点项目合作总体协议书》，科技部通过科研资金资助方式（例如CRH3型动车组中的"高速轮轨铁路引进、消化吸收与创新"，科技部就投入8000万元人民币研发资金资助），促进整车企业、高校、研究院所、关键零部件企业结成多个合作创新网络，对引进技术消化吸收并在此基础上开发演进车型。此外，在技术引进要求"逐步提高国产化水平""自主创新"政策导向、国家研发资助、政府更高时速车型采购四重作用下，倒逼永济电机公司和株洲电机公司等元器件、零部件、子系统等全产业链成员为了提高自身技术能力，与研究院所、主机企业之间，建立起研发、商业

---

① 中国南方机车车辆工业集团公司年鉴2005［M］. 北京：中国铁道出版社，2005：77~84.

化反复迭代桥梁（贺俊等，2018），大大提升了全产业创新生态链的研制能力。具体表现为这些企业在整个产业创新生态系统中的联系强度、中心度快速上升，上游元器件、零部件核心成员迅速增长。由此，2006~2007年，产业创新生态系统规模、竞合强度进一步增长，合作也从引进期少数核心成员向整个产业创新生态链扩展，产业创新生态链不同位置核心成员占比差距缩小，产业技术能力、竞合强度呈现从局部向整体提升趋势。

正如某行业专家所说："技术引进期，政府通过多种手段同时发力，才最终推动整个产业研制能力产生一个质的飞跃。尤其是前面两年先通过技术引进提升少数企业的研制能力，到后面带动全产业创新生态链企业研制能力扩展的方式，起到了非常重要的作用。"

（二）集团公司促进产业创新生态系统专业化调整（2000~2007年）

2000年，中车公司重组为南北车两大集团。南北车集团公司在中央企业工委直接管理下，针对主业不大、辅业不强、重复布局、资源分散等问题，[①]在上一阶段形成的专业化生产和专业化配套产品布局基础上，以"坚持专业化生产、规模化经营、优胜劣汰、有进有退、打造龙头企业、以强带弱""主机产品集约化、重大零部件专业化、一般零部件市场化和后勤辅助社会化"产业调整方针，对整个行业进行自上而下的产业结构、组织结构、产品结构调整。[②] 例如为了促进货车业务结构调整，南车集团对中南、华东地区五厂货车业务进行重组整合为长江公司，使其成为亚洲最大、行业领先的现代化铁路货车研制、修理基地；将株洲所、株机公司、株洲电机厂的电机研发制造优质资源整合进株洲电机公司，并将其升级为南车一级子公司，为其成为电机龙头企业奠定了基础。此外，对客车、机车、重要零部件都实施了系列的重组整合。[③] 产业结构调整、重组举措，进一步促进产业创新生态系统成员按照整车、关键零部件、原材料等专业分工发展（到2007年底，整车产品形成

---

① 中国南车年鉴2012［M］. 北京：中国铁道出版社，2012：48~58.
② 株洲电力机车厂年鉴2001［M］. 北京：中国铁道出版社，2001：10~16.
③ 中国南车年鉴2011［M］. 北京：中国铁道出版社，2011：71.

了内燃机车、电力牵引、动车组和客车、城轨车辆、货车研发中心和制造基地；关键部件形成了变流与控制、柴油机、电机电器、制动系统等研发和制造基地；形成了机、客、货车修理和服务基地等①）；提高了全产业链关键环节成员的专业研制能力，产业创新生态系统结构进一步优化，龙头企业、强势企业和优势企业群体雏形形成，外企、多个零部件成员进入核心层。

南车集团前董事长赵小刚这样描述产业结构调整结果："产业结构调整取得重要成果，主机产品集约化和重要零部件专业化程度不断提升……突出了主业，优化了资产质量，提高了竞争力……提高了各企业研发、制造资源的集中度，改变资源配置分散现状。我们先后抓了电机产业、电力机车产业、内燃机车产业、货车产业、传动齿轮产业等的整合……这些举措使得产品结构进一步合理化，主业更加突出，规模化生产、专业化分工越来越清晰。初步形成了以动车组、电力机车、客车、货车、地铁为核心产品的轨道交通装备产业；以变流、电传动、齿轮传动、牵引电机、柴油机、机电产品系统集成、复合材料技术、热工和机械加工工艺技术等八大专有技术的延伸产业。"②

另外，"扶强促优"结构调整思路，强化了产业创新生态系统优胜劣汰、以强带弱机制，促进产业创新生态系统技术、管理能力从核心成员向外围成员逐步提升格局，整个产业创新生态系统成员的技术能力进一步提升。南车集团前党委书记郑昌泓说："要根据专业化分工协作和规模化经营的要求，立足于做强做优，重点发展资金、技术和产品都突出的龙头企业，使之成为优化行业和企业组织结构，带动产业升级的主导力量。"③"扶强促优"下，2008 年初期，形成了以铁科院、株洲所为代表的研究院所核心成员；以四方股份、长客股份、株机公司等为龙头的整车企业；以株洲电机公司、永济电机公司等关键零部件企业为龙头的多核心产业创新生态系统架构。

前南车集团某副总这样描述集团公司架构者角色："2000 年铁道部解除行政隶属关系后，集团公司替代原铁道部，对整个产业进行全局规划，成为

① 中国南方机车车辆工业集团公司年鉴2007 [M]. 北京：中国铁道出版社，2007：59～68.
② 中国南车年鉴2009 [M]. 北京：中国铁道出版社，2009：33～68.
③ 中国南方机车车辆工业集团公司年鉴2007 [M]. 北京：中国铁道出版社，2007：48～58.

影响整个产业架构的主要力量。"

四、2008 年至今：核心企业主导产业创新生态系统稳定发展

核心企业（包括用户、整车、关键零部件、研究院所等核心成员）逐步替代制度构建型政府，成为主导产业创新生态系统结构演变的架构者。

（一）制度构建型政府引导核心企业成为架构者，促进产业创新生态系统稳定发展

2006 年国务院相继颁布系列文件，将自主创新上升为国家重大战略（Sun & Cao，2018），促使轨道交通装备产业从"技术引进"向"自主创新"转变。同年，铁道部确定动车组采购车型为 350 千米/时，高于引进车型 300 千米/时。为了实现高速列车技术引领，2008 年科技部和铁道部签署了《中国高速列车自主创新联合行动计划》，面向全国整合优势科技与产业资源。与此同时，科技部等部委对联合研发提供资金资助（例如同期科技部启动了"十一五"国家科技支撑计划项目"中国高速列车关键技术研究及装备研制"，该项目国家拨款 10 亿元，企业自筹经费 20 亿元），铁道部加大升级车型机车采购额以支持企业研发（机车采购额从 2008 年的 566.35 亿元增长到 2011 年的 1049.49 亿元）。在这种面向全国开放的国家政策引导、科技资金资助驱动、采购拉动作用下，前期局限于路内的产业创新生态系统边界被打破，路外企业、高校、研究院所加入产业创新生态系统。

2012 年，为了助推中国轨道交通装备实现技术引领，尤其是突破网络、牵引、制动系统等关键核心技术"卡脖子"问题，科技部印发"十二五"规划，指出技术发展重点从三大平台的持续优化和重点提升向基础理论与关键技术转变。与此同时，前期引进消化吸收再创新开发的车型种类多，存在车体、关键部件不兼容问题。为了进一步提高自主创新能力和降低成本，2013 年，铁总启动中国标准动车组研制计划，该计划得到科技部等有关部门大力支持。例如，2014 年，国家发改委将中国标准动车组纳入国家战略性新兴产业示范工程项目，专项安排 8 亿元的国家固定资产投入；科技部通过"863 计划"、"973 计划"、国家重大科技专项、国家科技支撑计划，国家自

然科学基金委员会通过设立重大专项等课题资助方式，支持产业创新生态系统成员围绕中国标准动车组联合研制。鼓励大众创新和创业的"创新驱动发展"战略引导、国家科技项目经费的牵引、铁总采购的持续增长（2012～2019年，铁总机车采购额维持平均每年900亿元以上）拉动，激励企业成为产业创新生态系统创新主体。企业为了提高技术能力，抢占市场，积极投资新技术和产品研发（企业研发支出是政府科技项目拨款数倍，2012～2019年，交通运输设备制造业的研发投入比例从2.18%增长到5.4%），产业创新生态系统成员结成的创新网络空前高涨（Sun & Cao，2018）。随着标准动车组、复兴号的研制和批产，产业创新生态系统不同位置的核心企业围绕基础理论、关键技术、核心子系统构建创新网络联合研制，大量非核心成员甚至外围成员也都成为某一基础理论或关键技术研制的创新网络发起者。在核心企业主导下，产业创新生态系统构建研发和商业化连接桥梁，技术与市场交互迭代，正反馈机制的建立进一步支撑产业实现创新引领，生态系统呈现核心成员遍布产业生态链、开放性与网络结构稳定性特征，标志产业创新生态系统进入成熟期。

某研究院总工这样描述制度构建型政府与核心成员的关系："前期政府通过宏观政策、科研项目牵引，与铁总市场订单项目一起，成为带动相关主机企业及配套企业联合研制的强有力推手。企业需要生存，需要可持续发展的动力，未来市场可期，都会非常积极主动，甚至想尽一切办法参与前期调研、申请、主持并组织科研项目，通过整合其他企业资源联合研发，为未来抢占更多的市场占有先机。比如，300千米/250千米复兴号、动力集中动车组，等等，都是这种情况。"

（二）核心企业（包括用户、整车、关键零部件、研究院所等）成为主导产业创新生态系统演进的架构者

成熟期，核心企业（包括提升期形成的产业链不同位置的龙头企业和作为用户的参与型政府）替代制度构建型政府成为主导产业创新生态系统演进的架构者。产业创新生态系统的关键和领先用户（参与型政府），作为自然垄断性用户，通过制定技术标准、国产化要求和采购，促进产业创新生态系

统上下游企业合作；其他核心企业（包括整车、研究院所、关键零部件企业）以项目为载体进行联合研发，构建合作创新网络、产业创新联盟、在国外成立研究合作机构以整合全球技术资源等方式，助推整个产业创新生态系统向原始创新、关键共性技术、前沿技术扩展的同时，促进技术与市场精准对接、高效迭代。由此，带动整个产业生态链横向和纵向延伸扩展，产业创新生态系统结构进一步优化，全产业关键环节企业技术能力得到较大提升，成熟完整的产业创新生态系统支撑产业从技术跟随向创新引领转变。

第一，作为自然垄断性用户的铁总，通过采购主导整个产业技术发展和企业投资方向，推动产业创新生态系统架构演进。2000年，铁道部与机车车辆工业总公司脱钩重组后，铁道部向上成为宏观制度构建者，向下成为产业创新生态系统的关键和领先用户。这样的双重身份，使得在技术引进时期，铁道部能同时利用行政管理、产业政策、政府采购三种手段影响产业创新生态系统架构演进。但随着轨道交通装备产业创新生态系统整车、关键零部件龙头企业的成长，从2008年开始，铁道部（后来的铁总）主要作为自然垄断性用户，通过升级的谱系化高铁装备产品和国产化需求、不断增加的采购额度和科研项目资助，主导整个产业技术发展和企业投资方向，推动产业创新生态系统架构演进。例如为了实现高速列车创新引领，降低不同型号车不兼容所导致的成本过高并提高动车的技术兼容性，铁总主导标准动车组研制。铁总委托铁科院技术牵头，根据铁总对高速列车的技术偏好和性能要求，形成标准动车组的顶层技术指标和关键方案（江鸿和吕铁，2019），指定四方股份和长客股份作为整车集成企业，带动中国动车组全产业链成员联合研制（参与标准动车组研制的企业500多家，覆盖全国各地区），实现标准动车组的统型目标。

某研究院总工这样描述铁总的架构者角色："铁总对整个行业架构的影响巨大，说是架构师是可以的。铁总制订行业发展方向是决定性的，从哪个方向投资，向哪个技术方向发展等，基本上靠铁总这种大佬才能推动。例如，标准动车组、重载运输等产品研制，铁总都起了重要作用。另外，对于大的技术问题、方案研讨，往往都是总工亲自带队汇报，对接铁总。这从一个方面反映出企业的重视态度。基本上铁总的副处长、处长就可以调动中车一级子公司总工，跟市场订单项目相关的时候董事长或总经理也会亲自出面汇报，根据具体情况确定。"

第二，用户需求牵引、核心企业主导构建遍布全产业链的产学研用创新生态系统，促进产业创新生态系统建立起研发与商业化迭代正反馈机制。除了作为垄断用户的铁总是架构者，核心企业（包括整车、研究院所、关键零部件企业等核心成员）也是影响产业创新生态系统架构变化的关键主体。铁总作为用户，主要在产业技术标准体系转换、联调联试等极少数活动中，整合不同主体联合研制。但铁总并不介入具体的项目合作工作，尤其不参与较低层级的项目协调工作（江鸿和吕铁，2019），具体集成、联合研制以集成企业等核心成员为主体。核心企业（包括整车和子系统集成）牵头，联合产业生态链不同位置成员（全产业生态链包括：上游高校、研究院所、原材料和元器件企业，中游零部件供应商，下游集成企业、配套设备供应商、运营商、客户等），构建起产学研用创新生态系统。由此，产业创新生态系统搭建研发和商业化桥梁，成员之间技术与市场精准对接，加速迭代。

例如CRH380A研制，原铁道部提出运行、基本性能等具体技术需求，并通过科技项目研发资金资助和机车采购拉动，由四方股份牵头，围绕整车集成、共性基础技术、关键系统及部件研制以及试验验证技术几个方面，与产业创新生态系统成员（包括来自上下游50余家相关企业、36所大学和科研院所、51家国家级实验室和工程研究中心的近万名研发人员）结成多个合作创新网络。正是客户采购牵引、集成企业主导，构建起研发和商业化对接的创新生态系统支撑体系，促进技术与市场精准对接、加速迭代，进而逐个突破关键共性技术、关键零部件技术、关键材料技术、试验验证技术。后续标准动车组、高速磁悬浮列车、电力机车、城轨等系列具有核心竞争力的产品研制，都采用相似模式。这些系列产品的研制，使得整个产业创新生态系统成员的创新能力大大提升，进一步强化整车、研究院所、零部件企业的龙头地位，形成了以这些龙头企业为中心的局部紧密网络，推动产业创新生态系统网络结构进一步向多核心、网络重叠耦合结构演进（见表5-4）。例如，形成了以四方股份、长客股份、唐车公司为核心的动车创新生态系统；以株机公司、同车公司等为核心的电力机车创新生态系统；以株机公司、浦镇公司为核心的城轨创新生态系统；以株洲所、铁科院、永济电机公司、株洲电机公司等为中心的关键零部件创新生态系统等。正是这些遍布全产业链的核心企业为中心的创新生态系统的构建，使得整个产业创新生态系统呈现全产业生态链关键环节都有龙头或核心企业，且围绕这些龙头和核心企业，多个创新生态系统重叠耦合、竞合共存、共生共演，支撑产业和企业从技术跟随向创新引领转变。

表 5 - 4 　　　　　　　　　　产业创新生态系统架构变化

阶段	网络规模	联系强度	网络中心度	核心物种	竞合强度	专利申请数
新生期：1952～1980年	20～47	—	—	政府、少部分主机厂	无竞争，弱合作	0～3
扩展期：1981～2003年	363～964（1993～2003年）	896～1962（1993～2003年）	减少	政府、主机厂、高校、研究院所、零部件企业	弱竞争，强合作	2～538
提升期：2004～2007年	1060～1336	2386～2560	减少	政府、整车企业、高校、研究院所、零部件企业、外企	弱竞争，强合作	506～831
成熟期：2008～2014年	1414～1928	3026～4898	趋平稳	整车企业、研究院所、高校、政府、零部件企业、委外企业、外企	强竞争，强合作	1334～3690

注：1993年前，虽然有《中国铁路机车车辆工业1949～1988》等著作，但中国铁路机车车辆年鉴从1994年开始（年鉴记录的是前一年的信息，如1994年年鉴记录的是1993年的信息），因此，网络数据起始年份为1993年。新生期、扩展期的主机厂经过改制成为提升期、成熟期的整车企业。

资料来源：根据数据收集与分析整理。

正如某整车企业总经理所说："2000年后，铁道部的行政干预逐渐减弱，虽然由于制度惯性，技术引进期铁道部的行政干预在促进企业合作方面起到一定作用，但随着企业改革改制的成熟，2008年以后，铁道部和铁总的行政干预很少，主要作为垄断用户提出订单及相应技术需求，但具体落实还是以企业为主。整车、研究院所、关键零部件等核心企业是除铁总之外，推动产业架构变化的主力军。"

第三，为了更好地整合全球技术资源，加强前沿技术、基础技术、关键共性技术的研发，多个龙头企业发起，相继成立中德、中英、中美等海外联合研发中心十余个。这些研发中心的成立，提高了产业前沿、基础、关键技术能力，为维持创新引领奠定技术基础。例如四方股份、中车研究院、德累斯顿工业大学共同出资成立"中德轨道交通技术（德累斯顿）联合研发中心"，主要从事轨道交通装备轻量化技术及材料的研发，在碳纤维车体、碳纤维转向架、碳纤维轮对等方面开展合作[①]。

此外，为了整合全产业链资源，以突破和掌握一批事关产业发展的关键共性技术，龙头企业牵头组建产业科技创新联盟，促进产学研用合作。到2015年底，整个产业创新生态系统中，龙头企业发起或参与组建了20多个产业科技创新联盟，加强了产业生态链上下游成员之间的协同合作，带动整个产业生态链成员技术能力提升。例如，由四方股份、唐车公司、长客股份、四方所牵头组建的"高速列车产业技术创新联盟"，联合了15家高校、科研院所和行业企业共同搭建开放性政产学研合作平台。这个联盟为后续中国标准动车组、高速磁悬浮列车等研制奠定了产业链技术、组织基础。与前面所说的项目为载体的产学研用联盟不同，产业创新联盟合作更松散，更侧重于整个产业链的连接。这种形式的联盟在推动产业生态链向两端延伸，平衡产业创新生态系统成员之间的竞合关系方面具有优势。

第六节　主要结论

本书研究运用纵向案例方法，探究产业创新生态系统演进过程中，架构者变迁及其战略行为演变对产业创新生态系统演进的作用机制（见图 5 - 3、表 5 - 5），最终得出如下三个主要结论。

---

①　中国中车年鉴 2016 ［M］. 北京：中国铁道出版社，2016：129.

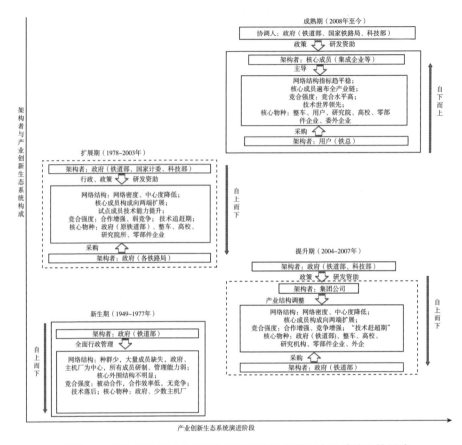

图5-3 架构者变迁及战略行为演变对产业创新生态系统演进的影响

注：2000年前，作为生产方的中国铁路机车车辆工业总公司，作为使用方的铁路局，与部属高校、铁路系统的研究机构，都由铁道部直接行政管理，此时政企合一，政府属于产业创新生态系统成员。因此，新生期（1949~1977年），产业创新生态系统包括政府、机车产业各厂所，整个产业创新生态系统边界清晰，用实线框表示整个产业创新生态系统。2000年以后（包括扩展期、提升期、成熟期），政府角色跨层次分离：作为行业主管部门和产业政策制定者（铁道部）、国家科技资助者（以科技部为主），是产业创新生态系统创新生境的构建者，但没有直接参与产品的价值创造，位于产业创新生态系统外部；作为关键用户的铁道部（后来的铁总），直接参与产品价值创造，属于产业创新生态系统成员。因此，随着政府角色的跨层次分离，扩展期、提升期、成熟期，产业创新生态系统边界经历了由逐渐模糊到逐渐清晰的过程。

资料来源：根据研究内容整理。

表 5-5　架构者及其战略行为对产业创新生态系统演进影响效果的典型证据

时间	架构者	典型例证
1949~1977 年	铁道部	这一阶段中国机车车辆工业处于高度集中的计划经济体制下，铁道部行使政企合一职能，对所属工厂、研究所、部属高校实行统一领导和全面管理。此时所属工厂、研究所不是独立的经营实体，而是单纯的产品生产单位、中试基地。铁路收入全部上缴国家，支出（包括投资支出）由国家统一拨付，劳动力统包分配，各铁路工厂的人财物产供销都由上级行政主管机关统管（A，B，D）
		在当时历史条件下，这种体制在保证铁路运输任务完成、促进机车车辆工业体系的形成和发展方面，起到了积极的推动作用（A，B）
1978~2003 年	铁道部	这些不同形式的经济责任制的推行，对调动员工积极性，起到了很好作用（B）
		通过采购样车，建立政府与企业共担风险的激励机制；对于新开发的机车车辆，铁道部及时组织技术鉴定，合格后允许批量生产，使新产品迅速形成规模，有效地保护了工业企业开发新产品的积极性（A，B，C）
		经济承包责任制将过去单纯用行政手段管理经济的方式变为依靠经济手段来调控经济，促使职工的观念向生产经营型转变（A，B）
		经济承包责任制的推行，对调动厂所职工生产、科研积极性，促进企业发展起到了很好的推动作用（A，B）
		科技部以国家科技攻关课题形式确立技术研发目标，铁道部利用网运合一管理体制，代表用户对每一项重大机车车辆新产品开发项目提出设计要求，审查并下达设计任务书。按照专业分工，主机厂负责系统设计，科研单位和高校根据各自擅长的领域不同从事关键技术的专项研究，配件厂提供专项配件，运输企业提供实验支持（A，B，D）
		1996 年铁道部提出"重点投入，择优扶强"政策，这种分工明确有主有副的工业布局充分发挥了各个工厂的优势，保证了规模化生产（A，B）
		招投标制度改革，企业间的竞争已不可避免。在这生死存亡的关键时刻，每个企业都以前所未有的紧迫感和对职工负责的强烈意识，施展自己的经营战略和策略，千方百计抓开发，上质量，强市场，开拓企业新的发展之路。一场"争上产品，争上质量，争抢市场"的大战，不管是明的暗的都在激烈展开（A，B，D）
		铁道部在局一级推行"放权让利"改革，将部分采购权下放路局。这一体制改革推动铁路政企分开改革，建立了产业内部市场化的竞争机制，增加了系统成员的自主经营权和创新活力（C）
		事业制改革大大调动了科研人员的积极性，为了求得生存和发展，株洲所走以市场为导向、以科研为后盾、以成果转化为依托的科研与生产经营相结合的道路，经营生产迅速发展，形成"科研—生产—效率"的良性循环，大大增强了企业的技术能力（A，B，C）
		机车车辆工业与铁道部脱钩重组后，机车车辆的卖方主体与铁道部分离，解除了铁道部的行政隶属关系。随着政企分开，铁道部对机车车辆市场的调控手段已经从主要运用行政手段转向更多运用经济手段（A，B）
		机车车辆工业与铁道部脱离行政隶属关系后，铁道部对机车车辆工业仍将行使行业管理职能，主要是对产业发展方向和技术开发方向实行宏观指导，在科技和产品开发的立项、科技和管理成果的鉴定评审等方面，仍将由铁道部实行行业管理（A，B）

时间	架构者	典型例证
2004～2007年	铁道部	技术引进期，政府通过多种手段同时发力，才最终推动整个产业研制能力产生一个质的飞跃。尤其是前面两年先通过技术引进提升少数企业的研制能力，到后面带动全产业创新生态链企业研制能力扩展的方式，起到了非常重要的作用（A）
		原铁道部对很多体制内企业定位、生存影响是巨大的。这个项目让谁参与、不让谁参与，直接关系到企业生存及未来的发展、定位，对整个轨道交通的生态、架构都是直接影响。比如，四方厂因参与动车组的研发、生产直接受益，从效益较差的企业摇身一变变成了动车组生产的标杆企业，直接带动了青岛轨道交通的配套产业发展（A）
		铁道部对机车车辆工业仍将行使行业管理职能，主要是对产业发展方向和技术开发方向实行宏观指导，在科技和产品开发的立项、科技和管理成果的鉴定评审等方面，仍将由铁道部实行行业管理（A，B）
		由于政府机构铁道部和铁路局是唯一买方，网运合一管理体制使得铁道部对该产业企业仍然具有较强的行政干预能力。此阶段行政直接干预主要表现为铁道部运用网运合一管理体制制定市场准入机制、控制技术引进谈判企业数量、统一技术引进标准和考核标准（C）
		扩权放权改革使得中车公司及下属子公司确实获得了相当部分的权利，但计划经济体制下铁道部对铁路工业企业的全面控制和高度集中的管理体制在改革初期所带来的体制惯性，以及铁道部保留的对中车公司领导层干部的任免权和铁道部仍然是中车公司产品的最重要购买商等因素使得铁道部在此阶段对中车公司及其下属企业的管理具有非常浓烈的计划性和指令性色彩（A，C）
2000～2007年	集团公司	按现代企业制度组建集团公司，可以自主、有效地进行产业结构、组织结构、产品结构调整；可以更好集中财力，进行重点项目的技术改造；可以更好地组织专业化生产和系统配套；可以更好地协调和组织市场开发及营销；可以以骨干企业为核心，形成多个不同的技术开发中心；可以集中集团公司内部优秀人才，开展技术攻关；可以更好地发挥企业优势，培育集团合力（A，B，D）
		集团公司稳妥推进结构调整，已建立起从基础材料、核心部件、关键系统到整机产品的制造以及运营维护的完整产业链（A，B，D）
		集团公司突出主攻方向，打造高端装备制造产业链。在打造高端装备制造产业链的过程中，完善中车现有的产学研用相结合的创新体系，带动信息产业、电子工业、材料工业等相关产业链整体素质的提升。继续坚持落实"四个带动"（以强带弱、以小带大、以造带修、以整带零），完善带动机制建设，加快业务整合和资产重组，优化价值链，拓展产业链，高效配置资源，提高集团整体协同发展水平（A，B，D）
		2000年铁道部解除行政隶属关系后，集团公司替代原铁道部，站在产业层次对整个产业进行全局规划，成为影响整个产业架构的主要力量（A）

续表

时间	架构者	典型例证
2008 年至今	核心成员	实现了从自上而下政府行政性推动向自下而上企业自身市场性推动的大步跨越（A，B，D）
		随着核心企业技术、管理等能力提升，此时核心企业对产业架构变化具有极其重要的影响，越到后面越强，这种影响力大于政府（A）
		前期政府推动主要靠宏观政策、科研项目牵引、市场订单项目作为强有力推手来带动相关主机企业及配套企业。企业需要生存，需要可持续发展动力，未来市场可期，都会非常积极主动甚至想尽一切办法参与前期调研、申请、主持并组织科研项目申请等阶段，为未来抢占更多的市场占有先机。比如，300 千米/250 千米复兴号、动力集中动车组等，都是这种情况（A）
		铁总对整个行业架构的影响巨大，说是架构师是可以的。铁总制订行业发展方向是决定性的，从哪个方向投资，向哪个技术方向发展等，基本上靠铁总这种大佬才能推动。例如标准动车组、重载运输等产品研制，铁总都起了重要作用。另外，对于大的技术问题、方案研讨，往往都是总工亲自带队汇报，对接铁总。这从一个方面反映出企业的重视态度。基本上铁总的副处长、处长就可以调动中车一级子公司总工，跟市场订单项目相关的时候董事长或总经理也会亲自出面汇报，根据具体情况确定（A）
		2000 年后，铁道部的行政干预逐渐减弱，虽然由于制度惯性，技术引进期铁道部的行政干预在促进企业合作方面起到一定作用，但随着企业改革改制的成熟，2008 年以后，铁道部和铁总的行政干预很少，主要作为垄断用户提出订单及相应技术需求，但具体落实还是以企业为主。整车、研究院所、关键零部件等核心企业是除铁总之外，推动产业架构变化的主力军（A）
	政府政策	两部联合行动计划的两个重大意义：扭转铁道部大规模技术引进路线，使中国铁路装备工业重新走上自主开发道路；把铁路装备工业的高铁技术研发置于国家创新系统之中，发挥了"举国体制"优势（C）
		在科技部和铁道部的大力支持下，在"中国高速列车自主创新联合行动计划"的支持下，南车四方已和国内 21 所大专院校、科研院所以及 41 家配套企业形成了紧密的创新联盟。这种以主机厂为龙头的产业创新联盟，正在形成我国高速列车技术领域从研发、技术转化到产业化的互动平台。在产学研联合创新中，南车四方采取的是"点对链"的模式，即南车四方同时联合国内多家高等院校、科研院所组成创新联盟。"这种'点对链'的模式，使我们把国内优秀的科研资源发挥出了组合的能量，实现对核心技术的自主掌控（C）

注：A、B、C、D 分别代表典型证据的数据来源，A 代表访谈获得一手资料，B 代表年鉴、年报、志书等公开出版的文档材料，C 代表企业官网、媒体报道、行业信息披露报纸、行业专家观点、专著等，D 代表获取的企业内部资料。

资料来源：根据调研访谈、数据资料收集整理。

第一，产业创新生态系统形成与演进不同阶段，架构者发生变迁。产业创新生态系统四个阶段的架构者分别为：政企合一的政府；由政企合一向制度构建者和参与主体分离的政府；作为制度构建者和参与主体的政府与集团公司；产业创新生态系统核心成员。不同架构者战略行为及其作用机制不同，且同一架构者在不同阶段其战略行为对产业创新生态系统演进的作用机制不同。新生期，如果仅仅通过自组织演进，产业创新生态系统涌现漫长且混沌。此时，行使政企合一职能的政府作为"架构者"，通过行政干预自上而下对整个产业统一规划，通过产业结构专业化调整、优化空间布局、逆向工程任务分解，构建产业创新生态系统雏形。随着经济体制转型、企业改革改制和生态系统成员技术、管理能力提升，政府角色跨层次分离：向上成为宏观制度构建者；向下成为产业创新生态系统参与主体：关键用户。扩展期，作为制度构建者的政府是架构者，通过逐步减弱的行政干预，增强的政策和经济干预，推动产业创新生态系统架构演进。提升期，作为制度构建者和参与主体的政府、集团公司，是架构者。作为产业创新生态系统外部力量的制度构建型政府，通过产业政策、国家资金资助等间接干预方式，与作为产业创新生态系统核心成员的参与型政府（用户），分别从产业创新生态系统外部和内部，共同促进产业创新生态系统演进。作为提升期的另一架构者，集团公司通过对产业、产品、组织结构调整自上而下促进产业创新生态系统演进。成熟期核心企业（包括整车、关键零部件、用户）代替制度构建型政府、集团公司，成为产业创新生态系统架构者。

第二，伴随中国经济体制转型、国有企业改革改制，政府在大型复杂产品产业的作用，是复杂、多面、动态演进的，政府角色多面性通过不同的战略行为对产业发展产生不同影响。在轨道交通装备产业创新生态系统新生期、扩展期、提升期，虽然政府是产业创新生态系统演进的绝对架构者，但其战略行为及其作用机制发生了实质性变化。从新生期通过行政手段自上而下的直接干预，向扩展期的行政干预为主，经济、政策干预为辅；再到提升期这三种干预并重转化。而这多种干预手段的组合，是政府角色跨层次分离的结果：向上作为宏观制度构建者，向下则作为产业创新生态系统参与主体——关键用户。成熟期核心企业（包括关键用户、整车企业、零部件企业）代替制度构建型政府、集团公司，成为产业创新生态系统架构者，通过构建合作创新网络、产业创新联盟、联合研发等方式，自下向上推动产业创新生态系统演进。

第三，架构者应根据产业创新生态系统演进阶段特征变化而变化，有效干预组合是构建具有绝对竞争力和控制力的产业创新生态系统的关键。新生期，产业创新生态链物种少，大量成员缺失，呈现无核心混沌状态，产业创新生态系统整体技术能力低。如果仅仅通过成员自组织演进，产业创新生态系统形成将极其漫长且混沌。政府通过行政直接干预，按照专业分工，对整个产业统一规划，加快产业创新生态系统雏形构建。扩展期，政府从全面行政管理向主导角色转变，政府通过行政放权，引入政策和经济间接干预组合，共同促进产业创新生态系统演进。一方面，政府行政放权推动试点成员技术能力提升，试点成员技术能力提升进一步推动政府加大放权力度和范围，如此反复，政府行政放权与产业创新生态系统自主权增强，协同演进机制建立；另一方面，在政府放松行政直接干预，同时，加强政策、经济间接干预力度。例如招投标制度改革提高了创新生态系统竞合强度，促进产业技术能力提升；事业制改革促进研究院所等外围成员进入核心层，推动产业创新生态链向两端扩展；国家研发资金资助整合政产学研合作，促进产业创新生态系统规模增加、竞合强度、技术能力增强，向多核心趋势演化；政策间接干预促进上游零部件成员建立和成长，推动核心成员向生态链两端扩展，促进核心和外围成员涌现。提升期，政府通过行政直接干预、政策和经济间接干预组合，共同引导产业创新生态系统按照先整车、关键零部件等少数核心成员技术能力提升，再带动全产业不同位置成员技术能力提升，"先核心提升再向外围扩展"的方式，促进了产业创新生态系统构成、结构、竞合强度的变化；集团公司通过对产业、产品结构调整，进一步优化了产业创新生态系统结构。成熟期，产业创新生态系统核心成员的技术和组织能力提升，成为优化和完善产业创新生态系统架构的关键主体，这些遍布产业链关键环节的核心成员通过构建创新网络等方式，主导产业创新生态系统研发与商业化有效迭代、稳定发展。此时，制度构建型政府通过政策和经济间接干预组合协调产业创新生态系统稳定发展。

第七节　主要理论贡献

第一，对架构者角色及其战略行为研究的贡献。要理解全产业关键环节都有一个或多个掌握关键核心技术的龙头企业的产业创新生态系统如何构建，就需要对关键行为人："架构者"及其战略行为有深刻理解。而这是现有研究有待探索的问题。本书研究采用动态演进方法，将政府作为制度构建者和参与主体的内外部角色进行细致解构，探究架构者变迁及其战略行为演变在产业创新生态系统形成与演进中的作用机理，突破了雅各比德斯等（Jacobides et al.，2015，2016，2018）将架构者看成内生因素的局限，对于丰富和拓展创新生态系统理论与产业组织理论有重要贡献。

第二，对创新生态系统演进研究的贡献。不同于以往集中于从技术、产品、企业间的依赖关系等微观层次探讨企业创新生态系统的研究，本书研究借鉴隶属结构生态系统方法（Song，2016；Adner，2017），从中观产业层次，探究了产业创新生态系统如何从初期多数关键成员缺失，到产业创新生态系统关键成员逐步涌现，最终形成较为完备成熟的产业创新生态系统（全产业关键环节都有掌握核心技术的龙头企业）的演进过程，其驱动因素及其作用机理，从中观产业层次对当前创新生态系统演进研究进行了补充和拓展，对于丰富创新生态系统前因变量研究具有重要贡献。

第三，对大型复杂产品赶超研究的贡献。近年来，学者们从微观企业或政府等能力主体、产品开发平台、市场需求、国家创新体系等角度研究高速列车等大型复杂产品赶超问题（Genin et al.，2020；贺俊等，2018；路风，2018，2019；江鸿和吕铁，2019；吕铁和贺俊，2019；黄阳华和吕铁，2020），且有个别学者认识到全产业关键环节都强大的产业创新生态系统，是支撑高铁等大型复杂产品成功赶超的关键（吕铁和贺俊，2019）。但至今为止，缺乏对支撑该产业成功赶超的关键中间变量——产业创新生态系统的考察。本书研究突破现有研究局限，对支撑大型复杂产品成功赶超的产业创新生态系统形成与演进进行了开拓性研究，一方面响应了"应从生态系统视角来解释复杂产品赶超"的号召（欧阳桃花等，2015；曾赛星，2019；宋娟等，2019），促进了复杂产品理论与生态系统理论的融合；另一方面，为近年围绕中国高铁成功赶超原因的争论（贺俊等，2018；路风，2019；吕铁和贺俊，2019；江鸿和吕铁，2019；黄阳华和吕铁，2020）提供新的思路和证据，弥补了已有文献缺乏对这一关键中间变量探讨的缺口。

第四，对高速列车技术赶超中政府角色研究的贡献。虽然现有研究从政府的制度供给者、作为市场主体的关键或先进用户、系统集成者等角色，分析了政府在高速列车赶超中的作用。但在转型经济中，通过国有企业改制等系列改革，政府角色和干预组合发生了显著变化（Genin et al.，2020；黄阳华和吕铁，2020），鲜有研究同时考察政府角色多面性和干预组合变化对高速列车赶超作用机制的异同。另外，现有研究集中分析政府对该行业技术、企业能力、产品开发平台等微观主体影响（贺俊等，2018；路风，2018，2019；江鸿和吕铁，2019；吕铁和贺俊，2019；黄阳华和吕铁，2020），缺乏对政府角色及干预组合如何影响产业架构的研究。与关注某个或多个特定干预手段的研究不同，本书研究把政府干预组合作为一个整体，采用动态演进视角与跨层次方法相结合，考察政府角色和干预组合的演进轨迹，通过将政府作为制度构建者和参与主体的内外部角色进行解构，对政府角色的多面性、演进特征及其干预组合对中观产业创新生态系统架构变化的具体作用机制进行了更细致考察。本书研究是对大型复杂产品赶超中政府作用的重要补充。

第六章
创新生态系统驱动高速列车关键核心技术突破的案例研究

第一节　研究背景

近年来，中国持续加强关键核心技术攻关，重大创新成果不断涌现，高速列车已实现创新引领（Genin et al.，2021；Genin et al.，2022；谭劲松等，2021），核电装备等45种复杂产品也达到国际先进水平。成功突破关键核心技术，除了需要核心企业与创新生态系统上游高校、研究院所等科研机构及部件研制企业有效耦合，开展前沿理论探索、尖端技术研发和仿真分析等基础研究工作；还取决于核心集成企业能否与科研机构、关键部件研制企业、互补配套企业、客户等创新生态系统成员有效耦合，实现技术与市场精准对接，研发与应用交互迭代，不断提高技术可靠性（Genin et al.，2021；Genin et al.，2022；路风，2019；吕铁和贺俊，2019；谭劲松等，2021）。例如，牵引系统是高速列车最关键核心技术，一直以来掌握在极少数国家手中并严格限制转让。为突破新一代永磁牵引技术，依托国家"863计划"，核心企业株洲所基于成熟的创新生态系统支撑体系，与浙江大学、时代电气、株洲电机、四方股份等成员，在理论分析、仿真模拟、装车检测调试以及实际运营考核中，针对各环节的不同技术特征，构建适配耦合模式，最终成功研制出可用于时速 500 千米高铁动车的 690 千瓦永磁牵引系统，标志着中国成为世界上少数掌握高速列车最前沿牵引技术的国家，打破了关键核心技术受制于人的被动局面（冯江华和李永华，2019）。因此，核心企业能否构建从基础研究、技术研发到产品应用的完整创新生态系统，能否针对关键核心技术特征，与创新生态系统成员构建适配的耦合模式，是关键核心技术能否成功突破的决定性因素。

然而，创新生态系统的缺失，令核心企业无法与系统成员有效耦合，"合作悖论"成为困扰中国关键核心技术突破的难题。一方面，关键核心技术具有高度复杂性，不仅包含大量显性科学知识，还涉及众多隐性缄默知识，往往需要核心企业与创新生态系统成员构建有效耦合模式，在实践中不断试错，积累经验数据以持续提高性能（谭劲松等，2021）；另一方面，下游应用企业通常认为本土供应商开发的关键部件精度、稳定性、可靠性差，无法满足性能要求，创新生态系统研制成员与应用成员不能有效耦合，产品和技术难以商业化。两难困境下的关键核心技术被"卡脖子"几乎是中国工业的通病（吕铁和贺俊，2019），中美贸易摩擦越发凸显这一问题严峻性（谭劲松等，2021）。

理论方面，关键核心技术主要溯源于创新生态系统瓶颈研究。关键核心技术"卡脖子"、组件约束、"死亡之谷"等都是瓶颈表现形式（Hannah & Eisenhardt，2018；Masucci et al.，2020）。目前各界都认识到"卡脖子"的严峻性，基于此，本章以高速列车牵引系统突破为研究对象，从创新生态系统视角，探究核心企业如何针对关键核心技术特征，与创新生态系统成员构建适配的耦合模式，以实现关键核心技术突破，具有重要的理论和实践价值。

第二节　研究设计

本书采用纵向多案例研究设计，原因如下：其一，如何突破关键核心技术被"卡脖子"，相关研究尚处探索阶段，而纵向探索性案例适合回答"怎么样"和"为什么"类型的研究问题（Yin，2014），尤其适合新研究领域或现有研究不充分领域（Eisenhardt，1989；Eisenhardt & Melissa，2007）。其二，关键核心技术的突破具有周期长、过程复杂等特征，采用纵向案例研究，以时间顺序构建因果证据链，有利于清晰揭示中国情境下，关键核心技术突破的全过程作用机制，提高研究内部效度（Eisenhardt，1989）。其三，相较于单案例研究，本书研究选择交流异步牵引系统与永磁同步牵引系统两代关键核心技术突破过程进行多案例研究，遵循复制逻辑原则（Eisenhardt & Melissa，2007），且交流异步牵引系统前半阶段的突破失败，与后半阶段和永磁同步牵引系统的成功突破形成鲜明对比，一方面，能从质性数据中总结规律，有助于对关键核心技术突破方法体系进行理论提炼，构建并发展理论（Yin，2014）；另一方面，有利于更好地识别因果和匹配关系，提高研究外部效度，得到更准确和普适的理论（Yin，2014）。

一、案例选择

中国高速列车牵引系统的突破过程为本书研究提供契合的实验情境。

第一，案例选取遵循典型性原则。作为机车车辆升级标志，牵引系统被认为是高速列车最典型的关键核心技术（冯江华和李永华，2019）。交流异步牵引系统是已有技术（旧范式），我国落后世界先发国家20余年，经过数代探索创新，目前已经完全掌握交流异步电机牵引系统，技术达到国际领先，实现从落后到追赶再到超越；永磁同步牵引系统是新兴技术（新范式），从初始构想、基础研究到研发制造，一直走在世界前沿，用于时速500千米高速列车永磁同步电机牵引系统的成功研制，标志着我国成为少数拥有世界最先进高铁永磁牵引技术的国家。上述两代关键核心技术均经历完整突破过程，不同之处在于前者是基于旧技术范式的落后赶超，而后者属于新技术范式且始终保持创新引领，均为中国情境下的突破模式，与本书研究主题十分契合。同时，牵引系统的成功研制，使核心企业不仅与创新生态系统上游科研机构和部件研制企业等成员有效耦合，开展理论探索、技术研发等基础研究；还与科研机构、关键部件研制企业、整车企业、互补配套企业、客户等成员有效耦合，通过研发与应用反复迭代，增强技术成熟度。因此，牵引系统突破是创新生态系统下，核心企业与成员构建有效耦合的多元关系，最终突破关键核心技术的典型代表。

第二，案例选取满足极端性原则。交流异步牵引系统形成与成长阶段，自主研制的牵引技术成熟度不足，未能大规模商业化，关键核心技术突破失败；而交流异步牵引系统发展与成熟阶段和永磁同步牵引系统时期，自主研制的牵引技术满足商业化应用对可靠性、稳定性、安全性要求，实现成功突破。以上对比性案例间的差异有利于识别构念之间的因果和匹配关系（Yin，2014），增强研究结论严谨性和普适性。

第三，案例选择遵循数据充分原则。近年来，中国高速列车行业备受关注，公开信息与研究成果可信且充裕；研究团队与相关企业长期保持良好合作关系，为数据获取、调研访谈等多方取证提供支撑。

二、数据收集

本书研究主要采用深度访谈、档案记录、文献资料等数据来源（见表6-1），确保资料来源多样化、数据间相互补充和交叉验证，满足"三角验证"原则（Yin，2014），有效避免共同方法偏差、回溯性释义等问题（Yin，2014），提高了案例研究信度和效度（Eisenhardt，1989）。

表6-1   主要数据来源

一手访谈数据来源		
访谈对象	次数	访谈时长
总经理	6	每位0.5~2小时
对外合作等商务事宜负责人	6	每位1~2小时
总工、技术主管与研发人员	15	每位1~2小时
销售人员	8	每位1~2小时
行业专家	3	每位1~2小时
二手数据来源		
资料类型	资料数量	
企业年鉴与企业志	72册	
行业年鉴与报告	26册	
公开发行书籍	16本	

续表

二手数据来源	
相关纪录片	30 部
牵引系统相关专利申请信息	17165 项
牵引系统相关期刊文章、硕博论文等文献	1377 篇
牵引系统及高速列车公开报道	801 篇
国资委、原铁道部等主管部门领导，集团董事长、总经理等企业高层公开讲话	336 次

资料来源：笔者根据数据收集、调研访谈等整理。

（一）深度访谈

2016～2022 年，作者团队对高速列车行业进行了上百次调研，重点围绕牵引系统研制问题进行了三十余次调研访谈。调研对象主要包括：政府主管部门（国家铁路局等）负责人；牵引系统集成企业（株洲所等）；客户（中国国家铁路集团有限公司、四方股份等）；部件研制企业（株洲电机等）；配套技术供应商（永济电机等）。对上述几类企业的总经理、副总、总工、技术主管与研发人员、销售人员，以及行业专家进行半结构化访谈。每次访谈持续时间为半小时至两小时，结束 12 小时内整理访谈记录，并在随后分析过程中与受访者通过电话、微信等形式沟通以补充案例所需信息。调研访谈围绕中国牵引技术发展历程，交流异步牵引系统与永磁同步牵引系统突破过程经历的困难与挑战，作为核心成员的集成企业如何与创新生态系统成员构建相应的耦合关系，应对并破解困境等问题展开。

（二）档案记录

收集企业年鉴、年报、志书及内部资料：通过查阅集团和下属核心子公司的各类年鉴年报，梳理高速列车牵引系统发展过程中的重要里程碑事件，整理合作研发、技术突破相关信息；查阅国资委、原铁道部等政府主管部门领导和集团董事长、总经理等企业高层的相关公开讲话资料作为补充。

（三）文献资料

一是利用期刊全文数据库检索与高速列车牵引系统相关的硕博论文、研究报告、政策文件等。二是百度搜索有关高速列车牵引系统的新闻报道等。三是通过中车、株洲所、株洲电机等相关企业官网查找牵引系统相关信息。四是在智慧芽（PatSnap）全球专利数据库分别检索牵引系统相关专利申请情况，以及株洲所、时代电气、株洲电机等相关企业牵引系统方面的专利申请情况。五是收集政府主管官员、企业高管和行业专家出版的书籍及高铁纪录片。通过上述文献资料，对中国高速列车产业背景、高速列车牵引系统构成和各级技术分解、牵引技术突破的实时信息以及相关企业互动合作情况进行梳理。

三、阶段划分

本书研究依据相关数据文献梳理，结合调研访谈等专家、企业相关人员论证，确定中国高速列车牵引系统发展过程中的关键节点，进行阶段划分。

交流异步牵引系统。我国自 1980 年研究交流异步牵引技术，经过不断探索，自主研制的交流异步牵引系统装载于 AC4000、"中原之星"、"中华之星"等试验车型，但由于成熟度低而未能大规模商用；2004 年起，我国高铁行业大规模引进技术，相关研制企业在此过程中增强技术实力，逐渐形成正向研发能力，随后自主研制的牵引系统先后装载于规模运营的 CRH380A、CR400 等高速动车组，标志交流异步牵引技术的完全突破，并达到国际领先。因此，本书研究选择 1980 年为交流异步牵引系统考察起始点，再将发展过程中技术突破与否作为关键区分节点，划交流异步牵引系统为两个阶段：1980～2003 年为"交流异步牵引系统形成与成长阶段"，2004 年至今为"交流异步牵引系统发展与成熟阶段"。

永磁同步牵引系统。2003 年国内相关企业开始研究永磁同步牵引技术，依次经历初始构想、基础研究、研发设计、反复测试到生产制造。2015 年株洲所成功研发并生产出可用于时速 500 千米高速动车的 690 千瓦永磁同步牵引系统，标志着我国已经完全掌握永磁同步电机牵引技术，成为世界上少数几个掌握高铁永磁牵引技术的国家。因此，本书研究选择2003 年为永磁同步牵引系统考察起始点，2003 年至今为"永磁同步牵引系统时期"。

四、数据分析

数据分析是案例研究构建理论的核心（Eisenhardt，1989），本书研究数据分析包含案例内分析和案例间分析。回顾和梳理中国高速列车牵引系统发展过程，针对"交流异步牵引系统形成与成长阶段""交流异步牵引系统发展与成熟阶段"与"永磁同步牵引系统时期"，整理文本，令团队形成对案例的共同认知。第一阶段，4 位独立研究者分别针对交流异步牵引和永磁同步牵引进行案例内分析。根据收集的原始数据，独立研究者基于统一编码方案对多元关系、耦合和关键核心技术（包括子技术分支）背对背编码。其中，借鉴兰加纳坦等（Ranganathan et al.，2014）、姜等（Jiang et al.，2018）的研究，将多元关系网络分为涉及知识或技术研发创新活动的研发网络（主要包括知识与技术交流、研发合作、共同申请专利等）和涉及商业化应用活动的商业化网络（主要包括采购、供销、生产、实地测试、商业运营等）；参考布鲁索尼等（Brusoni et al.，2013）和霍夫曼等（Hofman et al.，2016，2017）的研究，根据主体之间的关系强度和互动频次，测度紧密耦合、松散耦合、解耦（见表 6 - 2）。将中高层管理者和一线研发人员的访谈资料标记为 A，通过年鉴、年报、志书等公开出版文档材料获取的数据标记为 B，来自企业官网、媒体报道、行业信息披露、行业专家专著等的公开资料标记为 C，企业内部资料标记为 D。第二阶段，通过案例间分析，对涌现的构念及构念间关系进行分析，比较案例构念的相似性和差异性（Eisenhardt，1989；Miles & Huberman，1994），通过研究者之间讨论、访谈对象的补充调研以及二手资料查阅等方式，调和、消除少数冲突观点，并基于复制逻辑和图表形式不断比较案例数据和涌现的理论，将提炼出的理论框架与现有文献对比，直至理论饱和。

表6-2　　　　　　　　　　　　耦合模式的测度

构念	类型	特征（测度）
耦合模式	紧密耦合	主体之间关系紧密、互动频繁
	松散耦合	主体之间的关系介于紧密与极弱之间、互动介于频繁与几乎没有之间
	解耦	主体之间关系极弱、相互独立

资料来源：根据研究内容整理。

第三节　案例分析

一、高速列车牵引系统描述性分析

牵引系统是轨道交通车辆机电能量转换的关键，被喻为高速列车的"心脏"和动力之源，成为衡量制造企业核心创造能力的主要指标（冯江华和李永华，2019），占高速列车总成本的1/5，一直以来被认定为最关键核心技术（冯江华和李永华，2019）。只有自主掌握，才能真正突破关键核心技术被"卡脖子"的困境。

从占据主流地位的交流异步牵引系统到新一代革命的永磁同步牵引系统，轨道交通车辆牵引系统经历两代技术变迁。交流异步电机牵引系统时期，经过几代科研人员消化、吸收、再创新，已能根据列车速度等级对硬件电路、控制软件正向设计、试验验证和考核，技术达到国际领先；尤其是牵引技术进步的物质基础，大功率半导体器件IGBT实现国产化并应用于机车、地铁及部分动车组，扭转轨道交通核心部件被英飞凌等大型跨国企业垄断的格局（见图6-1）。对于高速列车最前沿、最具革命性的永磁牵引技术，我国始终处在领先地位，成功研制的高铁用大功率永磁同步电机牵引系统，使我国成为少数几个掌握世界先进高铁牵引技术——永磁牵引的国家（冯江华和李永华，2019），打破关键核心技术受制于人的被动局面（见图6-1）。

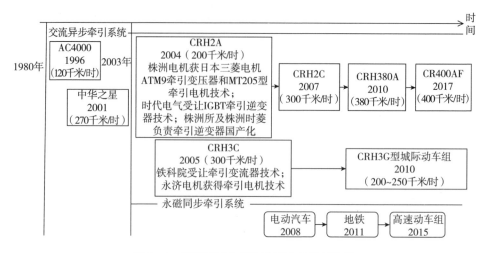

图 6 - 1　牵引系统与所属典型产品发展变迁

注：正方形边框内产品采用引进交流异步牵引系统；长方形边框内产品采用自主交流异步牵引系统；圆弧边框特指永磁同步牵引系统的产品升级变迁。

资料来源：根据企业调研访谈、企业内部资料、新闻媒体资料等整理。

作为高速列车关键核心技术，牵引系统具有如下特征：第一，多层次嵌套性。牵引系统由牵引变压器、牵引变流器与牵引电机三个一级技术分支构成；其中，牵引变流器包括控制单元（TCU）和主电路；主电路又由整流器、中间直流环节与逆变器三个技术分支构成，整流器与逆变器还可进一步分解为阻容、二极管及控制复杂电力系统的 IGBT 等（见表 6 - 3）。第二，高度复杂性。牵引系统涉及物理、化学、机械、电力电子、材料等学科领域，研制周期长（数十年甚至几十年），资金投入规模极大（千万元、亿元以上）且持续不断。前期必须经过理论分析、三维仿真、模块协调等环节，完成系统设计和样品试制；再借助试验平台，不断改进；最后利用实际运营考核再优化，整个过程包含大量显性和隐性知识。第三，各层级子技术分支之间相互依赖、共存共生，具有创新生态系统特征，任一技术分支的改进都需要其他关联技术分支同时升级。例如，永磁牵引系统中牵引电机由异步升级到同步的同时，需要与之配套的变流器根据电机特性改进优化，包括解决主电路拓扑结构设计、隔离接触器等子技术分支难题，只有子技术分支同时突破，才能整体突破。第四，可靠性要求极高。长时间、高里程的稳定运营对牵引系统可靠性要求极高，故而需要借助商业化运营，在研发与应用的反馈迭代中持续增强牵引技术可靠性、稳定性、安全性。第五，战略重要性。牵引系统作为机车车辆升级的标志，是高速列车最关键核心技术，被极少数国家垄断并严格技术封锁（冯江华和李永华，2019），只有自主掌握，才能避免陷入被"卡脖子"窘境。

表 6 – 3   牵引系统的技术分解

	一级技术分支	二级技术分支	三级技术分支	四级技术分支
牵引系统	牵引变压器	机芯		
		油箱		
		冷却系统		
	牵引变流器	控制单元		
		主电路	整流器	阻容、二极管等
			中间直流环节	
			逆变器	IGBT 等
	牵引电机	定子结构	定子铁心	
			定子绕组	
			机座	
		转子结构	转子铁心	
			导条	
			端环	
		绝缘系统		
		轴承系统		

资料来源：根据企业调研访谈、企业内部资料、专利数据分析、相关文献等整理。

牵引系统虽然经历两个技术代，但技术构成变动甚微，且长期技术能力积累和巨额固定资产投资在中国高速列车行业构筑了高进入和退出壁垒，业内参与主体基本稳定（贺俊等，2018）。因此，不同阶段，高速列车牵引系统创新生态系统构成要素基本一致（见图 6 – 2）。主要成员包括：集成企业（以株洲所为代表）；科研机构（西南交大、中南大学、浙江大学等高校和研究院所）；部件研制企业；配套设备供应商（网络控制系统等其他关键部件研制企业）；客户（直接客户有四方股份等；间接客户有国铁集团等）。其中，科研机构在不同学科领域的基础知识和前沿理论方面具有显著优势；各级部件研制企业（例如，以株洲电机为代表的牵引变压器研制企业；以时代电气、北京纵横机电科技有限公司为代表的牵引变流器研制企业；以株洲电机等为代表的牵引电机研制企业；以时代电气、英飞凌等为代表的其他二三四级部件研制企业）分别负责牵引系统不同层级的子技术；互补配套方主要负责其他关联技术分支。牵引系统集成核心企业，在整个创新生态系统中扮演调控者角色，一方面，按客户要求对牵引系统进行设计与优化，确定关键参数、技术接口；另一方面，促成创新生态系统成员协同合作，经过研发、生产及调试等环节后，形成完整产品交付给直接客户（四方股份等），再由直接客户进行整车系统集成，交付最终用户（国铁集团）。

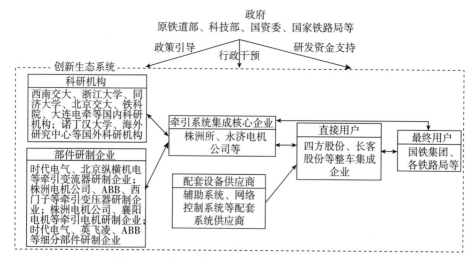

图 6 - 2　高速列车牵引系统的创新生态系统构成

资料来源：根据企业调研访谈、企业内部资料、相关文献、新闻媒体资料等整理。

二、创新生态系统驱动高速列车牵引系统关键核心技术突破的案例内分析

（一）交流异步牵引系统（1980 年至今）

1. 1980～2003 年：交流异步牵引系统形成与成长阶段

此阶段，创新生态系统规模较小，众多关键种群缺失，包括核心企业在内的所有成员技术能力较弱，加上研发合作伙伴数量少（谭劲松等，2021），核心企业未能协调研发与商业化网络有效耦合，关键核心技术突破失败。其一，关键核心技术的高度复杂性，表明其突破需要不同学科的领域知识，以及领域知识有效耦合而成的架构知识作为支撑（Yayavaram et al.，2018），而核心企业的研发成员仅限于铁路系统内部少数高校、研究院所，没有机会与更多顶尖科研机构联合研发，导致领域知识和架构知识广泛性、融合度不够。其二，产学研合作在原铁道部下达的行政指令下进行，所有成员均为被动接受安排，合作积极性、效率较低，无法进行有效的知识交流和资源共享（谭劲松等，2021）。一方面，不利于核心企业吸收、整合领域知识和架构知识，提升技术能力；另一方面，难以协调子技术分支相互匹配，制约总体设计方案的可靠性。其三，部件研制企业的大量缺失使核心企业不得不依赖国外供应商，但其转让关键部件知识、信息的意愿极弱，双方协作、配合难度较大（宋娟等，2019；谭劲松等，2021），阻碍核心企业调节部件研制企业协同创新，子技术分支间不能耦合、适配，牵引系统功能不稳定，严重影响列车总体性能。

与此同时，试验设备和平台数量有限且技术性能不足以支撑测试的有效开展；加上核心企业组织能力较弱，制约其联合创新生态系统上下游成员共同跟进试验测试、分析评估、改进优化、再次验证的循环优化。并且即使能利用试验平台在一定程度上提升技术可靠性、降低故障率，但众多隐性设计或部件缺陷必须经过长时间、高里程的实际应用才能充分暴露（谭劲松等，2021）。因此，发现并解决更深层次的隐性技术问题，从而成功突破关键核心技术，要求核心企业在实际运营中协调研发端与应用端互动反馈、持续迭

代（谭劲松等，2021）。然而，研发网络未能有效耦合直接导致牵引系统在可靠性、稳定性、安全性方面无法满足原铁道部对高速列车"安全、经济、高效"的要求，采用自主研制牵引系统的国产列车被排除在 200 千米/时动车组采购招标之外，失去大规模商业化机会（宋娟等，2019）。研发网络与商业化网络"解耦"，隐性故障和缺陷不能通过规模商用充分显现，技术可靠性得不到提高，关键核心技术突破失败。例如，仅半年的降速试运营，"中华之星"就出现多次牵引变流器冷却系统故障造成动力切除、逆变器模块板报故障或芯片故障等 A 级或 B 级故障，严重影响高速列车安全性。正如前南车集团董事长赵小刚（2014）所说："当铁道部废弃株洲所自主开发并装载于 AC4000、'中华之星'等产品的交流传动系统，核心技术立刻丧失应用机会，面临绝境。"此外，应用的缺失还使核心企业无法实时监控、收集大量应用数据，积累攻克关键核心技术所需的隐性缄默知识。

2. 2004 年至今：交流异步牵引系统发展与成熟阶段

此阶段，创新生态系统逐渐扩张并成熟，核心企业的技术和组织能力极大提升，能够协调多元网络有效耦合，实现关键核心技术突破。

首先，核心企业通过产学研联盟、科技项目、创新平台等方式，分别与多个在不同领域拥有优势地位的科研机构深入合作、交流，形成紧密耦合的研发网络，围绕顶层集成技术涉及的广泛领域知识和架构知识联合攻关，提高自身技术能力和集成能力。众多高校和研究院所深度参与，研发伙伴从路内向路外扩展（谭劲松等，2021），为核心企业提供多元领域的技术知识来源。且改革改制令政府作用方式由直接行政干预转为间接的政策引导和研发资金支持（谭劲松等，2021），创新生态系统成员间交流意愿和积极性增强，合作更加主动，内容不断扩展深化（宋娟等，2019；谭劲松等，2021），核心企业借助科研机构在不同技术领域的优势，联合攻克关键核心技术包含的大量底层基础理论和应用技术难题。正如某研发人员所说："高校等专业科研机构对前沿理论、算法、专利把握得比较好，我们经常需要与它们合作，弥补在很多细分领域理论、知识及算法的不足。"例如，株洲所分别与清华大学、西南交大等高校建立多种形式合作关系（联合承接科研项目、搭建学术交流机制等），围绕各自优势领域深入开展知识交流和技术合作。一方面，整合清华大学电气传动、电机控制等领域的科研资源，联合研发两相调制技术，减少由开关器件动作频次高引发的损耗和发热，有效解决三相电压型逆变器供电时产生的高频交变共模电压对牵引电机轴承的损坏，提升一级关联子技术（变流器与电机）性能；另一方面，借助西南交大在电力电子等技术领域的知识积淀，联合进行牵引变压器中 DC-DC 变换器的优化功率研究，设计出提高变换器效率的优化平衡方法。通过与高校、研究院所的密切合作，株洲所不仅掌握了牵引系统集成有关的架构知识，也积累了变流器、变压器与电机等子技术领域的广泛领域知识，技术和集成能力极大提升。

同时，关键核心技术的多层次嵌套性，表明其突破建立在各子技术分支逐个攻克的基础之上。在核心企业的引导与支持下，部件研制企业不断汲取、积累所属技术领域的领域知识，突破负责的子技术分支。例如，株洲所某技术主管在访谈中提到，为突破被誉为牵引系统"命脉"的大功率半导体 IGBT，株洲所为时代电气提供技术支持、引导和协助。一方面，在研制初期传递技术要求、应用数据、失败案例及相关的领域知识，供其参考、借鉴；过程中保持联系，辅助部件研制企业解决可能遇到的技术难题。另一方面，为自主研制部件提供试验资源和应用机会，并参与试验评估，若出现问题或故障，会协助时代电气排查并优化，使部件通过试验和应用，持续改进、提高性能。如为保护功率模块内的半导体器件，减少故障、降低能量损耗，时代电气在株洲所协助下分析器件结构与功能，决定采用增设温度传感器与驱动电路的方式优化。正是核心企业的支持和帮助，部件研制企业才得以突破子技术分支。某专攻 IGBT 技术的高级工程师说："我们已经突破大功率 IG-BT 应用与控制技术，能生产覆盖各电压等级 IGBT，应用到风电、电动汽车、城轨、高铁等多个领域，是巨大突破。"IGBT 的突破极大地降低了牵引变流器故障率，为牵引系统整体性能的可靠、稳定和安全提供了保障。

其次，核心企业与负责各子技术分支的部件研制企业构建松散耦合的研发网络，协同创新以确保互相匹配、兼容。一方面，部件研制群体逐渐壮大，以关键原材料、各级部件为核心的产业链逐渐完整，极大地降低了对国外供应商的依赖（谭劲松等，2021）。如时代电气在核心部件 IGBT 成套技术上的重大突破，降低株洲所对英飞凌、ABB 的依赖，也令核心企业挣脱难与国外供应商传递知识、协调配合的约束。另一方面，据某技术主管说："经过与国内部件研制企业较长时间的互动磨合，逐渐形成简明高效的模块化协调方式：先由株洲所负责顶层结构设计的技术经理把整个系统的技术接口拆解为不同分支，将相关参数传递给各部件研制企业，再针对不够清晰的部分，通过设计联络会相互协调，明确输入、输出，在此基础上生产，最后将制成品交由株洲所组装。"例如，为破解低感母排绝缘耐压这一影响 IGBT 可靠性、制约牵引系统整体性能的关键子技术难题，株洲所参与改进优化工作，协助时代电气在母排结构设计上实现突破，降低杂散电感，攻克技术难题；随后针对结构设计导致的接口变动，召开设计联络会，确定参数，保证优化的 IGBT 与其余关联子技术分支兼容匹配。

再次，借助先进试验体系，通过检验验证循环，增强技术成熟度。在政府政策支持与研发资金资助下，"株洲所依托变流技术国家工程研究中心和铁道部，重点建设 11 个专业实验室，包括电磁兼容、冲击振动、复合环境、滚动及组合试验等，试验方法研究水平与国际行业标准同步"（内部资料），为试验测试提供硬件支撑。试验是由核心企业组织并协调创新生态系统上下游成员共同参与，相互配合，及时响应，动态交互，研发网络与商业化网络紧密耦合。株洲所某研发人员说："公司组织所有参与单位进行试验并实时监控，若出现问题，立即反馈给相应研制单位，他们会马上采集整理数据，大家一起分析评估，随后联合技术、制造生产等多个合作单位改良，最后还要再次验证。"

最后，自主研制牵引系统性能达标，在原铁道部和国铁集团支持下投入应用，商业化网络与研发网络紧密耦合、交互作用。在追踪长时间、高里程的实际运营中，作为网络间建立互动机制的纽带，核心企业通过协调研发网络与商业化网络之间有效耦合，促进研发端与应用端持续反馈、迭代，提高技术可靠性，最终突破关键核心技术。例如，CRH380A（L）型国产动车组在长期运营的三级修中，频繁出现牵引变压器冷却器漏油现象，北京铁路局动车段将问题和数据及时反馈，株洲所随即联系负责该部件生产的株洲时代金属制造公司，传递故障相关资料，并分享其他路段运营和维修积累的数据、信息等经验资料，双方积极沟通、交换信息，先分解油冷却器，寻找漏油点，后经数次试验分析，排查出两大故障源头：冷却器结构问题和检修工艺问题。最终，株洲所联合商业化成员北京铁路局动车段、四方股份，与负责油冷系统研制的株洲时代金属制造有限公司等研发成员，在五级修中从源头质量改造冷却器，研究讨论决定采用整体翅片结构冷却器优化设计方案；同时协助北京动车段改进检修工艺，制定各类防治措施。故障的成功解决，增强了变压器与整个牵引系统可靠性，为动车安全运行提供了保障（见表6-4）。

表6-4　　　　　耦合模式与交流异步牵引系统突破的典型证据

阶段	典型例证	关键词	编码结果
交流异步牵引系统形成与成长阶段（1980～2003年）	企业只根据短期需要，临时整合铁路系统内部高校和研究院所，忽视系统外科研机构，没有持续搜寻、整合外部知识机制（B，C）；各单位参与合作项目的态度很被动，无法充分交流，有技术难题也不愿意找外面的单位合作（A，B，C）	临时整合；研发伙伴少；被动合作；交流不充分	封闭式—研发导向型松散耦合模式
	上游零部件生产线大量空缺，很多依赖进口。国外供应商转让关键部件相关技术知识、信息意愿极弱，即使有良好合作关系的国外企业也只提供图纸；两者无法就协同创新有效沟通、协调一致，各子技术间的耦合、匹配得不到保证，产品整体性能受限（A，C）	国内部件研制企业大量缺失；知识转让意愿极弱；沟通不充分	被动且低效的解耦模式
	半年的降速试运营中，国产高速列车"中华之星"出现多起A级、B级严重故障，成熟度欠佳，在可靠性、稳定性、安全性方面无法满足原铁道部"安全、经济和高效"要求，被排除在200千米/时动车组采购招标外，未能大规模商业化（B，C）	未能投入商用	研发网络与商业化网络"解耦"
	AC4000、'中原之星'、'中华之星'等高速列车均为试验车型，始终停留在试验或试运营阶段，未大规模商业化（B，C）；铁道部废弃株洲所自主开发并装载于AC4000、'中华之星'等产品的交流传动系统，核心技术立刻丧失应用机会，面临绝境（C）	试验车型；废弃；丧失应用机会	交流异步牵引系统突破失败

阶段	典型例证	关键词	编码结果
交流异步牵引系统发展与成熟阶段（2004年至今）	产学研范围拓展，路外高校和研究院所首次深入参与列车研发，企业由此建立产学研长效合作机制（C）； 原来主要和路内高校合作，两部行动计划后，和中科院等非路内院校合作，一下豁然开朗……创新模式转型，和科研院所通过多种形式开展稳定长期战略合作（B，C）； 高校对前沿技术、理论、算法、专利把握较好，我们经常需要与它们合作研发，针对一些算法、理论知识等（A）； 株洲所分别与清华大学、西南交大等高校通过科技项目、创新平台、学术交流机制等形式，进行深度技术合作，整合高校在不同专业领域的科研资源优势，联合研发创新（B，C）	参与主体拓展；整合众多不同领域科研知识；合作形式多样且稳定；深度技术研发合作	开放式—研发导向型紧密耦合模式
	株洲所为时代电气攻克IGBT提供技术支持：部件研制初期，围绕设计图纸、技术要求、应用数据、失败案例及成熟的部件知识等进行一定程度的交流互动，以转移知识、数据等资源；生产制造期间维持联系，以防部件研制企业遇到难以自行解决的问题；后期不仅提供试验资源和应用机会，还参与并协助试验优化，使自主研制部件性能持续改进、提高，最终实现突破（A，D）	传递技术知识；部件研制企业自行生产制造；共同参与试验；联合分析改进	研发导向型松散耦合模式
	部件间的协调主要靠技术经理（顶层结构设计者）将整个系统技术接口进行拆解，分为不同的子系统或模块，再将参数传递给相应部件研制企业。随后针对不清楚的地方，通过设计联络会相互协调，确定输入、输出，然后由部件研制企业自行生产，最后将制成品交由我们（株洲所）连接、组装（A）	核心企业拆解接口传递参数；召开设计联络会相互协调；部件研制企业自行生产制造	研发导向型松散耦合模式
	公司组织所有参与单位进行试验并实时监控，若出现问题，立即反馈给负责单位，他们马上采集整理数据，大家一起分析评估，随后联合技术、制造生产等多个合作单位改良，最后还要再次验证，整个过程需要所有单位相互配合、协作完成（A）； 高速列车规模商用，给予企业持续跟踪、收集数据、累积经验的机会，增强技术可靠性、稳定性和安全性……应用还是技术研发创新获得经济回报的唯一途径，为产品和新技术开发提供动力和财力，产生不断创新的势头（A，C）； 研发单位、主机企业、客户一起跟车，实时监控列车运行时系统的状况、性能，一旦发现问题或故障立即反馈到研发设计端，相关团队马上分析评估数据，排查并解决问题，再经试验检测没问题后继续使用，下次遇到故障也如此做（A）	所有成员密切协作、配合完成试验评估—改进—再检验循环；共同跟车；出现问题—立即反馈—评估—排查—解决—检测—再应用；研发与应用间持续反馈迭代	商业化导向型紧密耦合模式

续表

阶段	典型例证	关键词	编码结果
交流异步牵引系统发展与成熟阶段（2004年至今）	经过几代科研人员消化、吸收、再创新，已经完全掌握交流异步电机牵引系统，技术达到国际领先，能根据列车速度等级需要对硬件电路、控制软件进行正向设计、试验验证和考核（A，B，C，D）	掌握交流异步电机牵引系统，达到国际领先	成功突破交流异步牵引系统

资料来源：根据调研访谈整理。

（二）永磁同步牵引系统时期（2003年至今）

依靠交流异步牵引系统研制过程中的积累、沉淀，以及日益成熟完整的创新生态系统支撑，核心企业协调多元网络有效耦合，突破永磁同步牵引技术。

早在2003年，株洲所敏锐地觉察到永磁同步牵引系统具有高功率密度的显著优势，将成为轨道交通下一代主流产品（冯江华和李永华，2019），于是开始探索永磁牵引技术。依托国家"863"系列课题，株洲所与浙江大学、时代电气和株洲电机等少数创新生态系统成员构建紧密耦合的研发网络，组织对永磁牵引技术攻关。

首先，株洲所组建专门研发团队，紧密合作、协同开展理论分析和三维仿真设计等环节，经过长期基础理论与应用技术研究，吸收并积累永磁同步牵引系统包含的磁体材质、电机控温、高速重投等多个技术领域知识和连接各个领域的架构知识，集成和技术能力大幅提高，先后攻克系统设计、高精度电机控制与匹配等集成难题，完成总体技术方案制定。同时，积极促进株洲电机与浙江大学联合研制大功率永磁牵引电机，确保牵引系统整体性能稳定。充分利用高校与企业的协同优势，整合浙江大学电磁、结构等理论知识资源，与株洲电机散热结构、制造工艺与轴承等应用型技术资源，丰富、深化株洲电机在永磁牵引电机领域的领域知识，推动一系列技术难题的突破，如采用新型稀土永磁材料，克服失磁的世界难题；开发全封闭电机通风冷却结构，解决升温问题等。

其次，本书在对某核心企业技术主管与多位研发人员的调研访谈中了解到，永磁同步牵引系统拓扑结构和控制算法发生较大变动，要求重新分配不同模块承担的功能范围，因而需要在模块化协调基础上，进行更多交互：顶层结构设计者在拆解技术接口时，联合部件研制企业召开设计联络会，围绕功能分配、模块边界及接口进行一定讨论、协调，确定变流器、电机等子技术分支的输入、输出；随后成员基于接口各自研制，令子技术分支之间相互匹配。核心企业接着组织所有成员开展地面试验，促进研发网络和商业化网络紧密耦合、频繁交互。借助先进试验体系，检验各部件匹配性，同时通过试验循环改进优化，增强技术成熟度。例如，永磁同步牵引系统中的变流器新增隔离接触器，避免出现故障时，因为永磁同步电机的反电动势导致故障进一步扩大。为确保新增器件的可靠性与匹配兼容性，株洲所联同时代电气、四方股份等创新生态系统上下游成员装车试验，检测隔离接触器在故障工况下，能否满足整体使用要求，并于地面进行 120 万次可靠性验证，试验数据的分析、评估在所有成员的反复研讨下合作完成，保证永磁同步牵引系统整体可靠性。

最后，实际运营中，核心企业通过协调研发网络与商业化网络密切交互，促进研发端与应用端持续迭代，提高技术可靠性，最终突破关键核心技术。在完成永磁牵引系统装车后，株洲所、浙江大学、四方股份、株洲电机在内的所有成员共同参与运营跟踪，据某主机企业总工说："各研发单位、主机企业、客户一起跟车测试，实时监控列车运行时系统的状况、性能，一旦发现问题或故障立即反馈到研发设计端，相关团队马上根据数据分析评估，排查问题并予以解决。再经试验检测没问题后继续使用，下次遇到故障也如此做。"研发与应用的持续反馈令技术再优化，同时积累数据、经验等资料，增强牵引系统整体性能。例如，以长期追踪长沙等地铁运营而积累的应用数据和经验为支撑，株洲所协同研发成员优化子技术分支，以期为成都地铁提供新型永磁牵引系统。基于应用数据的分析评估，研发成员经过密集研讨和持续调整，提出优化方案：对永磁电机整体结构及冷却结构优化设计，进一步提升功率密度；同时采用高电流等级电力电子器件、改变集成和冷却布局等方式，优化变流器中逆变器设计。在增强永磁牵引系统可靠性基础上，令技术优势更加凸显（见表 6-5）。

表 6 – 5   **耦合模式与永磁同步牵引系统突破的典型证据**

阶段	典型例证	关键词	编码结果
永磁同步牵引系统时期（2003年至今）	国家"863"系列课题，株洲所主持永磁牵引系统研制，联合浙江大学、时代电气及株洲电机等主体通力协作、完成项目（B，C）； 株洲所组建专门研发团队，在理论分析、仿真研究和三维设计等环节密切交互，通过长期在不同技术领域的基础理论与跨领域学科的应用技术研究，先后突破系统设计、高精度电机控制与匹配、通风冷却、高速重投等集成难题，完成总体方案制定（A，C，D）	研发参与成员较少且单一； 通力协作； 密切交互	封闭式—研发导向型紧密耦合模式
	在株洲所促进协调下，株洲电机与浙江大学联合研制大功率永磁牵引电机，浙江大学主要负责电磁、技术方案等，株洲电机主要负责散热结构、制造工艺与轴承等。在双方合作研发、交流互动过程中，株洲电机在永磁电机方面的技术深度得到加强。经过通力协作，攻克系列难题，如采用新型稀土永磁材料，克服永磁体失磁的世界难题；开发全封闭永磁电机通风冷却结构，对部件进行定向冷却，解决电机部件温升问题；开发高速内置式转子冲片结构，满足电机电磁性能和高速运转要求（A，C，D）	核心企业促进并协调部件研制企业与科研机构合作研发	研发导向型松散耦合模式
	永磁同步牵引系统拓扑结构和控制算法的变动，要求重新分配模块功能范围，因而基于先前模块化方式，进行更多交互；顶层结构设计者需要在拆解技术接口时联合部件研制企业，通过设计联络会围绕功能分配、模块边界、接口进行一定的交流、协调，确定子技术分支的输入、输出；随后部件研制企业自行生产，再将制成品交由株洲所组装（A）	相互协调明确输入输出参数； 部件研制企业自行生产制造	研发导向型松散耦合模式
	为确保变流器新增器件的可靠性，及与其他关联部件匹配度，株洲所与时代电气、四方股份等成员配合，装车检测新增隔离接触器在故障工况下，能否满足整体使用要求，于地面进行120万次验证，试验数据分析、评估由双方紧密协作完成，为永磁牵引系统可靠性提供保障（A，C，D）； 株洲所组织，各研发单位、主机企业、路局、地铁集团等客户一起跟车，监控实际运行时系统状况，一旦发现故障立即反馈到研发设计端，相关团队马上分析评估，排查问题并予以解决，再经试验检测没问题后继续使用，下次遇到故障还是如此（A）； 2018年5月，永磁动车组完成30万千米运营考核，由专业负责团队实时追踪，累积得到150G硬盘数据（A，B，C）	密切协作完成试验循环； 共同跟车实时监控运营； 问题—反馈—评估—排查—解决—检测—再应用； 持续迭代； 积累应用数据	商业化导向型紧密耦合模式

阶段	典型例证	关键词	编码结果
永磁同步牵引系统时期（2003年至今）	2015年6月24日，装载株洲所自主开发永磁牵引系统的高铁由中国铁路总公司鉴定，单台电机功率达690千瓦，创造国内最大功率。专家认为，我国拥有最先进牵引技术，成为少数几个掌握高铁永磁牵引技术的国家，再次向世界表明我国高速铁路完全具备自主创新的技术能力，高铁动力技术进入"永磁时代"（B，C）	世界少数掌握高铁永磁牵引技术的国家	成功突破永磁同步牵引技术

资料来源：根据调研访谈整理。

三、创新生态系统驱动高速列车牵引系统关键核心技术突破的跨案例比较分析

上述案例分析发现，关键核心技术的突破包括四个主要环节：核心企业增强技术能力并突破集成技术；核心企业支持部件研制企业突破负责的子技术分支；核心企业促进所有部件研制企业协同创新以实现子技术分支耦合适配；核心企业促进研发网络和商业化网络交互迭代以增强技术可靠性、稳定性、安全性。通过比较分析交流异步牵引系统和永磁同步牵引系统两代关键核心技术突破过程，本书研究发现：关键核心技术突破主要环节依赖的技术知识不同，导致核心企业需要与不同创新生态系统成员构建不同性质的关系网络（研发网络和商业化网络），并采用适配的耦合模式，才能成功突破关键核心技术。

（一）核心企业增强技术能力并突破集成技术

关键核心技术具有多层次嵌套性与高度复杂性，技术层级越高，涉及的学科越广、领域跨度越大，复杂性越强，越发需要连接不同领域的架构知识与广泛的领域知识（Yayavaram et al.，2018）。处于最高技术层级、负责顶层设计与集成的核心企业采用研发导向型紧密耦合模式：通过产学研联盟、联合科研立项、共建创新平台等深度合作形式，与众多拥有不同优势领域的科研机构围绕复杂知识、技术分支合作研发，增强技术能力、攻克集成技术。"交流异步牵引系统形成与成长阶段"，研发成员选择有限且彼此交流不

充分，形成规模较小的松散研发网络，不能为核心企业整合跨学科领域技术知识以提高集成能力提供保障。而集成技术突破需要深厚且宽泛的领域知识和架构知识，复杂性极高。与之相反，交流异步牵引系统后期和永磁同步牵引系统时期，核心企业构建紧密耦合的研发网络，积累深厚、广泛的领域知识和架构知识（Brusoni & Prencipe，2013；Yayavaram et al.，2018），助推集成技术突破：联合高校、研究院所等科研机构，围绕集成技术涵盖的跨领域、跨学科架构知识和不同子技术领域的领域知识开展合作研究，通过密切且连续的交流互动，提升领域知识深度和广度；同时促进架构知识的积累与优化。

通过案例间对比，本书研究进一步发现：关键核心技术在"交流异步牵引系统发展与成熟阶段"和"永磁同步牵引系统时期"均成功突破，而核心企业采用的耦合模式存在差异。具体而言，交流异步牵引系统是基于已有技术的旧范式，技术突破遵循"落后—追赶"路径。经过数年的引进吸收和规模应用，一方面，技术路线趋于成熟，大量可供参考的基础理论、试验数据等研究资源，掌握在众多具有不同优势领域的科研机构手中；另一方面，技术模糊性低，使企业能够准确识别并搜寻所需的领域知识和架构知识（Yayavaram et al.，2018）。为获取丰富的领域知识和架构知识，突破集成技术，迅速实现技术赶超，核心企业需要与众多科研机构建立密切的研发合作关系（谭劲松等，2021）。并且相比于永磁牵引时期，核心企业内部知识和技术资源储备较弱，无法仅靠自身力量突破集成技术，需要与研发伙伴深度合作。因此，旧技术范式下，技术能力相对薄弱的核心企业，通过构建开放式—研发导向型紧密耦合模式，与大规模多样化生态系统成员紧密合作，增强技术能力并实现集成技术突破。然而，永磁同步牵引系统属于新技术范式，具有前瞻性和战略重要性，受到严格技术封锁，可以借鉴的资料和经验十分匮乏；并且前沿技术的模糊性，导致核心企业难以有效识别、搜寻所需的领域知识和架构知识（Yayavaram et al.，2018），只能"摸着石头过河"（Tan & Tan，2005；Tan，2006）。据株洲所某研发部门负责人说："永磁牵引技术当时还只是一个模糊的概念，很多成员都没有接触过，也不可能从国外或其他文献资料学到，一切只能在摸索中前进。"此外，经过长期理论知识和实践经验的积累，株洲所掌握广泛且丰富的技术资源，能够独自或与极少数同样具备较强技术能力的企业合作研发前瞻性技术。因此，研发网络呈现规模小且紧密耦合的特征，属于封闭式—研发导向型紧密耦合模式。

命题1：核心企业与科研机构构建紧密耦合的研发网络，扩展并深化领域知识和架构知识，突破顶层集成技术。

命题1a："落后—追赶"阶段的旧技术范式下，技术能力相对较弱的核心企业与科研机构构建开放式—研发导向型紧密耦合模式，突破集成技术。

命题1b：创新引领阶段的新技术范式下，技术能力相对较强的核心企业与科研机构构建封闭式—研发导向型紧密耦合模式，突破集成技术。

（二）核心企业支持部件研制企业突破负责的子技术分支

关键核心技术具有典型嵌套性特征，技术层级越低，越需要专业性强且深入的领域知识（Yayavaram et al., 2018），而处于细分领域的部件研制企业，资源基础和技术能力往往有限，单靠自身力量难以攻克负责的子技术分支（Genin et al., 2022）。为避免因子技术分支出现"短板"而阻碍关键核心技术的突破，核心企业采用研发导向型松散耦合模式：通过支持和促进的方式，与部件研制企业建立松散耦合的研发网络，助推子技术分支突破。"交流异步牵引系统形成与成长阶段"，国内部件研制企业大量缺失，众多关键部件依赖进口（谭劲松等，2021），但国外供应商的技术交流意愿极弱（宋娟等，2019），核心企业不能与其有效沟通、配合。与之相反，"交流异步牵引系统发展与成熟阶段"和"永磁同步牵引系统时期"，国内部件研制企业慢慢建立，创新生态链向两端扩展（谭劲松等，2021），核心企业通过与部件研制企业构建松散耦合的研发网络，帮助其突破子技术分支。也正是不同子技术的突破，整个关键核心技术才能最终突破。

案例比较分析发现："交流异步牵引系统发展与成熟阶段"和"永磁同步牵引系统时期"，正是因为核心企业根据部件研制企业技术能力差异，构建不同研发导向型松散耦合网络，关键核心技术才成功突破。

（1）交流异步牵引系统发展与成熟阶段，面对技术能力相对薄弱的部件研制企业，核心企业采用松散耦合模式，且耦合程度从减弱到增强变化：核心企业与部件研制企业在研发开始阶段进行一定程度的交流互动，以期将技术要求、应用数据、相关领域知识传递给部件研制企业参考借鉴；在部件研制企业独立生产制造过程中，双方维持较为微弱的联系，核心企业仅在部件研制企业遇到无法独自解决的故障或问题时，进行一定技术引导和帮助；研制完成后，核心企业提供试验机会、平台以及技术指导和协助等，与部件研制企业联合开展试验验证、评估分析、优化完善。整个过程，核心企业与部件研制企业间的耦合关系呈现由相对较为密切（传递技术知识资源）到相对较为微弱（独立生产制造）再到相对较为密切（联合试验—分析—优化）的动态演进特征。

（2）永磁同步牵引系统时期，部件研制企业技术能力较强，为促进子技术分支突破，核心企业与部件研制企业构建松散耦合模式，且耦合程度逐渐减弱：由于能够提供的技术指导有限，核心企业在研发初始阶段促进部件研制企业与专业性更强的科研机构建立紧密耦合的研发合作关系，整合优势资源、协同创新；且相似的技术领域，不仅能够增加部件研制企业对该领域知识的吸收转化，还会降低相互理解、学习及协调的成本（Yayavaram et al.，2018），有助于部件研制企业获取并积累该领域的丰富技术知识，促使子技术分支成功突破。整个过程，核心企业与部件研制企业的耦合关系由相对紧密（研发初始阶段核心企业引导并参与部件研制企业与科研机构合作研发）向逐渐减弱（随后核心企业较少参与部件研制企业与科研机构的合作研发）变化。

命题2：为突破子技术分支"短板"对关键核心技术的制约，核心企业与部件研制企业构建松散耦合的研发网络，促进部件研制企业突破负责的子技术分支。

命题2a："落后—追赶"阶段，面对技术能力相对较弱的部件研制企业，核心企业与其构建研发导向型松散耦合网络，且耦合程度从减弱到逐渐增强变化。

命题2b：创新引领阶段，面对技术能力相对较强的部件研制企业，核心企业与其构建研发导向型松散耦合网络，且耦合程度逐渐减弱。

（三）核心企业促进所有部件研制企业协同创新以实现子技术分支耦合适配

关键核心技术由相互依赖、共存共生的子技术分支构成，除了需要逐个突破子技术分支外，核心企业还需与负责各子技术分支的部件研制企业构建研发导向型松散耦合网络，促进子技术分支之间相互耦合、适配，令由众多子技术分支构成的整个系统满足可靠性、稳定性、安全性要求。"交流异步牵引系统形成与成长阶段"，关键部件研制企业大量缺失，核心企业技术和组织能力也不足，双方沟通、协调匮乏，核心企业无法有效促进成员协同创新，导致各层级子技术不能很好兼容匹配，制约系统性能。与之相反，"交流异步牵引系统发展与成熟阶段"和"永磁同步牵引系统时期"，技术能力和组织能力极大提升的核心企业，与种群趋于丰富、完备的部件研制企业分别构建众多松散耦合的研发网络：顶层结构设计者拆解系统接口，将参数、要求传递至各部件研制企业；通过设计联络会相互协调，明晰具体参数；之后由部件研制企业独立生产制造，再由核心企业组装。

通过案例间对比，本书研究进一步发现：关键核心技术在"交流异步牵引系统发展与成熟阶段"和"永磁同步牵引系统时期"均成功突破，然而，技术范式差异，导致核心企业与部件研制企业的耦合模式不同，即存在两种不同的研发导向型松散耦合模式。

（1）交流异步牵引系统发展与成熟阶段，核心企业构建研发导向型松散耦合网络，协调子技术分支之间耦合适配：交流异步牵引系统是基于已有成熟技术的旧范式，各系统组成部件执行的功能，彼此间的接口、参数等较为清晰、明确，应当采用高效、灵活的模块化协调方式（Brusoni & Prencipe，2013；Yayavaram et al.，2018）。某技术主管说："顶层结构设计者对系统接口进行拆解并将参数、要求传递至负责不同子技术分支的部件研制企业；随后针对可能存在的不清晰部分，通过设计联络会，相互协调以进一步明确输入、输出；部件研制企业在此基础上独立生产制造，最后将部件交由核心企业组装成完整牵引系统。"整个过程，核心企业与部件研制企业间的耦合关系从较弱（传递技术参数）到相对较强（设计联络会相互协调）再到相对较弱（独立研制）变化。

（2）永磁同步牵引系统时期，为协调子技术分支匹配兼容，核心企业与部件研制企业建立研发导向型松散耦合模式，耦合程度逐渐减弱：由旧技术范式到基于新兴技术的新范式，技术架构发生变化；且前沿的永磁牵引技术，具有相对较高的模糊性，表现为部件承担的功能范围不够明确，界限划分、接口参数不够清晰，因而需要更多磨合协调（Brusoni & Prencipe，2013）。据某核心企业负责人说："变更主要存在于拓扑结构和控制算法两个核心部分，这就要求重新分配不同部件执行的功能，致使技术经理在拆解永磁同步牵引系统的技术接口时，需要联合部件研制企业围绕功能范围、模块边界、接口等讨论、协调，再确定输入、输出参数。"经部件研制企业独立制造完成，交由核心企业组装。整个过程，核心企业与部件研制企业在初始阶段交流、协调以明确功能分配、接口参数，随后转为较微弱的联系（独立研制为主），耦合关系呈现逐渐减弱的动态演进特征。

命题3：为确保子技术分支兼容匹配，进而使得整个系统技术满足可靠性、稳定性、安全性要求，核心企业与部件研制企业构建松散耦合的研发网络，促进所有成员协同创新以实现各层级子技术分支之间耦合适配。

命题3a："落后—追赶"阶段的旧技术范式下，核心企业构建研发导向型松散耦合网络，且耦合程度由增强向逐渐减弱变化。

命题3b：创新引领阶段的新技术范式下，核心企业构建研发导向型松散耦合网络，且耦合程度逐渐减弱。

（四）核心企业促进研发网络和商业化网络交互迭代以增强技术可靠性、稳定性、安全性

关键核心技术不仅高度复杂，包含大量显性知识和技术诀窍、经验等隐性缄默知识，还对可靠性要求极高，只有在商用中不断试错优化，才能成功突破（谭劲松等，2021）。一方面，要借助先进试验平台对创新成果反复检验检测—评估分析—改进优化—再次验证；另一方面，由于试验环境和实际运行差别极大，有限的时间和里程并不能充分暴露问题（贺俊等，2018；路风，2019；江鸿和吕铁，2019），所以需要在长期运营中试错、再优化（谭劲松等，2021）。有研发人员说："产品故障率一般遵循浴盆曲线，新产品上线，需要不断针对细节、隐性故障及缺陷等优化改进。""交流异步牵引系统形成与成长阶段"：试验测试中，由于设备和平台数量有限且先进性不足，不能有效满足检测与优化需求，并且创新生态系统上下游的国内企业大量缺失，加上核心企业组织和技术能力不足（谭劲松等，2021），无法有效组织并协调所有成员共同参与、高效开展检测—评估—改进—再验证的任务循环；对于实际运营，由于自主研制产品在可靠性方面存在问题，不能规模商用，研发与商业化"解耦"，关键核心技术没有机会在研发设计端与实际应用端迭代优化，导致突破失败。反之，"交流异步牵引系统发展与成熟阶段"和"永磁同步牵引系统时期"：创新生态链更为完整（谭劲松等，2021），核心企业组织能力和技术能力极大提升，能够联合不同成员分别建立研发网络和商业化网络，利用包括组合试验、地面测试、试运营考核在内的先进试验体系对创新成果反复检测，并组织上游研发成员与下游商业化成员共同参与，实时监控、及时响应，针对出现的技术问题协作分析、改进优化、再次验证，提高牵引系统成熟度；满足运营要求，令核心企业有机会借助商业应用平台，在追踪长时间、高里程的实际运营中发现隐性缺陷并及时反馈，经研发团队评估分析，对故障部件及深层子技术改进再优化，检测无误后再次投入使用，形成发现问题—分析优化—检验验证—投入运营的良性循环，同时积累经验、数据等资源。因此，试验测试和实际运营中，核心企业采用商业化导向型紧密耦合模式：协调并促进创新生态系统上游科研机构、部件研制企业和下游互补配套企业、用户间结成的研发网络与商业化网络紧密耦合，使研发端与应用端反馈迭代，持续提高技术可靠性、稳定性、安全性，突破关键核心技术。

命题4：核心企业与创新生态系统成员构建商业化导向型紧密耦合网络，在试验测试和实际运营中促进研发端与应用端反复交互、迭代，不断提升技术可靠性、稳定性、安全性，最终突破关键核心技术。

通过案例内分析与跨案例对比，梳理了关键核心技术的突破路径与方法体系，如图6-3所示。

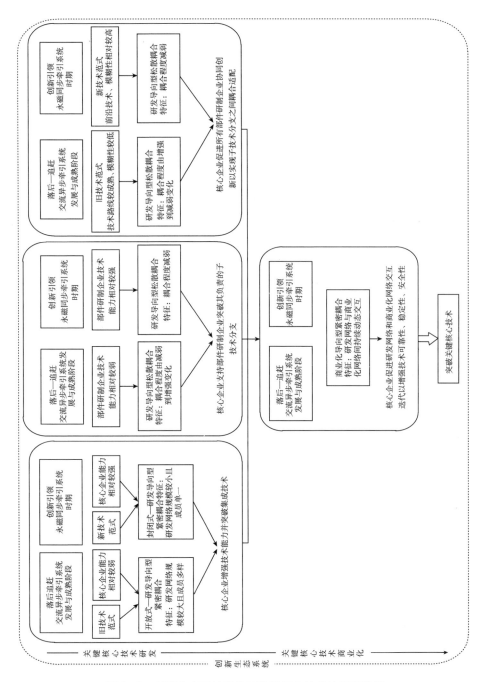

图 6 - 3　创新生态系统视角下关键核心技术的突破路径

资料来源：根据研究内容整理。

第四节　主要研究结论

本章以中国高速列车牵引系统突破过程为案例研究对象，深入剖析核心企业如何与创新生态系统成员有效耦合，从而突破关键核心技术的路径与规律（见表6-6）。主要研究结论如下：关键核心技术的突破包括四个主要环节，核心企业增强技术能力并突破集成技术；核心企业支持部件研制企业突破负责的子技术分支；核心企业促进所有部件研制企业协同创新以实现子技术分支耦合适配；核心企业促进研发网络和商业化网络交互迭代以增强技术可靠性、稳定性、安全性。高速列车牵引系统的突破，是核心企业针对不同环节特定技术特征，与创新生态系统成员构建适配耦合网络的结果。首先，核心企业采用研发导向型紧密耦合模式，与科研机构建立紧密耦合的研发网络，围绕复杂知识和技术领域开展深度研发合作，增强技术能力，同时突破集成技术。其次，核心企业采用研发导向型松散耦合模式，通过支持、引导等方式，与部件研制企业建立松散耦合的研发网络，助推其突破负责的子技术分支。再次，核心企业采用研发导向型松散耦合模式，与部件研制企业构建松散耦合的研发网络，促进所有成员协同创新以实现各层子技术分支耦合适配，提升系统整体稳定性。最后，核心企业采用具有持续动态交互特征的商业化导向型紧密耦合模式，与创新生态系统上下游成员构建紧密耦合的研发网络和商业化网络，在试验测试和实际运营中促进研发端与应用端反复互动、迭代，持续提高技术可靠性。只有上述四个环节都实现技术突破，关键核心技术才能最终突破。

表6-6　　　　关键核心技术突破的主要环节与耦合模式选择

关键核心技术突破的主要环节	耦合模式	特征
集成技术突破	开放式—研发导向型紧密耦合	研发网络规模较大且成员多样
	封闭式—研发导向型紧密耦合	研发网络规模较小且成员单一

关键核心技术突破的主要环节	耦合模式	特征
子技术分支突破	研发导向型松散耦合	研发网络耦合程度由减弱到增强变化
		研发网络耦合程度逐渐减弱
子技术分支之间耦合适配	研发导向型松散耦合	研发网络耦合程度由增强到减弱变化
		研发网络耦合程度逐渐减弱
通过规模商用提高可靠性	商业化导向型紧密耦合	研发网络与商业化网络持续交互

资料来源：根据研究内容整理。

此外，技术范式与企业技术能力不同，同一环节技术突破所需的耦合模式存在差别。技术集成环节，所依赖的研发导向型紧密耦合模式有差异："落后—追赶"阶段，企业技术能力相对较弱，核心企业与科研机构构建开放式—研发导向型紧密耦合网络，才能有效突破集成技术，此时的研发网络呈现规模较大、成员多样且彼此紧密耦合特征；创新引领阶段，拥有较强技术能力的核心企业，通过与科研机构构建封闭式—研发导向型紧密耦合网络，实现前沿集成技术的突破，此时的研发网络呈现规模较小、成员单一且彼此紧密耦合特征。

攻克子技术分支环节，所依赖的研发导向型松散耦合模式有差异："落后—追赶"阶段，对于技术能力相对薄弱的部件研制企业，核心企业与其构建研发导向型松散耦合网络，且耦合程度由弱化逐渐增强；创新引领阶段，对于技术能力较强的部件研制企业，核心企业与之构建研发导向型松散耦合网络，且耦合程度逐渐减弱。

协调子技术分支兼容匹配环节，所依赖的研发导向型松散耦合模式有差异："落后—追赶"阶段，在技术路线较为成熟、模糊性较低的旧技术范式下，核心企业构建研发导向型松散耦合网络，且耦合程度从增强到逐渐减弱变化；创新引领阶段，对于前沿且模糊性相对较强的新技术范式，核心企业构建研发导向型松散耦合模式，且耦合程度逐渐减弱。

第五节　主要理论贡献

首先，对关键核心技术与创新生态系统瓶颈研究的贡献。现有研究虽然认识到关键核心技术是制约整个创新生态系统价值创造和获取的瓶颈，然而，对于如何突破关键核心技术瓶颈，提供的见解极其有限（Masucci et al.，2020）。本书研究突破现有研究对关键核心技术概念界定模糊、特征分析不足的局限，从技术和战略两个层面，分析关键核心技术的独特特征，探究创新生态系统视角下，核心企业如何针对关键核心技术独有特征，与创新生态系统成员构建适配的耦合关系，从而实现关键核心技术突破的路径与方法体系。一方面，拓展并深化创新生态系统瓶颈研究，为关键核心技术瓶颈突破研究提供新思路和系统理论证据；另一方面，将创新生态系统、耦合、关系多元性理论融合，分析核心企业如何整合创新生态系统多层次资源以突破关键核心技术，也是对跨层次研究有助于厘清多主体复杂交互影响的回应（Kwon et al.，2020）。

其次，对耦合与知识管理研究的贡献。虽然有学者提出，技术、知识特征不同，面临的挑战不同，要根据技术特征构建与之适配的耦合模式才能促进创新（Yayavaram et al.，2018；Yayavaram & Ahuja，2008；Brusoni & Prencipe，2013）。还有极个别学者从核心企业角度分析瓶颈与"卡脖子"技术移除方式（Hannah & Eisenhardt，2018；Zhu & Liu，2018；Masucci et al.，2020；吴晓波等，2021）。然而，现有研究通常没有区分一般技术与关键核心技术本质特征的不同，且未考虑新旧技术范式、企业技术能力对耦合模式选择的影响。本书研究针对关键核心技术特征，结合技术范式和企业技术能力差异，从创新生态系统视角，对核心企业构建的耦合模式进行更细致的考察，突破了以往研究没有区分关键核心技术与一般技术特征的局限，从知识层面细致解构关键核心技术特征，为关键核心技术突破提供系统的理论分析架构。另外，通过剖析领域知识与架构知识在推动创新生态系统成员之间构建有效耦合模式，进而突破关键核心技术的微观作用机理，建立起微观企业技术知识与中观创新生态系统组织模式跨层次分析桥梁，是对知识管理与耦合研究的深化和拓展（Yayavaram & Ahuja，2008；Brusoni & Prencipe，2013；Yayavaram et al.，2018），也是对跨层次间耦合研究与生态系统理论交叉分析呼吁的回应（杜运周等，2021）。

再次，对关键核心技术突破与技术赶超研究的贡献。已有研究主要集中分析后发企业追赶期的战略行为（吴晓波等，2019），虽有个别研究分析了超越追赶阶段企业的创新战略选择（吴晓波等，2019），但是鲜有研究结合新旧技术范式不同，同时分析追赶阶段与引领阶段企业战略选择的差异。本书研究将"落后—追赶"和"创新引领"整合进同一分析框架，探究新旧技术范式所面临的不同挑战下，耦合模式选择对关键核心技术突破的微观作用机制，为"关键核心技术突破"研究提供更完整的准实验环境，同时构建更为饱满的理论分析体系，对后发企业赶超研究形成有力补充。

最后，本书研究通过深入剖析交流异步牵引时期，如何在落后的情况下成功突破交流异步牵引技术并达到国际先进水平；永磁同步牵引时期，如何从初始构想、基础研究到研发制造都走在世界前沿并始终保持创新引领，探究中国情境下关键核心技术突破路径与方法体系，构建本土原创的创新生态系统视角下关键核心技术突破机制与理论分析框架，弥补现有瓶颈相关研究主要根植于西方发达国家情境的不足，为创新生态系统理论、关系多元性理论与耦合理论领域的研究，贡献来自中国的案例与理论成果。

第七章

制度环境、创新生态系统、企业创新能力共演研究

高速列车从落后到世界领先，依赖于制度环境、创新生态系统、企业创新能力共演，这三个层次的共演支撑了高速列车关键核心技术多点突破。制度环境、创新生态系统和企业创新能力的共演研究有助于更好地理解这些因素如何相互影响并促进关键核心技术突破的路径，有助于政府和企业可以更好地制定战略，以推动关键核心技术的发展，实现国家和产业的竞争优势。

第一节　研究背景

是什么因素驱动中国轨道交通装备产业从无到有，从落后到世界领先？中国高铁为什么能用十几年的时间走完先发国家40多年发展历程？围绕中国轨道交通装备产业的发展，业界有两种不同的观点：一派认为发展得益于技术引进（高柏，2016）；另一派则认为中国轨道交通装备产业的成功归因于走自主创新道路（陆风，2006），技术引进不利于中国高铁的发展。本章认为，中国轨道交通产业成功关键不在于技术发展路径选择，而源于政府在不同阶段采用不同的制度组合，构建了一个强大的创新生态系统支撑体系，建立起宏观制度环境，中观创新生态系统，微观企业创新能力三个层次之间

协同演化机制。因为轨道交通装备产品属于大型复杂产品，涉及机械、材料、电子、电气、冶金、化工、通信、控制等多学科多产业，对于大型复杂产品企业竞争能力的比较优势不仅取决于企业自身，更取决于所在产业整体水平的提升（Nelson，1995），该产业企业要从落后走向世界领先，需要产业链每一环节企业具备较高的研发制造能力，需要生态系统成员之间建立一个有效的正反馈机制，形成一个相互支持、共同发展的良性创新生态系统环境。因此，其成功不能仅仅从某一企业来看，而应从支撑其发展的整个创新生态系统来看，轨道交通装备的竞争不是企业之间的竞争，而是所在生态系统之争。另外，轨道交通装备产业属于国家高度控制的战略性产业，该产业企业的发展集中体现了政府在推动创新生态系统形成和演化过程中的作用，是国家制度与创新生态系统共同演化的结果，制度视角能帮助我们理解产业企业的成长（Zhou et al.，2017）。因此，要打开该产业高速发展背后的黑箱，不能只从宏观或企业微观单一层面考虑（Hwang & Choung，2014；高柏，2016）。

本章以中国轨道交通装备产业为对象，采用定性和定量分析相结合的探索性案例研究方法，将宏观制度环境、中观创新生态系统、微观企业创新能力整合到统一分析框架，集中分析制度环境、创新生态系统、产业创新能力的协同演化机理，具体回答以下几个问题：制度不同维度之间的关系是什么？制度不同维度的功能和其对创新生态系统演化、产业成长的作用机理是什么？如何组合制度不同维度才能有效促进创新生态系统的形成与演化？不同阶段创新生态系统构成、网络结构、合作模式、竞争合作强度有什么特征？如何支撑企业从落后走向世界领先？企业、创新生态系统如何促进制度演化？大多数国家战略性产业由国家控制（Xia & Walker，2015），政府通过一系列制度组合促进本国战略性产业发展，深入剖析中国高端装备产业的发展机理，将为中国和世界其他国家战略性产业发展，尤其是超级工程建设提供组织和制度方面借鉴。

第二节　理论基础

协同演化理论和制度理论是研究新兴经济尤其是转型经济企业战略最合适的理论（Hoskisson, et al., 2000; Peng, 2003; Tan & Tan, 2005; Hoskisson et al., 2013）。尤其是国有企业是制度环境的产物，制度理论为研究国有企业成长提供了非常实用的理论方法（Bruton et al., 2015）。中国的轨道交通装备产业属于国家控制的战略性产业，其下面的企业属于国家全资或控股的国有企业，具有自然垄断特征，政府扮演着政企合一的角色，对该产业的合作与竞争具有关键作用。20 世纪 90 年代开始从政府到企业自上而下的一系列大规模改革改制，打造了一个逐步成熟的创新生态系统，正是宏观制度环境、中观层次的产业生态系统、微观层次的企业三者之间相互作用，不断自适应调整，共同演化，使得中国轨道交通装备产业从落后走向世界领先。

一、制度环境的要素

探索组织与环境关系的最著名框架是制度理论。尤其是经历了大范围制度转型的新兴经济国家，制度理论被视为转型经济背景下解释企业成长的重要工具（Peng, 2003; Meyer & Peng, 2005; Tan et al., 2007; Lin et al., 2009; Zhang et al., 2016; Zhou et al., 2017）。中国独特的制度变迁、改革经历和具有本国特点的制度安排为学者们观察制度与组织共演过程提供了非常契合的背景和极好的实证条件，正在不断深入的改革实践又为验证新的理论提供了丰富的机会。

制度理论包括多个维度（Kogut & Ragin, 2006; Batjargal et al., 2013; Xia & Walker, 2015），如规制（Holmes et al., 2016）、财政货币政策、资本市场特征、企业控制特征（Xia & Walker, 2015）。制度不同维度共同作用效果与制度单一维度作用效果存在本质区别，因为制度多个维度之间相互依赖，具有不可分离的特征，不同维度之间相互作用，相互加强，它们共同对组织行为产生影响（Hitt et al., 2004; Delmas & Toffel, 2008; Batjargal et al.，2013），起着"1 + 1 > 2"的作用（Ostrom，2005）。前期调研和资料整理过程中，业界学界政界一致认为，政府对中国轨道交通装备产业发展的影响主要包括：以行政手段为主的直接干预和以产业政策、国家资金支持（科研经费资助，政府市场采购）为主的间接干预。

二、政府与关键核心技术创新突破

1. 政府干预

在中国，政府是企业尤其是国有企业绩效的决定性因素之一（Tan et al.，2007）。凭借着与政府的独特关系，国有企业具有天生的资源优势（Tan et al.，2007；Zhou et al.，2017），国有企业有完善的网络资源，国有企业拥有发达的资源网络，能够更容易得到银行等金融机构的支持、政府机构的财政补贴（Zhou et al.，2017），还可以通过其他形式的制度安排获取优质的人才资源，更有资源和实力进行创新，是执行国家创新驱动发展战略的主力军，具有更多增加创新投入的行政压力（Zhou et al.，2017）。但是，国有企业的这种优势会随制度发展逐渐减弱。政府干预对国有企业绩效的影响应考虑国有企业所有制和隶属关系的差别。谭等（Tan et al.，2007）通过对中国企业的实证分析，研究表明政府的"有形之手"直接干预和"无形之手"间接干预都对企业绩效有显著影响。中国转型经济中，不同层级政府部门与企业之间，以隶属和所有制为代表的制度框架能帮助企业获得区域或企业层次的发展。隶属层级越高的企业越能获得更多的偏好性资源配置，而隶属层级低，例如城镇政府管制下的企业，由于远离中央政府，则具有更大的自主权，由于资源获取相对有限，为了能在市场竞争中存活，这些企业更具创新能力和改革精神（Tan et al.，2007；Tan，2007）。

由于国有企业受制于行政管控（Zhou et al.，2017），政府干预不可避免，为了方便国家控制，国有企业往往是金字塔结构（Fan et al.，2005；Tan et al.，2007），国有企业管理人员主要由国家任命，国有企业所有权主体不明晰、高管带有行政级别，国有企业高管可能会更加注重是否完成国家计划（Tan，2005），然而激烈的产业竞争环境会促使国有企业提升效率，从而避免淘汰出局，此时国有企业管理人员选派会充分考虑高管的经营能力而非单纯政治考量，政府减少行政干预，强化高管激励机制，提升国有企业的战略灵活度（Zhou et al.，2017）。另外，政府改革和国有企业改制，使得国有企业自主权增加，拥有更大的资源配置权利（Tan et al.，2007），从受制于政府进行"被动研发"向"主动研发"转变（Tan，2005；Zhou et al.，2017），实证表明中国在1990年后，国有企业管理人员更考虑企业长期发展，决策更具创新和风险导向（Tan，2005，2007）。

从1990年开始，中国政府推动国有企业"现代企业制"和"股权份制改革"，使得所有权和管理权相分离（Li et al.，2012），但国家并没有完全放弃控制权（Tan et al.，2007）。股份制改革使得国有企业管理者从对国家负责向对企业长期发展（Tan，2005，2007）负责。很多情况下，国家仍然可以通过合约等手段对改制企业进行控制，政府在企业商业运营过程中仍然有重要影响（Li et al.，2012）。

2. 国有企业

政府是企业尤其是国有企业创新绩效的关键影响因素之一（Tan，2005；Tan & Tan，2005；Tan，2007；Tan et al.，2007），中国企业的创新和发展充满国家意志的渗透和主导，尤其在关系国民经济命脉的装备制造、通信、能源、交通等领域（刘放等，2016；苏敬勤和林菁菁，2016）。关于国有企业的创新效率，现有研究主要有两种观点：一种观点认为，相对于其他所有制企业，国有企业创新能力更强（李春涛和宋敏，2010）。管理体制改革和国有企业改制，使得国有企业自主权增加，拥有更大的资源配置权利（Tan et al.，2007），从受制于政府"被动研发"向"主动研发"转变（Tan，2005；Tan & Tan，2005；Zhou et al.，2017），这些都有助于国有企业创新能力提高。另一种观点则认为，国有企业创新效率更低：因为国有企业强大的政府背景容易占据大量社会资源，这往往导致其缺乏创新激励（Liu & Cheng，2014）；预算软约束、产权不明晰以及社会负担（如提供福利）、政策负担（如维持就业）过重（Lin et al.，2010；李婧，2013）等都将使国有企业创新效率降低，此外，国有企业高管更加注重是否完成国家计划、注重自身的政治晋升（Tan & Tan，2005；Tan，2005），将企业的创新投资错误地导向个人利益，导致创新效率降低（Zhou et al.，2017）。

3. 产业政策对关键核心技术创新突破的影响

产业政策比制度其他维度对资源配置影响更大（Xu，2011），对产业转型和发展路线起到决定性作用（Liu et al.，2011）。关于产业政策对企业创新能力的影响，学界和业界有两种不同的观点。一种观点认为，产业政策能避免因为技术外部性导致的市场失灵，对产业和企业创新有正向作用（宋凌云和王贤彬，2013；付明卫等，2015；余明桂等，2016），产业政策能够通过信贷、税收、政府补贴和市场竞争机制促进重点鼓励行业中企业的技术创新（余明桂等，2016），通过产业技术（创新）政策引导产业技术发展和转型升级，这些政策在构建创新网络、创造良好的创新环境、提高总体创新能力方面有显著作用（Liu et al.，2011）。宏观层次的产业技术政策反映一个国家的创新和创业目标。国家通过技术政策支持创新基础设施构建（Holmes et al.，2016），根据国家产业结构发展方向及时淘汰落后产业或对传统产业进行技术改造以提高其现代化水平（赵庆国，2013）。微观层次的产业技术政策促进企业根据创新和环境变化进行自适应调整，是战略和创新的重要工具（Holmes et al.，2016；苏敬勤和刘静，2012），中国技术政策演变的内在力量来自微观企业的利益诉求以及企业与各部委基于各自利益的合谋（彭纪生等，2008）。对于中国大型装备制造业的国有企业，例如轨道交通装备企业，政府政策对提高企业创新能力有显著驱动作用（苏敬勤和刘静，2012；苏敬勤和单国栋，2016）。另一种观点认为产业政策实施过程中的"政府失灵"比"市场失灵"更严重，他们认为产业政策不利于产业和企业创新。例如，江飞涛和李晓萍（2010）认为中国产业政策通过准入政策和提高集中度促进创新，这样会导致被扶持的企业因缺乏竞争压力而丧失创新动力，同时也会抑制其他企业创新活动。选择性产业政策使企业为了"寻扶持"而增加创新"数量"而忽略"质量"，并不会促进企业实质性创新（黎文靖和郑曼妮，2016）。造成这种矛盾观点的主要原因是产业政策很难量化导致实证研究困难。虽然有少数研究通过解读国家颁布的产业政策法规，将产业政策激励作为虚拟变量考察产业政策的影响（宋凌云和王贤彬，2013），但由于实证分析中可能存在时序性和遗漏变量等问题，仅利用产业政策激励虚拟变量很难很好地建立产业政策与企业技术创新之间的直接联系（余明桂等，

2016）。总的来说，未来需要进一步研究产业政策量化问题，实证检验产业政策对企业创新的影响路径和效果，探索产业政策与企业创新协同演进问题。

4. 国家资助对关键核心技术创新突破的影响

（1）国家资助。

国家资助是促进国家创新、企业升级、产业成长的关键推动力（Holmes, et al.，2016）。政府支持方式有多种，调研中企业和行业专家指出，国家对战略性产业资助主要集中于国家对研究开发的资助和政府采购。

国家资助研究主要体现在政府为科研项目提供资金支持（Liu et al.，2011；Holmes et al.，2016；苏敬勤和刘静，2012）。现有研究主要有两种观点：一种观点认为，政府研发（R&D）资助对企业创新有积极作用（Liu et al.，2011；解维敏等，2009；白俊红，2011），是弥补市场失灵的重要手段（Bronzini & Piselli，2016；王俊，2010；栾强和罗守贵，2017）。国家对研发的资助将为企业提供财务支持、降低企业风险、帮助企业吸收新的资本、提高企业创新能力（Autio & Rannikko，2016），尤其是前沿重大技术，资金投入、不确定性风险大，投资回收期长，市场往往不愿意投资（Holmes et al.，2016）。国家对这些创新的支持能降低企业边际成本和研发风险（Holmes et al.，2016）。此外，政府往往通过建立研究实验室、提供公共研发资金促进知识创造和商业化。相对于国有企业，政府 R&D 资助对民营企业创新能力影响更大（栾强和罗守贵，2017）。另一种观点认为，国家 R&D 资助对企业创新能力影响不显著（朱平芳和徐伟民，2003），或者有负面作用，这类学者主要从寻租等角度对政府 R&D 资助进行分析，认为政府选择性 R&D 资助会导致寻租行为，降低企业创新的积极性，从而阻碍企业创新（陈清泰，2006；安同良等，2009；张宝红和张保柱，2011）。

（2）政府采购。

除了对研发提供科技资金资助，政府采购也是政府支持创新的主要手段（艾冰和陈晓红，2008；苏敬勤和刘静，2012；张同斌和高铁梅，2012）。政府采购通过两种途径来影响企业创新：一种是扩大市场需求，激励企业技术创新，由预期利润推动企业技术创新；另一种是降低技术的不确定性，政府通过对前沿技术采购降低企业研发风险，使企业能集中精力开发前沿技术，促进技术成功商业化（Holmes et al.，2016）。在中国，相对于税收优惠政策，政府采购对高新技术产业及其他产业增长有更显著作用（张同斌和高铁梅，2012）。

第三节　研究设计和方法

一、研究集合

1949 年前，中国机车几乎全部依靠进口，车型杂，型号多，解放初期蒸汽机车就有 140 多种。有限的几个机车工厂只能修理蒸汽机车。[①]

1949～1951 年，中国机车工业主要集中于对旧中国引进的蒸汽机车进行修理和改造的初级阶段，几乎不具备机车制造和设计技术。

1952 年，四方机车车辆工厂制造了中国第一台解放型蒸汽机车，结束了中国不能制造机车的历史。[②]

1956 年，中国开始规划发展内燃机车和电力机车，并设置相应的配套科研机构，培养技术人才。1958 年，中苏两国政府签订《关于共同进行和苏联帮助中国进行重大科学技术研究的协定》。中国从苏联引进 Tэ3 型内燃机车和 H60 型电力机车。国家科学技术委员会会同一机部和铁道部等有关单位，共同商议并制定了技术任务书。内燃机车设计任务主要下派给大连机车厂、戚墅堰机车厂、四方厂等为主的主机厂，电力机车设计任务下派给株机厂、株洲所、湘潭电机厂等为主的主机厂和研究院所，进行仿制生产。

在此后的 40 多年，以大连机车厂为代表的主机企业仿制研发制造了系列东风型内燃机车，以株机厂、株洲所为代表的电力机车厂研发制造了多个系列韶山电力机车。20 世纪五六十年代，由于铁路机车的需求量大，而生产能力小，只能通过仿制遗留机车和从国外进口机车，以解燃眉之急。这种

---

①② 中国机械电子工业年鉴［M］. 北京：机械工业出版社，1984.

"重生产，轻设计"的思维惯式对以后我国铁路机车技术的自主创新造成了很多阻碍。这一时期中国高度集中的计划经济体制占主导，指令性计划通过行政手段推动工厂生产运行，企业不仅没有生产经营自主权，且缺乏动力机制和制约机制。虽然通过仿制装配从国外引进的机车过程中积累了制造技术，但这种逆向学习的过程并没有学到关键的设计技术，也没有建立起很好的科研平台。

1978 年开始的改革开放政策推动了机车工业扩权放权过程。1984 年，工业总局出台了《关于进一步扩大机车车辆工业企业自主权的实施意见》，采取先试点后全面推广的渐进式方式。1986 年，国务院颁布《关于铁道部实行经济承包责任制的方案》，经济责任制在全路各部门实施。这是具有体制转轨意义的企业改革，是实现政企分开，所有权和经营权分离的第一步。但这种改革对企业来说不彻底。企业一只脚在市场上，另一只脚还在计划经济中，政企没有完全分开，企业资产构成、产业结构、组织结构、产品结构不合理等深层次矛盾有待解决。

1992 年，邓小平南方谈话提出"发展是硬道理，科学技术是第一生产力"，给中国改革开放注入了新的活力。企业加大了改革、改制力度，迈上了全面改革和发展的快车道，逐步建立起与市场经济发展相适应的现代企业经营管理体制。1996 年开始推行资产经营责任制，这是从计划经济体制转向市场经济体制的根本转变。1997 年，铁道部正式取消路内机车生产的指令性计划，路内机车采购全部采取招议标方式进行，企业开始全面走向市场。2000 年，中车公司与铁道部脱钩，改组为实力相当的南北车两大集团公司，目的通过有序竞争，振兴中国机车车辆工业。

1990~2003 年是国家"八五""九五""十五"计划时期，也是中国机车工业自主创新发展的关键时期。1990 年，在国家科技政策推动下，铁道部组织"高速铁路成套技术"重大科技攻关项目论证，1991 年列入国家"八五"重点科技攻关计划，正式开启中国高铁科研攻关。1994 年，铁道部提出"大力提高列车重量，积极增加行车密度，努力提高行车速度"的技术政策，拉开了 1997~2007 年铁路工业六次大提速的序幕。在这个过程中，相继涌现出庐山号、大白鲨号、新曙光号、春城号、蓝箭号、中原之星号、先锋号、中华之星号等自主创新产品。其中，2002 年"中华之星"动车组试验创造了最高时速 321.5 千米的当时"中国铁路第一速"。

2003 年，铁道部提出实现铁路"跨越式发展"的方针，战略规划从原来的自主创新转向"引进、消化、吸收、再创新"战略，所有此前安排的自主研发项目全部停止。

2004 年初，国务院审议通过《中长期铁路网规划》，规划确定到 2020 年中国铁路运营里程达到 10 万千米。同年，中国政府明确提出，中国高铁的发展要采取"引进先进技术，联合设计生产，打造中国品牌"的战略方针，在引进外来技术的过程中坚持"先进、成熟、经济、适用、可靠"的技术标准。2004～2005 年，在铁道部的组织下，中国南车集团旗下的青岛四方、中国北车集团旗下的长春客车厂和唐山机车厂先后从加拿大的庞巴迪、日本的川崎、法国的阿尔斯通和德国的西门子引进高铁技术。

2006 年，中国政府提出建设"创新型国家"，再度将"自主创新"作为国家战略。2008 年，科技部和铁道部于签署了《中国高速列车自主创新联合行动计划》，提出发展具有自主知识产权的、时速 350 千米以上的、具有国际竞争力的中国高速列车技术体系及产品系列。此后相继研制出 CRH380 系列和中国标准动车组。

本章选择中国最大的轨道交通装备的企业中国中车（CRRC Corporation Limited）为案例对象（国内市场份额占 95% 以上）。中车集团属于大型中央企业，是全球规模最大、品种最全、技术领先的轨道交通装备供应商。主要经营：铁路机车车辆、动车组、城市轨道交通车辆、工程机械、各类机电设备、电子设备及零部件、电子电器及环保设备产品的研发、设计、制造、修理、销售、租赁与技术服务；信息咨询；实业投资与管理；资产管理；进出口业务。2016 年世界财富 500 强第 266 位，连续多年全球销售收入第一，2015 年销售收入是排名世界第二、第三、第四位的庞巴迪、阿尔斯通、西门子累积的总和。

中车集团的前身是中国南车和中国北车，中国政府为了避免两个企业在国际市场恶性竞争，影响国家的对外战略，2015 年将其合并。中国北车建立于 1949 年，1986 年转变为企业性质的中国铁路机车车辆工业总公司。1996

年，改组总公司为控股公司，名称为中国铁路机车车辆工业总公司，简称中车公司，进行资产经营。2000 年，经中国国务院批准，中车公司分拆为中国北方机车车辆工业集团公司和中国南方机车车辆工业集团公司。2008 年经国务院国有资产监督管理委员会批准，南车集团公司联合北京铁工经贸公司共同发起设立南车集团控股的股份有限公司，在上海及香港上市。2008 年，北车集团联合大同前进投资有限责任公司、中国诚通控股集团有限责任公司和中国华融资产管理公司发起并控股成立中国北车股份有限公司（China CNR Corporation Limited），2009 年在上海证券交易所上市。到 2014 年底，中国南车集团有 22 家一级企业（不包括常州铁道高等职业技术学校），北车集团有 29 家一级企业，南北车集团有 500 多家二三四级企业。

二、案例选择

历史案例研究非常适合对现有宏观组织理论尤其是协同演化理论修正和扩展（Leblebici et al.，1991；Murmann，2013）。我们选择中国轨道交通装备产业 1949～2014 年作为案例研究对象，分析制度、创新生态系统、企业创新能力之间的协同演化机制。这个产业非常适合本章的研究主题，主要原因有以下五个方面。

第一，中国轨道交通装备产业是国家高度控制的战略性产业，这一产业由铁道部、南北车集团（2015 年合并为中国中车）及其下属一二三四级企业组成，是中央企业和国有企业金字塔结构的典型代表。该产业的发展轨迹集中体现了不同阶段中国政府通过制度组合和制度改革促进产业发展的结果，因此，为我们研究制度多样性，制度不同维度之间的相互作用及演化过程，为我们检验制度对产业发展的影响效果提供了契合的实验环境。此外，大多数国家战略性产业由国家控制（Xia & Walker，2015），政府通过一系列制度组合促进本国战略性产业发展，深入剖析中国高端装备产业的发展机理，将为中国和世界其他国家战略性产业发展，尤其是超级工程建设提供组织和制度方面借鉴。

第二，中国轨道交通装备产业是一个典型的创新生态系统。该产业由多个不同种群物种组成，按照所处产业链位置，包括零部件企业（例如株洲电机公司等)，研究所(株洲所等五家研究所)，动车组生产企业(例如四方股份、长客股份等)，电力机车生产企业(例如株机公司、同车公司等)，内燃机车生产企业(例如大连公司、资阳公司等)，维修企业(例如西安公司等)，投资租赁企业等;按照产品类型，则包括动车组、电力内燃机车、客车、货车等。轨道交通装备产品属大型复杂产品，每一产品由成千上万个零部件组成(例如高速列车由10多万个零部件组成，独立成子系统的有260余个，涉及机械、电子、电气、材料、力学、通信、控制等多个产业和学科(高柏，2016)。在这个系统中，整车企业需要研究所，零部件企业提供相应的技术和零部件支持才能完成整车研制(例如株洲电机公司为大多数整车企业提供电机，株洲所为大多数整车企业提供网络控制系统)，零部件企业和研究所需要整车企业的集成才能将自身的技术或产品最终满足顾客需求。各物种之间合作与竞争共存，是高度相互依赖、共演共生的关系，具有典型的生态系统特征(Lipparini et al.，2014)。

第三，中国轨道交通装备产业非常适合研究制度、创新生态系统、企业创新能力之间的协同演化过程。这一产业经历了从无到有、从落后到领先的过程，本质上就是轨道交通创新生态系统形成、演化及成熟的过程。这一产业的形成和演化集中体现了中国政府体制改革的变迁过程，且每个阶段制度的不同维度，创新生态系统结构和内容，企业创新能力都发生了显著的变化。根据默尔曼(Murmann，2013)的观点，要探索产业与其他因素协同演化，产业本身必须经历显著的变化，否则无法探究驱动演化的原因。因此，该产业为我们剖析制度、创新生态系统、企业创新能力三个层次之间的协同演化提供了完备的全过程实验环境。

第四，中国轨道交通装备产业企业经历了计划经济时期的入不敷出到改制后世界领先企业的过程，是一家从仿制苏联产品获取技术，到改革开放初期通过与国际先进企业合作提升技术能力，最终实现自主创新和技术赶超的大型装备制造企业。因此，能够表征具有相同成长环境和技术能力发展轨迹，从无到有、从落后到先进的中国大多数国有企业的发展过程(崔淼和苏敬勤，2013)。

第五，该产业能保证数据可获取性和完备性。铁道部的《中国铁道年鉴》、官网、南北车集团年鉴年报、各企业年鉴、志书、行业官网等详细记录了当年国家针对产业发展制定的重要制度，记录了该产业、企业当年重要事件和相关数据，为研究提供了国家、产业、企业三个层次完整的面板数据；同时，该产业的专家、政府主管部门、企业首席管理人员的回忆录详细记录了产业的发展和演变，尤其是近年来，该产业吸引了业界学界越来越多的关注，他们从不同角度不同层次深入分析了该产业、企业的发展状况。笔者所在学校中南大学是原属铁道部院校，是中国轨道交通装备产业最重要的院校之一，笔者的学生在株洲所、株机公司负责技术销售管理，多位同事是南车集团董事，有的同事是该行业工程院院士，为调研访谈多方取证提供了便捷条件。因此，能保证资料数据获取的全面性、多来源性，为研究提供三角验证，确保案例研究的信度和效度。

三、数据收集和来源

本章的研究主题之一是创新生态系统，要刻画创新生态系统的演化过程，需要一个能反映创新生态系统种群结构和种群之间关系的测度指标体系，因此数据收集之前，首先需要确定数据收集企业清单和生态系统网络边界（Laumann et al.，1983；Phelps，2010）。

本章的创新生态系统范围集中于产业层面。因为中车集团几乎涵盖了中国轨道交通装备绝大部分企业，且个别不属于中车集团的企业都直接或间接与中车有联系，有的是供应商，有的是技术战略合作伙伴。因此，本章的创新生态系统包括中车集团（所有一二三四级企业）和与一二三四级企业有直接合作竞争关系的企业。这样就可以较为全面准确地描述中国轨道交通装备产业生态情境。根据数据可获取性和典型性原则，本章的样本企业包括中车集团所有一级企业（年鉴详细记录了这些企业的财务、员工数、生产、合作情况），重要的二三级企业（年鉴详细记录的部分重点合资企业）。本章的大多数样本企业经历了改制，多数企业名称发生了变更，部分企业经历了分拆，我们确认了每个企业不同历史时期的名称，对于分拆后的企业历史数据继承分拆前的（例如四方厂 2002 年改制为两个独立的企业——四方股份有限公司和四方有限公司，后面这两个企业 2001 年以前的数据沿用四方厂的），通过这样的方式可以避免数据遗漏，确保数据收集的准确性和全面性（见表 7 - 1）。

表 7 - 1　　　　　　　　　　　　　　数据来源

数据类型	具体来源
文档数据	1. 年鉴：1999～2014 年《中国铁道年鉴》，1994～2001 年中国铁路机车车辆工业总公司年鉴；2002～2015 年南车集团、北车集团年鉴；1989～2015 年株机公司、大连公司、戚墅堰公司年鉴等 2. 年报：2006～2015 年中国南车年报；2008～2015 年中国北车年报；南方汇通、时代新材、时代电气三家上市公司年报等 3. 志书：株洲所志、戚墅堰所志、大同公司志书等 4. 产业调查报告 5. 商业出版物（政府主管官员、企业高管著作，包括赵小刚、赵庆国等的著作；回忆录，例如沈志云回忆录；学界专家研究著作，以高柏和路风为代表的学界相关研究著作、评论文章） 6. 公司内部资料（例如动车组介绍 PPT 等）
网页数据	1. 官网：包括工业和信息化部、科技部、国家统计局、中国铁路总局、国务院国有资产监督管理委员会、世界轨道交通资讯网、中车集团公司、各子公司等相关部门官网 2. 佰腾专利数据库 3. 中车集团选定的信息披露报纸：中国证券报、上海证券报、证券时报、证券日报等 4. 媒体对相关人员的访谈、报道、期刊文章
访谈数据	1. 实地参观 17 家企业 2. 非结构化访谈（45 次访谈，平均每次访谈持续 1～2 小时）

资料来源：根据数据收集情况整理。

　　本章将定性和定量数据相结合，分析中国轨道交通装备产业 60 多年的发展过程。多种互补的方式结合，能更准确地刻画制度、创新生态系统之间的协同演化过程。

　　定性数据主要包括：第一，历年政府的产业政策资金资助等政府文件，主要来源于中国工业和信息化部、国务院国有资产监督管理委员会、科技部、国家统计局、原铁道部（中国铁路总局）等官网；年鉴、志书中历年相关领导人讲话。第二，产业、集团、企业发展历史以及基本情况介绍，主要来源于年鉴、年报、志书、回忆录（主要包括南车前任董事长赵小刚、轨道交通院士沈志云回忆录），历年管理者讲话（包括政府官员、企业董事长、总经理、技术主管等），政界学界业界人士的评论及研究文章著作。

定量数据包括关系数据（collaboration data）和属性数据（attribute data）。

属性数据收集。一种属性数据为轨道交通装备产业历年国家科技拨款，产业（R&D）经费支出，轨道交通产业历年相关指标（包括铁路投产里程、电气化里程、机车购买、铁路基本建设投资等），样本企业员工总数，销售收入，利润总额等财务数据，数据主要来源于铁路统计公报，中国科技统计年度数据，全国科技经费投入统计公报、年鉴、年报、志书、企业官网等）。另一种属性数据是专利数据。因为专利数据已经证明是测度创新（Phelps，2010；Schilling，2015）和技术合作（Funk，2014）的可靠有效指标，所以本章用专利数据测度产业创新能力和成员间的技术合作。因为不同国家专利规则系统差别很大，采用同一国家的专利数据能保证专利数据的一致性、可靠性（Sytch & Tatarynowicz，2014；Schilling，2015）。并且中国轨道交通专利申请95%以上集中在中国（闫晓苏和李凤新，2013）。佰腾专利数据网收集了中国企业在中国大陆以及中国香港和台湾地区的所有专利。因此我们利用佰腾专利数据网收集了产业（按照 IPC 分类号 B61"轨道车辆"进行检索）和所有样本企业历年专利数据（包括中国大陆以及中国香港和台湾地区的所有专利）。专利计数是每年的专利申请数（Sytch & Tatarynowicz，2014；Schilling，2015）。

关系数据收集。本章采用关系数据构建创新生态系统网络。我们将合作关系分为股权式合作和契约式合作两大类。其中股权式合作包括合资、参股、并购；契约式合作包括联合设计、专利申请合作、技术交流、技术许可、技术引进、战略联盟、采购供销、成立实验室、咨询、人才培养（Yang et al.，2014）等。我们通过多种来源收集合作数据。首先，因为年鉴和志书详细记录了集团公司和各子企业该年重要的合作信息，我们从集团公司、企业年鉴、志书收集所有样本企业有记载的合作数据。其次，从佰腾专利数据网补充专利合作数据，如果某一年两个企业共同申请多个专利，则技术合作数为共同申请专利数。然后，从企业官网、信息披露报纸、铁道部网站等途径补充遗漏的合作信息。最后，采用深入访谈方式，补充遗漏或信息不全的数据。这四种数据来源相互印证补充，可以全面记录企业当年合作情况。最终收集了 1993~2014 年合作数据。因为合作终止很少报道（Yang et al.，2014；Sytch & Tatarynowicz，2014），学者们往往采用 1~5 年窗口期（e. g.，Yang et al.，2014；Sytch & Tatarynowicz，2014；Schilling，2015）。本书研究采用三年窗口期（Schilling，2015），也即 t 年的合作数据包括 t、t−1 和 t−2 年三年间发起的合作（例如，1995 年的合作数据是 1993~1995 年三年间形成的合作总和）。为了避免左偏（skewness），我们将 1995 年作为初始年，构建了 1995~2014 年 20 年网络合作数据。本书研究的合作网络是无向加权图（Schilling，2015）。节点之间连边权重为两节点三年内不同项目的合作次数之和。由此我们总计得到了 23248 个成员之间的 50444 次合作，平均每年每对成员间合作 2. 17 次。

在前面定性定量数据收集过程中，为了补充公开资料不足，对缺失值、信息不全的数据，采用深入访谈方式进行补充，同时访谈也能达到验证数据的准确性和完备性的目的。我们访谈对象主要有六类人：第一类是政府主管部门（国资委、铁道部、科技部等）负责人，他们大多数参与相关制度制定，对产业有比较全面宏观的了解。第二类是对集团和企业有全面了解的人员，包括 CEO 或者 COO（chief operating officer）。第三类是负责企业的对外合作等商务事宜的人员，以企业副总为代表。第四类是企业技术主管、技术研发人员，他们和研发合作伙伴打交道。第五类是销售人员，他们非常了解企业的市场销售、供应商和客户情况。第六类是轨道交通产业专家，他们对该产业技术发展路径有深刻理解。

通过定性和定量、关系和属性数据的结合，可以取长补短，相互补充验证，为我们更准确地刻画制度、创新生态系统之间的协同演化过程提供数据保障。且数据来源的多途径为本书研究提供多视角描述，使得我们能"三角验证"不同证据，提高研究信度、效度和稳健性（Jick，1979；Eisenhardt，1989；Yin，2003；Eisenhardt & Graebner，2007；Martin & Eisenhardt，2010）。

四、研究方法及变量测度

有哪些证据可以证明制度、创新生态系统、产业创新能力之间通过相互作用各自在四个阶段经历了一系列变化？根据默尔曼（Murmann，2013）的经验，通过刻画种群关键特征变化以测度种群演化。因此，本章的变量测度指标体系包括以下几个方面。

制度：前期调研中，管理者和专家认为政府主要通过制度的四个维度——行政干预、产业政策、科技资金支持和市场采购对创新生态系统演化产生影响。本章用产业政策内容更新频率测度产业政策的变化；用政府对企业行政干预强度，对产业影响力测度行政管理强度演变；用历年科技资金支出数和政府机车采购数来测度国家资助。

创新生态系统：包括创新生态系统核心成员构成及占比，网络结构指标（节点总数、连边总数、网络密度、集群系数共四个中心性指标），竞争合作强度，合作模式（包括合资数、技术合作数、战略联盟、政府参与、上下游合作）四个方面测度创新生态系统的变化。按所处生态系统位置和功能，本章的创新生态系统成员包括政府（他们是制度环境制定者、管理者、客户——主管政府部门有铁道部、科技部、国家计委、各铁路局），上游成员（零部件企业、研究院、高校），中下游成员（整车制造企业、修理企业、销售、资产管理、集团公司）。

产业创新能力：专利申请数，为了使得本书研究的测度能反映当年的创新产出，本书研究用当年产业专利申请数而非专利授权数作为创新能力指标（Davis & Eisenhardt，2011；Sytch & Tatarynowicz，2014；Schilling，2015；Grigoriou & Rothaermel，2017）、代表性产品、核心技术突破共三个维度测度产业企业创新能力。

五、研究方法

本书研究主要目的是探讨制度的四个维度如何相互作用共同影响创新生态系统的形成和发展，分析不同时期创新生态系统构成、结构、竞争合作强度、合作模式特征及演化如何对产业创新能力产生影响，分析制度、创新生态系统和产业创新能力之间的共同演化机理。本章要研究的问题，国内外尚缺乏深入研究，根据艾森哈特（Einsenhart，1989）和尹（Yin，1994）的观点，案例研究特别适合新的研究领域或现有不充分的领域，适用解释性和探索性的回答"如何"或"为什么"，所以本章采用定性和定量相结合的案例研究方法回答这些问题（Eisenhardt & Graebner，2007）。其中，采用 UCI-NET 6.212 软件计算创新生态系统网络结构参数（Schilling，2015），采取 NetDraw 2.084 画网络图。

第四节　制度环境—创新生态系统—企业创新能力协同演化过程

学者们将中国经济转型分成三个阶段：1978～1991 年、1992～2001 年，2002 年至今（Tan & Tan，2005；Tsui et al.，2006；Tan，2007；Zhang et al.，2016）。本书在前期学者们对中国经济转型阶段的划分基础上，通过对政府主管部门、行业相关管理者访谈和资料研读，结合协同演化方法判别标准（Rodrigues & Child，2003），认为中国轨道交通装备产业发展过程分成四个阶段。

1949～1991 年：初始期。这一时期中国高度集中的计划经济体制占主导，指令性计划通过行政手段推动工厂生产运行，政企合一的铁道部代表政府对整个产业进行全面管理，通过对苏联引进内燃电力机车的消化吸收仿制，研制了韶山系列电力机车和东风系列内燃机车，初步形成了具有系列内燃电力机车研制的工业体系。

1992～2003 年：扩展期。1992 年邓小平南方谈话后，从上到下一系列改制极大提高了企业创新活力，此阶段系统成员联合研制出几十种不同型号新型机车车辆，为后面技术引进和高速铁路飞速发展奠定了强大的技术能力基础。

2004～2007 年：提升期。2004 年，在铁道部组织下，相继从庞巴迪、川崎、阿尔斯通和西门子引进动车组、内燃和电力机车，通过对引进技术进行消化吸收再创新，大大提升了中国轨道交通装备产业创新能力。

2008 年至今：赶超期。从 2008 年科技部和铁道部签署《中国高速列车自主创新联合行动计划》开始，中国轨道交通装备产业正式进入大规模自主创新阶段，CRH380 系列动车组和标准动车组的研制标志中国轨道交通装备产业从跟随向领先转变。

下面将剖析四个阶段中，宏观制度环境、中观创新生态系统、微观企业创新能力之间的协同进化机理。

一、阶段 1（1949～1991 年）：初始期

"新生的生态系统通常未明确行业结构，产品不清晰并且生态系统组件不完整"（Hannah & Eisenhardt，2017）。根据汉娜和艾森哈特（Hannah & Eisenhardt，2017）的定义，结合行业专家、管理人员的观点，本书研究认为 1991 年前的轨道交通产业处于初始阶段。此阶段政府对机车车辆工业行使政企合一的全面管理，政府通过行政指令布局产业生态系统架构，通过行政指令，产业政策和行政拨款组织成员进行合作仿制，形成了初期以政府和部分主机厂为核心，大量关键部件缺失的不完善的创新生态系统架构。虽然后期进行了增加企业自主权的初步尝试，但依然是政府行政为主导，政府根据产业技术进步情况进行体制改革和产业政策调整，生态系统成员被动适应，20世纪 80 年代生态系统成员通过试点生产绩效的提高，推动管理体制改革，但这种反作用较弱，还未建立制度，生态系统之间缺乏有效的共同演化机制，生态系统成员缺乏创新动力活力，创新能力较弱。

1949～1977 年，中国机车车辆工业处于高度集中的计划经济体制下，铁道部主管机车车辆工业的工业局行使政企合一的职能，对工厂和研究所实行统一领导和全面管理，对原属铁道部的西南交通大学、长沙铁道学院等部属高校具有完全的行政控制能力（高柏，2016）。此时生态系统成员不是独立的经营实体，而是单纯的产品生产单位。铁路收入全部上缴国家，支出（包括投资支出）由国家统一拨付，劳动力统包分配，各铁路工厂的人财物、产供销都由上级行政主管机关统管。在这种体制下，实行半军事化管理，指令性计划通过行政手段推动工厂生产运行，生态系统成员不仅没有生产经营自

主权，且缺乏动力机制和制约机制，整个系统的创新能力和效率低。此阶段四个研究院的行政业务隶属铁道部，党关系隶属主机厂，例如株洲所，行政业务隶属铁道部，党关系隶属株机厂。株洲所原所长这样描述株洲所早期情况："这一时期，株洲所主要依靠国家三项事业费支持，完全按照计划经济的单一科研体制运行，仅有的一点试制生产也只是根据科研需要，利用已有的中试基地，承担自行开发的电力机车部分电器和大功率半导体器件的试制和很小批量生产，并按计划指令，提供给株洲机车厂生产电力机车用"（赵小刚，2014）。

1982 年，中共中央和国务院发布文件《关于国营工业企业进行全面整顿的决定》，开展经济承包试点。以大连机车车辆厂等为代表全面开展企业整顿和经济承包责任制。例如，在企业整顿方面，大连厂推行"三全"管理（全面质量管理、全面计划管理、全面经济核算），促进企业从单纯生产型向生产经营型转变，工厂开始由经验型管理向现代化管理转变。在经济承包责任制方面，1982 年，大连机车车辆厂实行经济责任制月度计分计奖考核试行办法，1983 年，进一步修改为以综合计分计奖制和计件工资制为主。1984 年，工业总局《关于进一步扩大机车车辆工业企业自主权的实施意见》，采取先试点后全面推广渐进式方式。大连厂作为大连市第一批试点单位实行厂长负责制，以此为起点，在生产经营、产品销售、人事等方面进行了一系列改革，增强了企业活力，工厂开始由单纯生产型向生产经营型转变了。[①] 1985 年，工厂研制成功新一代产品东风 4C 型内燃机车，经济性和可靠性耐久性进一步提高，标志着我国的内燃机车生产开始向世界先进水平迈进。大连厂等主机厂试点的成功证明经济承包责任制适合当时的工业环境，由此促成 1986 年国务院发布《关于铁道部实行经济承包责任制的方案》，经济责任制在全路各部门实施（傅志寰，2002）。1986 年，"铁道部工业总局"正式改为纯企业性的"铁道部机车车辆工业总公司"，总公司对所属厂所不再是纯行政管理（陈春阳，2007）。经济责任制和工业总局企业性质的转变是增加企业自主权的初步尝试。

---

① 铁道部大连机车车辆工厂志：1899－1987 ［M］. 大连：大连出版社，1993.

这一时期以株洲所为代表的研究所改制成效突出。1978 年，株洲市电子研究所主动提出对外实行有偿服务合同制，对内实行课题任务承包制，科研经费由政府拨款改为经济自立，自负盈亏。该经验得到政府的肯定，1984 年政府颁布《中共中央关于经济体制改革的决定》。政府的经济体制改革决定得到厂所的积极响应，株洲所率先断"皇粮"实施改革：打破铁饭碗，全部取消国家事业费，实行科研有偿合同制；打破铁交椅，取消干部终身制，实行所长负责制和人事聘任制；打破分配平均主义，实行课题合同承包制；打破人才部门所有观念，允许人才流动，放活科技人员。同年，国务院颁发《关于开展研究单位由事业费开支改为有偿合同的改革试点意见》，提出研究院以事业费开支改为有偿合同的改革试点。四个研究所开始推行科技体制改革，以完成部局下达科研任务为前提，向国家、社会等承包科研任务，签订有偿合同，实现自负盈亏。为了求得生存和发展，株洲所走以市场为导向、以科研为后盾、以成果转化为依托的科研与生产经营相结合的道路，经营生产迅速发展，形成"科研—生产—效率"的良性循环，大大增强企业的技术能力（赵小刚，2014）。事业制改革一方面使得株洲所从为单一主机厂株机厂配套电子生产逐步转向为多家机车厂服务；从中试车间转变为生产型的企业；需求的扩大同时也进一步推动株洲所扩大产品范围，从机车电气系统向内燃机车及机车外的其他行业扩展，株洲所独立发展，有利于电气传动技术拓展更大空间（赵小刚，2014）。株洲所开始将一些技术含量低的零部件生产外包出去。企业的合作伙伴从株机厂扩展到其他多个主机厂、路外企业，同时，上游配套企业开始进入生态系统。事业制改制另一方面大大调动了科研人员的积极性，株洲所开始步入大批量生产实践环节，这不仅解决了取消事业费带来的经济问题，同时也大大提升了产品持续改进的效率。1984 年底，全所实现利润是事业费拨款的两倍，人均年终奖达到 400 元，相当于人均月工资的 10 倍（赵小刚，2014）。

技术政策一方面根据国家产业结构发展方向及时淘汰落后产业，另一方面则是利用先进技术推动产业转型和升级。1956 年，铁道部制定了《铁路十二年科技发展规划》提出，"技术政策的中心环节是牵引动力的改造，要迅速有步骤地由蒸汽机车转移到电力机车和内燃机车上去"。这一政策指引下，轨道交通装备产品种群从以蒸汽机车为主向电力机车、内燃机车种群发展。电力机车方面，中车株洲电力机车有限公司由修理工厂开始试制电力机车，1978 年成为中国首家电力机车专业制造工厂，1959 年成立的株洲所作为电力机车的专业研究院，配合主机厂进行中试；内燃机车则形成了大连机车厂等主机厂为主、大连所为支撑的制造支撑体系。此阶段以大连机车厂为代表的内燃机车制造厂得到迅速发展，是生态系统的核心成员。1983 年提出"内电并举以电力为主的方针"，1988 年提出 20 世纪末电力牵引占主导地位的目标。这两个技术政策政府促进了以株机厂为代表的主机厂的迅速发展。20 世纪 80 年代末，中国大幅度提高了国产电力、内燃机车的技术水平和工艺水平，形成了内燃和电力的主型机车。1988 年，政府停止补充新的蒸汽机车，成员企业停止蒸汽机车改造，全面进入内燃机车和电力机车时代。同年确定的技术政策要求"大力提高列车重量、积极增加行车密度，适当提高行车速度"，这一政策开启了重载高速列车研制的序幕。由此，这一阶段从蒸汽机车修理，仿制为主到内燃机车，电力机车的引进、仿制、自主研制再到蒸汽机车时代的结束和重载高速列车研制的开始，产品的更迭同时也伴随创新生态系统成员的成长壮大。

这种高度集中的计划经济体制下，成员之间的合作主要模式为：由铁道部代表的政府制定技术任务书，通过行政命令下派给下面的主机厂和研究院所，由一个或多个主机厂或研究院牵头，联合其他主机厂、科研院所联合研制，最后由政府考核是否完成指令计划。例如，1958 年，中苏两国政府签订《关于共同进行和苏联帮助中国进行重大科学技术研究的协定》。中国从苏联引进 Tэ3 型内燃机车和 H60 型电力机车。国家科学技术委员会同一机部和铁道部等有关单位，共同商议并制定了技术任务书。内燃机车设计任务主要下派给大连机车厂、戚墅堰机车厂、四方厂等为主的主机厂，电力机车设计任务下派给株机厂、株洲所、湘潭电机厂等为主的主机厂和研究院所，进行仿制生产（韶山 1 型电力机车试制由株洲电力机车厂牵头，株州电力机车厂、株洲所、铁道科学院、上海电器科学研究院、沈阳变压器厂、沈阳高压开关厂、湘潭电机厂、大同机车厂、北京铁道科学研究院、北京变压器厂、西安开关厂联合设计试制），在各主机厂和研究院所的联合攻关下，通过仿制、消化吸收、引进、提高、自主设计等过程，相继研制了东风 1-8 型大功率内燃机车和韶山 1-7 型电力机车。在内燃机车的柴油机、电力机车的控制技术、半导体技术等核心技术领域取得了突破，大幅度提高了国产电力、内燃机车的技术水平和工艺水平，具备转向架、制动机、车钩、缓冲制造能力（傅志寰，2002；陈春阳，2007）。其中，大连机车厂、戚墅堰机车厂等掌握了以增压技术为基础的柴油机技术，以液力变矩器技术为基础的液力传动系统，永济电机厂积累了牵引电机组为基础的电传动系统技术，四方厂掌握了常规客车转向架技术等。在电力机车领域，株机厂株洲所逐步掌握牵引电动机技术；株洲所掌握了交流传动技术、微机控制技术等；沈阳变压器厂等仿制出牵引变压器等。

韶山 1-8 号车涉及冶金、材料、机电、仪表诸多行业生产厂家问题，也包括工厂、研究所自身设计、工艺问题。电力机车是集成了现代科技多项成果的高技术产品，在中国工业科技水平整体不高的情况下，虽然困难重重，步履维艰，但高难度起步，有利于全局快速发现问题，加之在计划体制下，相关政府部门齐抓共管，集中财力，问题可以加快解决，以点带面，全国工业科技整体水平也得到提升（赵小刚，2014）。

此时的生态系统处于初步形成期，核心成员是以铁道部为代表的政府，主机厂（各类机车的制造、修理）。此阶段高校处于铁道部的管辖下，配合主机厂进行理论研究，研究所则主要作为主机厂配套的试验、中试机构，随着研究所的事业制转制和韶山系列电力机车东方系列内燃机车研制，高校研究所逐步从理论研究转向应用研究，研究院从中试基地开始试制和批量生产各种关键技术和零部件，因此逐步上升到生态系统的核心成员。关键零部件主要依赖进口，系列车型仿制促使转向架、制动机、车钩等关键部件制造企业成立（例如永济厂、株洲电机厂，但都还是作为外围企业），但整体关键部件成员缺失。产品系统方面，从蒸汽机车修理仿制向电力机车、内燃机车仿制、客车、货车制造为主体的生态系统架构。在当时市场发育水平低、社会自组织能力低、政治社会碎片化程度高的环境中，这种政企合一、集中统一的管理体制，让铁道部可以根据市场需求布局生态系统架构（见表 7-2），有效配置资源实现装备引进、仿制到逐步自主研制；但由于系统成员之间缺乏竞争，种群数量和多样化少，成员创新能力低，1953～1989 年专利申请数总和只有 506 项（见表 7 - 3）。

表 7 - 2　　　　　　20 世纪 90 年代以前轨道交通装备主要技术成就

时间	主要技术成就
20 世纪 50 年代	1952 年制造出第一台蒸汽机车，1958 年开始制造内燃机车和电力机车
20 世纪 60 年代	国产内燃、电力机车已经批量生产投入运营
20 世纪 70 年代	在引进消化基础上，自主研制第二代型内燃、电力机车：东风 4 型、韶山 3 型
20 世纪 80 年代	通过消化吸收，自主创新，在内燃机车的柴油机、电力机车的控制技术、半导体技等核心技术领域取得了突破，大幅度提高了国产电力、内燃机车的技术水平和工艺水平；具备转向架、制动机、车钩、缓冲制造能力；制造东风 5、东风 6、东风 7、东风 8 型大功率内燃机车和韶山 4、韶山 6、韶山 7 型电力机车

资料来源：笔者主要参考傅志寰（2002）和陈春阳博士论文整理。

表 7 - 3　　　　　　1953～1989 年铁路装备车辆申请专利数　　　　　　单位：项

申请年份	实用新型	发明专利	中国台湾地区专利	中国香港地区专利	专利总和（除外观设计）	申请年份	实用新型	发明专利	中国台湾地区专利	中国香港地区专利	专利总和（除外观设计）
1953	0	0	1	0	1	1964	0	0	1	0	1
1954	0	0	1	0	1	1965	0	0	0	0	0
1955	0	0	1	0	1	1966	0	0	1	0	1
1956	0	0	0	0	0	1967	0	0	2	0	2
1957	0	0	0	0	0	1968	0	0	2	0	2
1958	0	0	0	0	0	1969	0	0	2	0	2
1959	0	0	2	0	2	1970	0	0	2	0	2
1960	0	0	0	0	0	1971	0	0	2	0	2
1961	0	0	1	0	1	1972	0	0	0	0	0
1962	0	0	0	0	0	1973	0	0	2	0	2
1963	0	0	0	0	0	1974	0	0	0	0	0

申请年份	实用新型	发明专利	中国台湾地区专利	中国香港地区专利	专利总和（除外观设计）	申请年份	实用新型	发明专利	中国台湾地区专利	中国香港地区专利	专利总和（除外观设计）
1975	0	0	0	0	0	1983	0	0	1	3	4
1976	0	0	3	0	3	1984	0	0	1	4	5
1977	0	0	0	1	1	1985	20	33	9	3	65
1978	0	0	0	0	0	1986	39	22	3	4	68
1979	0	0	1	0	1	1987	81	20	3	1	105
1980	0	0	3	0	3	1988	91	25	1	2	119
1981	0	0	1	1	2	1989	80	26	6	0	112
1982	0	0	5	0	5	合计	311	126	55	19	506

注：1985 年 4 月 1 日中国开始实施专利法。专利数据来源于佰腾专利数据库，专利分类号为 B61，按照 IPC（分类号）：轨道车辆检索。

资料来源：佰腾专利数据库。

二、阶段 2（1992～2003 年）：扩展期

"铁道部的部局分级管理体制改革，在部一级保持铁道部网运合一，政企不分管理体制，集中配置资源"（高柏，2016），铁道部保持对所属的 30 多家机车车辆工厂，5 家研究院所和 11 所直属院校构成的产业生态系统进行资源集中配置。1996 年铁道部提出"重点投入，择优扶强"政策，调整系统成员布局，促进关键成员的形成，拉开成员之间的差距：对内燃电力机车客车货车主要产品，重点扶持一至两个工厂，例如电力机车重点扶持株机公司，内燃机车重点扶持大连机车，做到了集中利用有限资源，避免重复引进和重复建设；对主要部件生产进行专业化分工，建立了柴油机电机电控装置等核心部件的生产基地。"这种分工明确有主有附的工业布局充分发挥了各个工厂的优势，保证了规模化生产"（傅志寰，2002）。

"铁道部在局一级推行'放权让利'改革，将部分采购权下放路局。这一体制改革推动铁路政企分开改革，建立了产业内部市场化的竞争机制，增加了路局为主导，系统成员的自主经营权和创新活力"（高柏，2016）。1995

年铁道部下发《关于扩大铁路局更新改造投资权的规定》，明确了运输企业的市场主体地位，逐步扩大铁路局对机车车辆设备的采购权。1996 年，机车车辆工业总公司改组为控股公司，全面推行资产经营责任制，扩大企业自主权。1997 年，铁道部正式取消路内机车生产的指令性计划，路内机车采购全部采取招议标方式进行，企业开始全面走向市场。随着招投标制度在轨道交通产业内推行，原有"大锅饭"的计划体制被打破，各主机厂必须凭借先进产品获得中标机会。市场机制的引入促进成员之间在激烈竞争的同时大大提高了企业的活力，2000 年，机车车辆工业与铁道部脱钩并改组为南北车集团，进一步提升了整个系统的竞争强度。管理体制的扩权放权和市场竞争机制引入，推动了各路局和企业之间进行自主研发高速动车组的激烈竞争，路局和成员企业积极构建技术合作网络以提升自身竞争力；成员自主权的增加使得成员从初始期的被动适应环境开始主动影响环境，真正构建起成员，创新生态系统，环境之间的共同演化机制。

此阶段成员企业也开始了现代企业制度层面的改革。1992 年，邓小平南方谈话提出"发展是硬道理，科学技术是第一生产力"，开启了成员企业现代企业制度改革，企业走科工贸一体化的科技先导型企业集团发展道路。大连厂等各主机厂相继开展了分配制度、用工制度、生产经营管理机构三项改革。用工方面建立了竞争机制，分配方面建立激励机制，生产经营管理方面建立自我约束机制。例如大连机车厂经过改革，1993 年的劳动生产率比 1992 年增长 10.3%。以株洲所为代表的研究院则开始了以市场为导向，以实业为依托，以科研为后盾的科技体制改革，这一改革给株洲所带来深刻变化，1992～1995 年，科技成果、销售收入大幅增长，综合实力、科技成果产业化水平显著提高。

国家资金支持。政府政企分开体制改革同时伴随资金资助从初始期的行政拨款改为以科技立项和市场采购的形式为生态系统合作与发展提供资金支持。在这个系统中，30 多家机车车辆工厂分别从事电力机车、内燃机车、客车、货车等制造维修；铁科院从事综合研究试验；株洲所、大连所、四方所、戚墅堰所四个专业研究所分别擅长电力、内燃、车辆、工艺四大技术；西南交通大学主要承担机车车辆动力学性能设计计算和台架试验；长沙铁道学院的优势在列车空气动力学研究等。科技部以国家科技攻关课题形式确立技术研发目标，铁道部利用网运合一管理体制，"代表用户对每一项重大机车车辆新产品开发项目提出设计要求，审查并下达设计任务书。按照专业分工，主机厂负责系统设计，科研单位和高校根据各自擅长的领域不同从事关键技术的专项研究，配件厂提供专项配件，运输企业提供实验支持"（傅志寰，2002）。例如"中华之星"的研制过程可以反映这一时期的合作体系，2001 年铁道部下达 270 千米时速高速列车设计任务书。大同厂、株机厂、长客厂、四方厂四大主机厂；铁科院、株洲所、四方所、戚墅堰所四大研究院所；西南交通大学和中南大学两所高校分别与铁道部签订《铁道部科技研究开发计划项目合同》。其中株机厂、大同厂分别负责研制一台动力车，长客厂研制 4 节拖车，四方厂负责研制 5 节拖车。铁科院主要负责列车编组调试和性能测试；株洲所负责牵引传动和网络控制系统方面研制；四方所主要负责车轮设计与试验、整车滚动、热工、空调与强度试验、列车供电、网络监控、缓钩装置等新技术与产品；戚墅堰所主要负责牵引齿轮及传动系统研制；西南交通大学主要负责动力学计算及参数选择和模拟动力学；中南大学负责外形结构设计和空气动力学试验（高柏，2016）。1996～2003 年，各主机厂、研究院、高校、路局一方面通过多范围、高强度、多点合作，形成了种群更广、联系更紧密，但彼此依赖性逐步降低的生态系统结构，依赖这种结构，各铁路局与机车车辆制造厂联合研制推出了几十种不同型号新型机车车辆（傅志寰，2002）。

产业政策。相对于初始阶段，此阶段产业政策更新时间缩短，内容更加细化。进入 20 世纪 90 年代后，运输市场形成了竞争的态势，铁路运输份额大幅度下降，运输质量不能满足市场需求的局面开始显现。1991 年国务院通过《中华人民共和国国民经济和社会发展十年规划和第八个五年计划纲要》，将"增加铁路运力"作为轨道交通产业发展总体目标，针对当时大部分零部件进口的现状，明确指出"着力抓好基础机械，基础零部件，基础工艺的技术改造，增强重大技术装备的成套制造能力""提高配套能力"。这一政策促进了多个零部件企业的建立，推动生态系统核心成员从政府，主机厂向上游研发和零部件扩展。1992 年国务院通过《国家中长期科学技术发展纲领》

明确"自力更生，独立自主"技术发展方针，标志中国机车车辆工业从仿制阶段正式进入自主研制阶段。1996 年《中华人民共和国国民经济和社会发展"九五"计划和 2010 年远景目标纲要》中明确提出"铁路高速客运和重载技术"是两个突破重点；"结合重点建设项目，组织重大成套技术装备的研制开发"，"做好完善配套"，机械工业发展"提高产品成套制造能力"，"加强科研院所，高等院校和企业之间的联合与合作"。这几个产业政策一方面明确了成员自主研制"高速"和"重载"，揭开了高校、研究所、主机厂、配件企业等之间围绕高速列车和重载货车联合研制的序幕；另一方面加速了关键零部件企业的崛起（例如，通过参与各型高速列车的研制，永济电机厂和南口厂进入系统核心层）和一批中外合资合作零部件生产企业的建立。例如，1992 年，石家庄车辆厂、台湾国祥冷冻机械股份有限公司、中国铁路机车车辆工业总公司合资组建石家庄国祥制冷有限公司，该公司从 2001 年开始进入系统核心层，成为轨道交通产业空调制造的核心企业；大同机车厂与美国 ABC 铁路产品中国投资公司共同投资成立生产铸钢车轮的大同爱碧玺铸造有限公司；瑞典 SKF 公司和南口厂合资组建北京南口斯凯孚铁路轴承有限公司生产轴承配件等，这些合资企业逐步成为中国轨道交通产业关键零部件制造的核心企业。技术政策则由铁科院专家为主，多个院校专家参与方式根据当时成员企业技术能力和国际技术发展方向，进行修订。例如 1993 年技术政策针对提高铁路运输质量，增强自身市场竞争能力，2000 年技术政策针对提高列车速度，适应市场需求，起到了促进作用。

创新生态系统。1992～2003 年，创新生态系统核心层中，政府依然占据主导地位，但相较于初始阶段管理体制有所放松，主机厂仍然是核心成员主体，高校、研究院进入核心层的逐渐增多，此阶段开始有个别关键部件企业从外围进入系统核心层（例如永济厂、南口厂）。核心成员类型的扩展尤其是关键部件企业和研究院群体的成长，一方面促进政府产业政策，资金支持从整车仿制向关键零部件基础研究扩展，促进产业政策的进一步细化和体系化；另一方面也促进集成能力的提升，提高产业整体创新能力。1993～2003年，生态系统成员数量从 363 个增长到 964 个，成员间的合作从 896 次增长到 1962 次，说明政府通过三种机制在促进生态系统成员的增长，产学研用合作方面取得了显著效果；而系统的网络中心性四个指标和网络密度指数呈现逐年下降的趋势，造成这种现象有两个主要原因：第一是由于管理体制从计划经济完全行政主导的大一统向扩权放权的演变，企业自主权的增加和成员之间竞争的增强促进成员组建更为灵活的合作网络，从原来行政命令形成的合作网络向企业自行组建的网络转化，导致网络呈现分散化的趋势；第二个原因是研究院所，部件企业开始针对某些零部件结成多个小而紧密的研发网络，进而降低原来由政府、主机厂主导的整车研制全产业链合作网络密度。部件基础研究合作的增多进一步促进更多研究院，高校进入核心层，同时也促进个别关键部件企业从外围进入核心层。原来由少数主机厂为主导的凝聚型网络架构被打破，生态系统成员间的联系呈现程度加强但分布分散的特征。从五类合作模式来看，此阶段技术合作是成员之间的主要合作模式，战略合作相对较少，合资呈现缓慢增长的趋势，政府参与相对比较稳定，政府参与和成员间的技术合作具有显著的正向关系，证明政府在促进创新生态系统成员技术合作的重要作用。由此可见，产业政策的引导、管理体制的扩权放权、行政拨款向科技项目支持和市场采购方式的变化，共同提高了创新生态系统的合作竞争强度，促进系统种群更丰富，尤其是多个关键零部件成员的建立，生态链进一步完善；核心成员的类型从下游逐步向上游扩展，成员之间的联系增加但相互依赖性却呈现逐步减弱的趋势，相较于初始阶段，此阶段的创新生态系统逐步完善。

产业创新能力。成员、创新生态系统、环境之间的共同演化机制的建立，大大提升了产业技术基础能力和研制水平。此阶段初步建立"高速""重载"的技术开发基础和高速列车技术平台，其中，"高速"方面相继自主研制了"庐山号""晋龙号""中原之星""中华之星"等20多种不同型号的动车组；基本上掌握了机车六大关键技术：总体集成、牵引系统、网络控制系统、转向架、车体、制动系统。高柏（2016）指出，在动力类型上从内燃向电力过渡，传动方式从传统液力和直流传动向交流传动转变，速度等级从200千米以下发展到200千米以上。无论是动力集中型还是动力分散型高速动车组都具备自主系统集成能力。重载方面株辆厂研制出25吨轴重轴箱挂摆动式转向架，四方所完成铁道部立项"重载列车无间隙牵引杆研制"，西安厂、太原厂完成 25 吨轴重新型罐车设计, 齐车公司与二七车辆厂共同完成 25 吨轴重双层集装箱平车设计和样车制造, 完成 25 吨轴重通用敞车, 25 吨轴重通用棚车试制等, 具有成批生产最大功率达到 6400 千瓦内燃电力机车的制造能力, 掌握了开行 10000 吨级货运重载列车的相关技术。拥有大功率柴油机大功率牵引电机大功率变流装置, 以及电传动系统和走行系统等核心技术的自主知识产权 (傅志寰, 2002)。此外, 培养了一批具有自主研发能力的人才队伍 (高柏, 2016), 提高了成员企业的设计和制造能力, 轨道交通装备产业专利总数从 1990 年的 136 项增长到 2003 年的 538 项 (见表 7-4), 为后来引进消化吸收和自主创新奠定了技术和人才基础。

表 7-4   1990~2003 年专利数   单位: 项

申请年份	实用新型	发明专利	中国台湾地区专利	中国香港地区专利	专利总和	授权专利
1990	112	20	3	1	136	9
1991	143	25	8	3	179	10
1992	134	33	9	3	179	15
1993	150	26	14	0	190	8
1994	130	59	7	0	196	22
1995	103	53	5	5	166	17
1996	110	59	16	1	186	22
1997	88	61	6	4	159	35
1998	102	38	3	3	146	21
1999	158	63	5	2	228	43
2000	250	78	15	12	355	47
2001	206	111	19	9	345	69
2002	315	106	9	7	437	63
2003	319	162	45	12	538	112

资料来源: 根据专利数据整理。

三、阶段 3 (2004~2007 年): 提升期

在轨道交通装备供给和需求之间的矛盾制约国民经济发展背景下, 政府为

了促进轨道交通装备技术结构和产品结构优化升级，原来下放到各铁路局的采购权被收回，铁道部政企合一，首先对行业科技发展实行宏观管理，负责制定行业科技发展规划、技术政策；宏观调控产业竞争强度，选取 6 家企业进行电力机车、内燃机车和动车组的引进，统一指挥项目引进进度和协调工作，增强中方在谈判中的议价能力，确立了中方的买方优势地位；通过逐步细化的产业政策和市场采购，科技资金支持，整合国内相关科技资源，集中优势力量开展消化吸收再创新。这种管理体制下，生态系统成员都表现出很强的主动性和积极性，形成了生态系统规模增大，合作强度增加，核心成员遍布整个产业链的系统架构，这种高效率、作用强大的创新生态系统支撑体系，促进了产品更新升级，大大提升了整体技术水平和创新能力。成员技术创新能力的提升同时也促进了产业政策、资金支持内容、创新生态系统构成和结构的演化。

针对为什么要从自主创新战略转向技术引进政策，南车集团前任董事长和铁道部工作人员这样解释："改革开放以来，我国国民经济保持了快速增长的良好势头。但与国民经济发展形势以及其他交通方式相比，我国铁路运输不适应经济社会发展的矛盾非常突出，铁路运输能力严重不足已成为制约国民经济发展、影响和谐社会建设的'瓶颈'。在高速列车的研制方面，我们起步晚，在系统集成、转向架、网络控制、交流传动、制动等关键技术上还不够成熟，尤其是技术标准、工艺标准、可靠性试验验证数据的积累十分缺乏。国外一个型号的高速列车，从研制到定型至少需要十几年甚至更长时间。而我们现在的情况是等不起，经济社会的快速发展容不得我们花费这么长的时间。因此，充分利用经济全球化的契机，发挥我们的后发优势和巨大的市场优势，走技术引进消化吸收再创新之路，用较短的时间和较小的代价，实现铁路技术装备现代化，成为我们一个见效快的途径"（赵小刚，2007）。

"90 年代我国曾经不断试验和发展自己的高铁术，南车集团所属株洲电力厂研制的交流传动电力机车'奥星'和动力分散型电动车组'中原之星'，虽然拥有自主知识产权，但与国外高端技术相比，其技术水平、产品成熟程度和可靠性等方面还存在差距，并没有获得核心技术，在此基础上发展高速铁路极易受制于跨国公司有形无形的'技术锁定'，很难构建整体性的自主独立的高铁技术标准和技术体系"（赵庆国，2013）。

2003 年，铁道部提出实施"跨越式发展"，以尽快缩小在铁路机车车辆装备上与国际先进水平的差距。2003 年，中国铁道部与南北车集团及其重点企业共同制定了《加快铁路机车车辆装备现代化实施纲要》，并选择 6 家机车制造企业作为引进先进技术和自主创新依托的主体。此次技术引进主要围绕"高速"动车和"重载"机车展开。

2004 年 1 月，国务院通过《中长期铁路网规划》，提出要修建 1.2 万千米"四纵四横"时速 200 千米及以上等级客运专线网络（高柏，2016），这一政策吸引了国内外高速列车制造企业抢占中国市场，积极开展高速列车研制。同年国务院下发《研究铁路机车车辆装备有关问题的会议纪要》，确定"引进先进技术、联合设计生产、打造中国品牌"的总体方针，确定此阶段技术引进为发展路径；同年铁道部《铁路主要技术政策》规定在引进技术过程中坚持"先进、成熟、经济、适用、可靠"技术标准，明确了技术引进对象（例如动车引进德国西门子、日本、法国阿尔斯通等）。引进模式为引进少量原装，国内散件组装进而国内规模生产，逐步提高国产化水平。2004 年，国家发改委与铁道部联合印发《时速 200 公里动车组引进与国产化实施方案》《大功率交流传动电力机车技术引进与国产化实施方案》《大功率交流传动内燃机车采购和技术引进项目》，标志技术引进正式开始。

动车组方面，确定四方股份、长客股份、唐山客车公司为技术引进主机企业，铁科院、永济电机公司、株洲所、株洲电机公司、石家庄国祥运输设备有限公司等为技术引进关键部件企业。2004～2005 年，铁道部先后两次采购招标，组织成员从阿尔斯通、川崎重工联合体、庞巴迪、西门子公司分别引进了 CRH1、CRH2、CRH3、CRH5 型动车组，九大关键技术和十项配套技术（高柏，2016）。电力机车方面，铁道部组织株洲电力机车有限公司引进西门子 DJ4 大功率交传电力机车的设计与制造技术，组织大同电力机车有限责任公司引进阿尔斯通 HXD2 型双节八轴 10000 千瓦大功率交流传动电力机车。内燃机车方面，铁道部协调大连机车车辆公司引进 EMD 公司 6000 马力交流传动 HXN3 内燃机车和机车总成及试验、车体、转向架、主副发电机、牵引逆变器、各种辅助电机、制动系统、辅助系统、交流传动系统及微机控制系统等 11 项关键核心技术；组织戚墅堰机车有限公司引进 GE 公司

— 171 —

HXN5 型大功率内燃机车和柴油机、交流传动系统等 11 项关键部件生产技术。例如 HXN5 型大功率内燃机车引进，首先铁道部与戚墅堰机车有限公司、美国通用电气公司签订了 300 台 HXN5 内燃机车采购合同和技术转让合同。合同由技术转让、进口机车采购、散件进口国内组装机车采购和国内制造机车采购 4 个部分组成，第 1 台样车由美国 GE 公司制造；第 5～50 台机车大部分部件由美国 GE 公司生产并提供，少量部件由戚墅堰厂生产并由戚墅堰厂完成机车组装；其余 250 台机车分 5 个阶段，按照国产化率 30% 逐步提高到 85%，由戚墅堰厂生产，美国 GE 公司将向戚墅堰厂转让柴油机、交流传动系统等 11 项关键部件的生产技术（见表 7-5）。通过技术引进，大大提升了六大主机公司和关键零部件企业的技术能力和管理能力，进一步拉开了与其他成员的距离。

表 7-5　　　　　　　　　　2004～2007 年技术引进

产品	主引进方	被引进方	产品
动车	BSP	庞巴迪	CRH1A，200～250 千米/时
	四方股份（株洲所、株洲电机公司、石家庄国祥运输设备公司）	川崎重工、三菱电机	CRH2A，250 千米/时
	唐车公司（永济电机公司、铁科院）	西门子	CRH3C，350 千米/时
	长客股份	阿尔斯通	CRH5A，250 千米/时
电力机车	株机公司	西门子	HXD1，八轴大功率交流传动电力机车，持续功率为 9600 千瓦，轴重 23 吨，最高运行速度为 120 千米/小时
	大同公司	阿尔斯通	HXD2 型，八轴大功率交流传动电力机车，最大功率为 10000 千瓦，轴重 23 吨，最高运行速度为 120 千米/小时
内燃机车	大连公司	EMD	HXN3，6000 马力交流传动货运内燃机车，轴重 25 吨，最高运用速度为 120 千米/小时
	戚墅堰公司	GE	HXN5，6000 马力交流传动货运内燃机车，轴重 25 吨，最高运用速度为 120 千米/小时

资料来源：根据年鉴、年报、企业官网等资料整理。

有专家认为："大规模技术引进起到两个自主开发尚未起到而且在短期内也难以起到的作用：帮助中国工业建立起现代化的制造体系；使中国工业获得了完整的产品（高速列车）经验。在中国的技术活动系统能够正常工作的条件下，使中国工业技术活动系统经历了成熟产品的完整经验，省略了为设计出一个完整产品而必须自己去探索所有未知因素的时间"（路风，2013）。

为了避免陷入引进落后再引进的泥潭，2006 年国务院发布《国家中长期科技发展规划纲要》，明确"自主创新，重点跨越"的工作指导方针，技术发展路径从技术引进转变成自主创新。同年，铁道部和企业、高校共同签署了《动车组引进消化吸收再创新重点项目合作总体协议书》。这一政策调整促进更多高校、研究院所、整车部件企业结成多个合作创新网络对引进技术进行吸收并在此基础上开发演进车型，由此促进生态系统规模进一步扩大，合作强度增加，更多关键部件企业进入生态系统核心层。

此阶段生态系统核心成员包括政府、整车企业、研究机构、部件企业、外企。整车企业占比最高，政府占比历年最高，部件企业迅速增加是此阶段最显著的特征，2004 年部件企业占比比 2003 年增长 4 倍多，且一直保持增长趋势；外企在系统中也占有核心地位。2006～2007 年再创新阶段，前面未参与引进的高校、零部件企业、配件企业陆续加入，核心成员类型遍布整个产业链，且不同类型核心成员占比缩小（例如 2006～2007 年研究院，部件企业与整车企业核心成员占比差距缩小），创新生态系统集群系数、度数中心度、特征值中心度逐步减小，成员间的相互依赖性进一步降低而生态系统稳健性进一步提高。在生态系统种群规模和多样性增加，成员联系更紧密，核心成员遍布整个产业链的生态系统支持下，技术创新能力大大增加，产业专利数从 2004 年 506 项增长到 2007 年 831 项（见表 7-6）；先后开发了CRH1A、CRH1B、CRH1E、CRH2A、CRH2B、CRH2C、CRH2E、CRH2H、CRH3C、CRH5A、CRH5G 车型；提高了动车组、电力机车和内燃机车的设计、试验、生产制造能力，促进了企业管理体系的重建和工艺水平的跃升。

表 7-6 　　　　　　　　　2004～2007 年专利数 　　　　　　　　单位：项

申请年份	实用新型	发明专利	中国台湾地区专利	中国香港地区专利	专利总和（除外观设计）	授权专利
2004	293	184	18	11	506	115
2005	282	178	31	5	496	110
2006	418	246	35	11	710	150
2007	481	290	52	8	831	176

资料来源：根据专利数据整理。

　　南车集团前任董事长和总经理这么评价技术引进对企业的影响："经过 2004 年铁道部组织的技术引进消化吸收再创新，中国南车的科技创新能力在原有基础上有了质的飞跃"（郑昌泓，2010）。"收获主要有这么几点：首先是我们掌握了世界先进成熟的铁路机车车辆制造技术。通过系统的技术培训、技术图纸和技术制造的转让，以及联合设计的方式全面引进设计技术，使我们的技术人员全面掌握了动车组的设计标准、设计原理、设计控制程序和方法等内容。我们和外方进行的联合设计，使我们的设计水平有了质的飞跃，具备了再创新能力。同时我们还掌握了工艺标准、工艺方法、检测和实验方法，这一点对制造业是相当重要的，也是国产化的基础。其次是通过项目实施，我们建立了一个现代化的高速动车组的制造体系。为了制造 200 公里高速动车组，我们进行了全面的工艺技术改造。改造后的制造水平、工装模具、工艺技术完全达到了世界一流水平。三是培养了一支由管理人才、技术专家、蓝领工人组成的人才队伍。我们进行了大规模的培训，或者说我们进行了全员的培训。最后是为今后自主创新搭建了 3 个接续平台：制造平台，建立了一套适合中国国情的高速列车自有的标准体系，以九大关键技术的引进消化吸收为龙头，形成了产业链条；消化吸收平台，包括大量技术图纸的转化、制造工艺的工装化等，建立起一整套自己的检测和验收体系；再创新平台，可以进行产品层面的再创新以及基础理论平台的再创新。通过 200 公里国产化的工作，我们建立了一个国产化的平台，时速 300 公里的动车组的平均国产化率可以达到 80% 以上"（赵小刚，2007）。

四、阶段 4（2008 年至今）：赶超期

经过提升期技术引进，消化吸收再创新，轨道交通装备产业设计制造能力得到较大提升，为了促进产业从跟随走向引领，政府根据本国产业技术制造水平和国际技术发展趋势，逐步调整细化产业政策，管理体制从宏观引导向强大的市场拉动转变，结合日益增强的科技资金驱动，使此阶段创新生态系统种群规模和多样性进一步增大，系统成员相互作用更强但相互依赖性更低，核心成员广布整个产业链但影响力更分散，系统稳健性更强的生态系统结构。这种生态系统架构支撑了中国轨道交通装备产业"追赶"走向"赶超"，从"中国制造"走向"中国创造"，也由此加速管理体制，产业政策和资金资助的演化。

响应 2006 年国务院的"自主创新，重点跨越"战略指导思想，针对提升阶段所积累的设计制造能力，2008 年科技部和铁道部签署了《中国高速列车自主创新联合行动计划》，提出发展具有自主知识产权的、时速 350 千米以上的、具有国际竞争力的中国高速列车技术体系及产品系列，加快实现引领目标。

政界业界学界一致认为这一政策是中国轨道交通装备发展具有里程碑性质的事件，一位专家这样描述这一政策的作用："两部联合行动计划的两个重大意义：扭转铁道部大规模技术引进路线，使中国铁路装备工业重新走上自主开发道路；把铁路装备工业的高铁技术研发置于国家创新系统之中，发挥了'举国体制'优势"（路风，2013）。

国家科技支撑计划项目、"863 项目"、"973 项目"，为联合行动计划提供资金支持。联合行动计划和国家科技项目支持，打破前期创新生态系统边界限于路内的限制，路外企业高校研究院所开始进入系统开展合作创新，例如此时清华大学、浙江大学、中科院等陆续参与轨道交通装备合作创新。据统计，承担这些研究项目的成员包括来自 50 余家企业、25 所大学、11 个科研院所、51 家国家级实验室和工程研究中心的 68 名院士、700 多名教授和近万名研发人员，"十一五"期间科技计划共投入 22 亿元。以代表当时最高技术水平的 CRH380A 研制为例，该车型由四方股份负责总体设计，重点攻

克系统集成技术、转向架技术和车体技术；株洲所负责牵引电传动及网络控制系统；株洲电机公司负责牵引电机、牵引变压器研制；永济新时速电机电器公司负责牵引变流器研制；时代电气和大同公司负责电气控制和电气通信研制；戚墅堰所负责制动系统和齿轮传动研制，少部分制动系统由铁科院和南京浦镇海泰公司提供（赵庆国，2013；高柏，2016）。

一位首席技术专家这么评价联合行动计划的效果："在科技部和铁道部的大力支持下，在'中国高速列车自主创新联合行动计划'的支撑下，南车四方已和国内 21 所大专院校、科研院所以及 41 家配套企业形成了紧密的创新联盟。这种以主机厂为龙头的产业创新联盟，正在形成我国高速列车技术领域从研发、技术转化到产业化的互动平台。在产学研联合创新中，南车四方采取的是'点对链'的模式，即南车四方同时联合国内多家高等院校、科研院所组成创新联盟。这种'点对链'的模式，使我们把国内优秀的科研资源发挥出了组合的能量，实现对核心技术的自主掌控"（马云双，2012）。

这种联合攻关模式，最终实现了动车组系统集成、头型、轻量化车体、转向架、减振降噪等关键技术的重大突破。例如其中车头的设计，四方股份负责组织进行方案设计、试验、优化、施工设计、工艺验证、线路试验策划，联合西南交大进行初步方案设计及文化分析；中科院力学所负责气动性能的仿真分析；清华和北大（部外高校）负责侧风稳定性计算；中国空气动力研究与发展中心负责气动力学的风洞试验；同济大学负责气动噪声风洞试验；铁科院、西南交大、同济大学负责气动性能和噪声的实车测试。"这种创新的联盟是我们成功研制 CRH380A 新头型的关键"（骄阳，2011；高柏，2016）。

这轮倾举国之力的合作创新促进了轨道交通装备产业技术的飞跃，2008~2012 年，中国便开发出 CRH380 系列、CRH6 城际动车组，完成了中国标准动车组的研发，形成了初步完整的高速列车创新能力和制造能力体系，"在高速、重载、绿色、智能等方面均有较大突破：更高速度试验列车在实验室滚动平台上创造了每小时 605 公里的国内实验室最高速度；首列时速 200 公里的 CRH6 型城际动车核心技术实现了自主化、产业化，填补了中国轨道交通城际客运装备领域的空白；高原电力机车、时速 160 公里客运电力机车、新八轴电力机车、HXNS 型双司机室内燃机车、4400 马力调车内燃机车纷纷研制成功；首台用于商业运营的中低速磁浮列车、世界首台采用超级电容作为主动力能源的储能式轻轨车、首列轻量化不锈钢 A 型地铁车辆成功下线"。①

生态系统成员技术的积累和创新能力的提升，是行业准入、国产化等产业政策和资金支持重点的变化主因。例如，中国地铁车辆的研制和采购，20 世纪 90 年代开始，长春客车厂和浦镇厂是首批由国家计委颁发的地铁车辆生产资质企业，2000 年后，株机厂和四方股份公司等凭借其电力机车、动车的积累，公司管理人员积极游说政府，成功争取地铁车辆生产资质，到 2015 年底，地铁车辆生产企业从原来的两家扩展到株机公司、四方股份、唐山公司、大连机辆公司六家核心企业；科技资金支持重点也是根据创新生态系统的技术水平，科技资金资助从扩展期、提升期的支持生产转向自主创新期的支持研发，聚焦关键技术转变；产业政策方面，从 20 世纪 90 年代开始的扶持城市轨道交通装备国产化率设立的产业政策，在 2016 年发改委、商务部发布的《外商投资产业指导目录》和《关于扩大对外开放积极利用外资若干措施的通知》发布，取消轨道交通装备等领域外资准入限制，发改委不再通过审核具体项目招标控制国产化率，准入政策的调整标志着轨道交通装备产业从国家保护正式进入与世界一流企业同台竞争。在 20 世纪 90 年代，国内所有城市地铁车辆招标都要求由外方企业和中方企业联合投标，实际上以外方为主，特别是制造分工、产品定价等方面，外方掌握决定权。中方企业虽然承担了 70% 的工作量，但效益差甚至亏损。发改委希望各地招标时由联合投标改为中方单独投标，再由中方选择外方合作，但路局以车辆可靠性和安全性为由极力反对，发改委作出妥协。此时投标政策从中外联合改为中方单独投标，外方只做技术支持。但此时大多数核心部件技术还是由外方掌握决定权，中方收获甚微。2007 年，株机公司为上海地铁 102 号列车全车进行改造，包括把列车的直流牵引电机更换为 JD118A 型交流牵引电机，安装牵

① 中国南车年鉴 2013 ［M］. 北京：中国铁道出版社，2013.

引逆变器，这是中国企业第一次实施地铁 A 型车技术主导和生产组织，第一次采用自主创新核心部件牵引系统，该车的成功推动了政府新的政策制定：2011 年发改委出台政策，要求各地在车辆招标时必须取消对中国本土企业要绑定外企作为技术支持的政策。这一政策保证了中外企业在地铁市场的公平竞争，该政策出台后两三年，中国地铁车辆 A 型车市场本土企业完全占据主导地位（赵小刚，2014）。

2012 年，高铁动车和建设技术基本成熟，高铁"四纵四横"干线基本形成，为了助推中国轨道交通装备实现技术引领，2012 年以后，技术发展重点从三大平台的持续优化和重点提升向基础理论与关键技术转化。2012 年工业和信息化部印发《高端装备制造业"十二五"发展规划》《重大技术装备自主创新指导目录》，科技部印发《高速列车科技发展"十二五"专项规划》，赶超期的主要产业政策如表 7-7 所示。通过自上至下、逐步细化的产业政策，充分发挥了规划引导、政策激励和组织协调作用，加快突破发展中的薄弱环节和瓶颈制约。从 2012 年开始，以国家科技项目经费为牵引，主要用于基础理论与关键技术的研究和验证，重点开展为高速铁路客车、重载铁路货车、新型城市轨道交通装备等配套的关键零部件的研发和制造，丰富各类产品谱系，掌握核心子系统和部件管理。

表 7 - 7　　　　　　　　　　　　2008 ~ 2014 年主要产业政策

政策名称	战略目标	技术目标	保障措施
2008 年《中国高速列车自主创新联合行动计划》	加快实现引领世界高速铁路技术发展的目标	建立并完善具有自主知识产权、国际竞争力强的时速 350 千米及以上中国高速铁路技术体系	发挥两部联合优势，构建中国特色的高速列车技术创新链和产学研联盟；科技部的国家科技支撑计划项目、"863 项目"、"973 项目"资助

续表

政策名称	战略目标	技术目标	保障措施
2012 年《高端装备制造业"十二五"发展规划》	加大高端装备制造业的培育力度，加快推动"中国制造"向"中国创造"转变	推进高速列车谱系化技术研究以高速动车组技术为基础，结合城际交通实际，形成城际轨道交通装备产品技术平台与产业化体系全面突破30吨及以上轴重重载机车、160千米/时速度快捷货运机车和货车技术，开展全系列大功率交流传动机车、大轴重载货车、快捷货运列车的配套研发完善城轨车辆产品技术平台，形成多系列城轨车辆产品谱系。开展低噪、低振动、节能产品，加强关键核心部件，如牵引系统、制动系统、转向架、运控系统等重点开展为高速铁路客车、重载铁路货车、新型城市轨道交通装备等配套的轮轴轴承、传动齿轮箱、发动机、转向架、钩缓、减振装置、牵引变流器、绝缘栅双极型晶体管（IGBT）器件、大功率制动装置、供电高速开关等关键零部件的研发和制造，提高质量水平，满足整机配套需求	坚持市场推动和政策引导相结合。注重发挥市场配置资源的基础性作用，调动企业主体的积极性，推进产学研用结合。在产业培育初期，要发挥政府的引导作用，加强规划引导、政策激励和组织协调，加快突破发展中的薄弱环节和瓶颈制约。2012年《重大技术装备自主创新指导目录》、2014年《时速350公里中国标准动车组暂行技术条件》、2012年《高速列车科技发展"十二五"专项规划》
2012 年《高速列车科技发展"十二五"专项规划》	以高速列车谱系化、智能化和节能降耗相关技术为主线	高速铁路体系化安全保障技术；高速列车装备谱系化技术；高速铁路能力保持技术；高速铁路可持续性技术2015年重点专项任务：高速铁路重大关键技术及装备研制；高速列车系统综合节能关键技术；高速列车新型牵引动力系统关键技术研究；高速列车轻量化与整车性能提升关键技术研究；智能化高速列车系统关键技术研究及样车研制等	以国家科技项目经费为牵引，主要用于基础理论与关键技术的研究和验证；以行业部门和企业配套经费为主体，主要用于成果装置、设备、系统的研制、运行验证及产业化能力建设

续表

政策名称	战略目标	技术目标	保障措施
2012 年《重大技术装备自主创新指导目录》		明确动车组和大功率机车轮对及输电弓，城际动车组，双动力动车组（混合动力），大功率交流传动机车，重载和快捷货车，城市轨道交通装备等八大类产品的主要技术指标和需要突破的关键技术	

资料来源：根据相关政策文件整理。

2008~2014 年，国家科技财政拨款从 2581.8 亿元增长到 6454.5 亿元，交通运输设备制造业的研发投入比例从 1.44% 增长到 2.4%，这期间南车集团研发支出 199.518 亿元，北车集团研发支出 141.85 亿元，铁道部机车采购从 566.35 亿元增长到 1465 亿元。强大的科技项目驱动和市场拉动，促进了生态系统种群规模和多样性迅速增长，核心成员遍布全产业链，2008~2014 年，核心成员包括整车企业、研究机构（研究院和高校）、政府部门、部件企业、销售公司、委外企业（2012 年开始进入核心层）、外企；核心成员占比差距呈现缩小趋势。委外企业、外企、销售企业逐步进入核心层，表明生态系统更具开放性。从网络结构特征看，集聚系数呈增长趋势，中心性指数呈现下降趋势，其中网络特征值中心度从 2008 年 1.259 降到 2014 年 1.055，说明系统成员之间的合作强度频率提高，但核心成员影响力进一步分散，种群的依赖性进一步降低。从合作类型来看，2008~2014 年，技术合作仍然是主要合作模式，增长最显著的是战略联盟，增长了 2 倍多，表明成员之间的关系从紧密耦合向松散耦合发展。

依托成熟完备的生态系统支撑，中国轨道交通装备产业实现追随到引领的变化：专利申请数从 2008 年的 1334 项增长到 2014 年的 3966 项，其中发明专利最为迅速，从 2008 年的 475 项增长到 2014 年的 1575 项。"已经形成了自主研发，配套完整，设备先进，规模经营的集研发、设计、制造、试验和服务于一体的轨道交通装备制造体系，包括电力机车、内燃机车、动车组、铁道客车、铁道货车、城轨车辆、机车车辆关键部件、信号设备、牵引供电设备和轨道工程机械设备 10 个专业制作系统。"《中国中车股份有限公司 2015 年年度报告》指出，"2015 年，中国中车拥有 1 个企业中央研究院、4 个专业研究所和 9 个海外研发中心，建设完成 5 个国家重点/工程实验室、4 个国家工程技术研究中心、20 个国家级企业技术中心。主持制定 IEC 等国际标准 5 项、参与制定国际标准 42 项；获得授权专利 3188 项，其中授权发明专利 1006 项；申请海外专利 158 项，授权海外专利 23 项"。核心技术方面，《中国中车股份有限公司 2015 年年度报告》指出："时速 350 公里中国标准动车组全面完成型式试验；首台具有自主知识产权的中低速磁浮列车投入试运营，自主化的时速 250 公里和时速 160 公里城际动车组完成运营考核，CRH380AM 高速综合检测列车完成型式试验；出口澳大利亚 SDA1 型交流传动内燃机车研制成功，出口澳大利亚窄轨漏斗铁路货车被科技部评为国家重点新产品，SRS 公铁两用高空作业车顺利完成 CE 认证，获得欧盟准入资格；4400 马力内燃调车机车成功填补我国空白，30 吨轴重大功率货运电力机车具备批量制造能力，储能式 100% 低地板轻轨车、悬挂式公交系统车辆等产品研发进展顺利。高速动车组牵引控制系统、制动系统等一系列关键核心技术取得新突破"。

五、跨阶段比较

制度、创新生态系统构成与结构、企业创新能力三者是相互影响、共同演化的关系。政府有效组合制度的管理体制、产业政策、资金支持三个维度，为创新生态系统的形成和演化提供引导和支持，影响创新生态系统成员间的合作与竞争模式，促进创新生态系统技术的累积和创新能力的提升；而成员企业创新能力决定了其在创新生态系统中的位置、影响力及与其他成员的竞争合作模式，因此，其演化在中观创新生态系统层次体现为创新生态系统构成、结构、竞合强度和合作模式的演化；创新生态系统整体创新能力、构成和结构的演化，同时也推动管理体制改革，促进产业政策内容调整和产业政策体系的发展，影响资金支持重点和手段的变化。

初始阶段，政府通过政企合一半军事化行政指令，直接干预决定创新生态系统的形成和演化：一方面，政府根据市场需求和技术基础，通过行政指令布局生态系统架构，例如初始阶段各类主机厂、修理厂、研究院的建立，都体现了计划经济时代政府"有形之手"对成员主营业务和成员空间布局。例如1953年铁道部对各机车车辆工厂在生产结构上实行产品专业分工；株机公司从原来的蒸汽修理工厂转化为电力机车专业生产主机厂，电力机车研究院株洲所的建立，体现了政府发展电力机车的空间布局。另一方面，政府通过行政指令对系统成员进行半军事化管理，通过"统分统收"行政指令组织协调成员协同进行机车反向工程、仿制、积累技术；但此阶段大量部件成员缺失，部件质量成为制约机车产业发展的瓶颈。这种高度集中的计划体制下，成员之间缺乏竞争，成员缺乏创新动力。初始期的产业政策简单，只是作为管理体制的辅助手段引导生态系统架构的调整，例如1956年提出的"要迅速有步骤地由蒸汽机车转移到电力机车和内燃机车上去"和1988年"大力发展重载高速列车"，此时的产业政策是政府根据当时的技术条件引导产业的转型升级，促进创新生态系统架构调整的辅助手段。此阶段生态系统成员通过经济承包责任制、事业制改制的试点成功推动政府管理体制初步放松管制，但这种反作用力量较弱，还未建立制度、创新生态系统、企业创新能力之间有效的共同演化机制。在这种政企合一的管理体制下，形成了初始期封闭、缺乏柔性、关键成员缺失的生态系统架构，这种架构支持产业从无到仿制，促进人才、技术、管理能力积累是有效的，但这种架构下，整个系统缺乏竞争和创新动力，创新能力和效率低。

进入扩展期，行政主导弱化，实行部局分级管理体制改革，在部一级保持铁道部网运合一，集中配置资源，实施"重点投入，择优扶强"政策，培育龙头企业，建立培养核心部件成员，进一步完善优化系统成员布局；在局一级增加竞争，将采购权下放路局，建立市场化的竞争机制，提高了种群的竞争合作强度。政府的产业政策和资金支持作用日益加强，产业政策为系统技术发展、成员之间的合作指明方向，引导产业链关键部件、配件等成员的建立；政府以科技立项和采购样车形式为生态系统成员合作以实现联合新产品研制和关键技术攻关提供资金支持。管理体制的扩权放权扩大了企业自主权并推动现代企业制改革，产业政策和资金支持引导，市场竞争机制的引入，进一步提高系统成员的自主经营权和创新活力，成员自主权的增加使得成员从初始期的被动适应环境开始主动影响环境，真正构建起成员、创新生态系统、制度环境之间的共同演化机制。共同演化机制作用下，创新生态系统种群进一步丰富，尤其是多个关键零部件成员的建立，形成了生态链更完备的系统结构：核心成员仍然是政府，主机厂占主导，但此时有个别部件成员进入核心层，核心成员的类型从下游逐步向上游扩展，成员之间的合作竞争强度增加但相互依赖性逐步减弱。在这个系统的支撑下，初步建立"高速""重载"的技术开发基础和高速列车技术平台；掌握牵引电机大功率变流装置、电传动系统、走行系统等多个核心技术的自主知识产权，培养了大量的技术人才，提高了系统成员的管理水平。

扩展期虽然积累了技术基础和掌握关键技术，但集成能力和整机质量相对不稳定，且轨道交通装备供给和运输需求之间的矛盾已经严重制约国民经济发展，为了促进轨道交通装备技术结构和产品结构优化升级，原来下放到各铁路局的采购权被收回，铁道部政企合一（但相对于扩展期行政力量进一步弱化），首先对行业科技发展实行宏观管理，负责制定行业科技发展规划、技术政策；接着宏观调控产业竞争强度，选取 6 家企业进行电力机车、内燃机车和动车组的引进，统一指挥项目引进进度和协调工作，增强中方在谈判中的议价能力，确立了中方的买方优势地位，形成了先局部提升的创新生态系统架构；然后通过逐步细化的产业政策和市场采购，科技资金支持，整合国内相关科技资源，集中优势力量开展消化吸收再创新，推动系统创新能力从局部提升扩散到整个系统。在这种制度环境下，生态系统成员都表现出很强的主动性和积极性，形成了生态系统规模增大，合作和竞争强度增加，核心成员遍布整个产业链，尤其是关键部件迅速增长，各类成员占比差距逐步缩小，系统成员依赖性进一步降低的系统架构。这种高效率、作用强大的创新生态系统支撑体系，促进了产品更新升级，大大提升了整体技术水平和创新能力。成员技术创新能力的提升同时，也促进产业政策、资金支持内容、创新生态系统构成和结构的演化。

经过提升期技术引进，消化吸收再创新，轨道交通装备产业设计制造能力得到较大提升，为了促进产业从跟随走向引领，政府根据本国产业技术制造水平和国际技术发展趋势，逐步调整细化产业政策，加上强大的市场拉动转变和日益增强的科技资金驱动，政府间接干预完全替代行政管理直接干预方式，使得此阶段创新生态系统种群规模和多样性进一步增大，竞合强度更大，系统成员相互作用更强但相互依赖性更低，核心成员广布整个产业链但影响力更分散，系统鲁棒性更强的生态系统结构。这种生态系统架构支撑了中国轨道交通装备产业"追赶"走向"赶超"，从"中国制造"走向"中国创造"。

对比四个阶段，我们可以看出：中国轨道交通装备成功赶超的重要原因是政府根据产业发展状况有效组合并自适应调整制度四个维度，促进创新生态系统形成和发展，建立起制度、创新生态系统、企业创新能力之间的协同演化机制，为企业从跟随走向引领提供有效的制度保障和强大的创新生态系统支撑。

制度不同、维度功能不同，对创新生态系统，企业创新能力的作用效果存在差别，且功能和作用效果随时间发生变化。第一阶段制度主要是行政干预发挥作用，产业政策和行政拨款作为辅助手段，行政干预决定创新生态系统核心成员布局，竞争合作强度，网络结构和合作模式，产业政策的作用是引导创新生态系统结构调整和产业更新升级，此阶段企业对制度是被动适应，除了后期有个别企业通过试点推动制度改变外，企业对制度的影响可以忽略不计，还未建立起有效的协调演化机制。后面几个阶段行政指令作用日益减弱并在第四个阶段退出，其作用主要是影响创新生态系统成员间的合作与竞争。第二阶段行政干预减弱，产业政策和资金支持重要性提高。此阶段行政干预主要影响创新生态系统核心成员构成和竞争合作强度；产业政策通过影响创新生态系统合作模式、竞争合作强度、核心成员构成间接影响创新生态系统结构；政府科技项目资助影响创新生态系统的技术合作强度，政府采购开始成为促进创新生态系统竞争强度的手段，但影响相对较弱；企业通过现代企业制改制，试点促进行政管理弱化，通过创新能力提高促进产业政策、科技资金资助和市场采购内容更新，从此阶段开始，企业出身的政府制度制定者也是企业促进制度演变的重要因素。第三阶段行政干预进一步减弱，主要是早期通过设置准入政策选取重点支持对象以宏观调控产业竞争强度，影响创新生态系统结构；此阶段产业政策、市场采购、科技资金支持占主导，产业政策影响生态系统成员构成和竞争合作强度，资金支持主要影响生态系统成员的合作，通过影响成员之间的合作对创新生态系统构成、结构产生影响；成员之间的合作大大提升了企业创新能力。企业创新能力提升促进产业政策和资金支持内容不断更新，此阶段企业的股份制改革是推动行政干预进一步改制的主要因素。第四阶段中，行政直接干预进一步弱化最终退出，政府采购和国家科技项目支持的影响进一步加强，和产业政策一起，共同推动成员竞合水平的提高，推动创新生态系统结构进一步优化，引导系统产品技术升级，由此促进企业创新能力提升。

制度四个维度的演化：计划经济时代直接干预向市场经济的间接干预转变，表现在计划经济时代以行政手段为主的直接干预向市场经济时代产业政策、国家资金资助为主的间接干预转变；行政手段逐步减弱甚至取消；产业政策、国家资助重要性增强到后期成为政府影响产业的主要手段，其演化体现在内容的变化（见表7-8）。

表7-8　　　　　　　　　　　　四个阶段制度三维度作用强度

维度	初始期	扩展期	提升期	赶超期
行政指令	＋＋＋＋＋	＋＋＋＋	＋＋	
产业政策	＋	＋＋	＋＋＋	＋＋＋＋
科技项目支持	行政拨款	＋＋＋	＋＋＋＋	＋＋＋＋＋
市场采购	行政拨款	＋＋	＋＋＋＋	＋＋＋＋＋

注：一到五级，从低到高强度变化。

资料来源：根据研究内容整理。

行政干预与创新生态系统、产业创新能力之间的协同演化：行政干预的变化在整个系统共生演化过程中具有决定性作用。行政干预经历了：初始期的行政主导全盘管理，扩展期的扩权放权，提升期的宏观调控，赶超期的退出，管理体制逐步弱化促进创新生态系统成员拥有配置资源的更大自由权利，成员自主性和创新活力增加，"被动研发"向"主动研发"转变，技术创新能力提升，产业技术创新能力的提升推动管理体制改制，反过来驱使行政力量进一步弱化。此外，激烈的产业竞争环境促使企业提升效率，从而避免淘汰出局，在这种情境之下，推动政府减少行政干预，企业高管选拔从单纯政治考量向经营能力转移，管理者也会积极提高企业的创新能力以提升竞争力。企业通过改制推动行政指令放松管制。

产业政策与创新生态系统、产业创新能力之间的协同演化：政府通过逐步加强的产业政策、资金支持间接干预替代逐步减弱的行政直接干预影响系统演化。产业政策经历了宏观到微观、片面到系统、抽象到具体的逐渐演变和深化过程，重要性也日益提高。政府根据本国产业技术制造水平现状、市场需求、国家产业结构发展方向和国际技术发展趋势，不断调整、细化产业政策，对生态系统成员技术发展进行引导和干预，调整成员之间的竞合关系、合作模式，促进生态系统结构演变，推动产业转型和技术升级，在这个过程中产业政策本身也更加完善与成熟，更具指导性。

资金支持与创新生态系统、产业创新能力之间的协同演化：资金支持随着管理体制的变革从初始期的行政拨款逐步演变成科技项目资助和市场采购方式，其重要性也从初始期作为行政管理的辅助手段演变成赶超期政府干预生态系统发展的主要手段。随着资金资助重要性的增加，对创新生态系统的作用效果也有明显提升，从初始期的平均分配逐步成为引导生态系统成员竞争合作和技术发展方向的指挥棒，通过直接影响创新生态系统的竞争合作强度、合作模式，进而间接影响创新生态系统的结构和核心成员占比，为创新生态系统演化提供保障。日益激烈的产业竞争环境和产业创新能力提升促进了资金支持重点、强度的演变，其中支持重点的演变为：从初始期的整车仿制，到扩展期的整车自主研制为主、部分关键部件研制为辅，到提升期的关键部件和关键产品整车集成，再到赶超期关键技术和基础理论研究；资金支持的作用强度是逐步提高的过程，尤其是 2004 年技术引进之后，由于科技项目支持，市场采购呈指数增长，强大的科技项目拉动和市场驱动促进轨道交通装备产业创新能力飞跃，从追随走向世界引领。创新生态系统成员现代企业制和股份制改制也是推动政府放松行政管制，转向科技项目和市场采购资助间接干预的动因。

除了以上所述企业改制，企业产业创新能力提升，产业竞争加剧外，企业、创新生态系统还通过如下方式促进制度演化：作为制度制定实施的主要参与者，政府主管部门官员大多数有企业经历，使其能根据产业实际情况实时调整制度，确保制度制定更好地促进产业发展。从历任铁道部部长履历看，从第八任铁道部部长丁关根开始，后面历任铁道部部长都有轨道交通装备技术背景，大多数从各路局、研究院、企业、铁道部部属大学基层逐步上升到铁道部部长，例如第十一任铁道部部长傅志寰，曾在苏联铁道学院电气化专业学习，后面任株洲所技术员、研究室主任、所长、铁道部科技局总工程师、铁道部科技局局长、路局局长到铁道部局长。因为技术出身，更注重提升企业产业的创新能力，其任职铁道部副部长和部长期间（1990～2003年），在确立中国轨道交通装备产业自主创新发展路径中起到关键作用，且在任期内通过制度三维度的变革，为产业自主创新提供引导和保障，为后面技术引进和产业快速发展奠定了非常重要的基础。这些从企业出身的政府决策者，在其任期内的制度改革，主要来源于企业产业的实践。此外，中国经济转型中一个重要特点是"摸着石头过河"（Tan &Tan，2005），这让一些优秀的企业家敢于突破，他们通过参考其他行业甚至发达国家的经验，率先引领企业改革改制，企业经营业绩的提高成为行业的示范，在推动政府制度的演变中起到了重要作用；企业"试点"成功也是推动制度演变的主要原因，例如，株洲所事业制改制的成功推动了事业制在全行业实施。产业政策的制定也是企业影响制度内容演化的途径。因为产业政策制定中一个关键环节是征求相关部委、协会、专家和企业的意见，企业可以根据自身利益影响政策的制定。

由此可见，企业、创新生态系统对制度的影响经历了从无到逐渐增强，反向作用形式逐渐多样化的过程，这一结论与迪利曼和萨克斯（Dieleman & Sachs，2008）研究一致。

在制度四个维度共同作用下，创新生态系统经历了初始期种群稀少，关键种群缺失，到种群规模增大，种群多样性日益丰富，成员间的合作竞争增强，相互依赖性减弱，鲁棒性逐步增强，逐步完备的过程（见表7-9）。其中，核心成员的构成方面，核心成员的构成从初始期的政府和主机厂，逐步扩展至研究院、零部件企业、外企、销售、委外企业，其中，最为明显的零部件企业从扩展期的个别企业经过提升期的迅速增长，进入自主创新期。零部件企业、研究院和整车企业成为核心成员中占比最多的三类种群，说明该产业真正建立起全产业链的创新支持体系，核心种群进一步丰富，标志着创新生态系统逐步完善；此外，委外企业在最后阶段加入，标志着该产业更具开放性，同时也会促进合作竞争水平的提高。与种群规模和网络连接迅速增长相反，网络结构中心性指标，网络密度却一直呈下降趋势，说明种群依赖性减小，系统鲁棒性增加，这也是创新生态系统日益成熟的标志。成员之间的竞争合作从初期少量合作缺乏竞争，到扩展期引入竞争和后面阶段竞争合作日益加强，提高了创新生态系统的活力。合作模式也经历了多样化的过程，其中最为明显的是战略联盟的迅速增长，标志着创新生态系统成员从紧密合作向松散耦合模式发展，与网络结构指标一致，说明种群依赖性减小，系统鲁棒性增加。创新生态系统的完善为成员企业创新能力提升提供人才、制度、资金、平台等支持，进而提升整体创新水平；创新生态系统架构的完备和优化，成员间信任水平的增加，合作经验的累积，市场的进一步规范，有利于成员之间合作效率提升，形成正反馈机制，建立中观创新生态系统和微观企业之间的协同演化机制；另外，创新生态系统成员间技术相互依赖性特征，决定了上游部件、研究院所和整车企业之间的技术创新能力是相互制约、共同促进的关系，例如部件企业、研究机构的技术提升能增加整车企业产品的技术先进性，整车企业产品的更新升级推动部件企业、研究机构更新开发新技术，如此反复，螺旋上升，推动整个创新生态系统创新能力的提升。生态系统成员间竞合的增强、企业创新能力的提高，一方面促进种群优胜劣汰，推动创新生态系统架构的调整和优化；另一方面推动政府产业政策、资助重点的改变，如此反复，共同演进。

表 7 - 9 　　　　　　　　　　四个阶段创新生态系统成员参与度

1990 年前	政府	主机厂	关键零部件	研究院	高校	外企
目标，参数设定	+ + + + +					
开发设计		+ + + + +	+	+ +	+ + + + +	+ +
中试，试验验证				+ + + + +	+ + + + +	
生产制造		+ + + + +	+	+		+ +
验收	+ + + + +					

续表

1992~2003 年	政府	主机厂	关键零部件	研究院	高校	外企
目标，参数设定	+ + + + +					
开发设计		+ + + + +	+ +	+ + + +	+ + + + +	+
试验验证				+ + + + +	+ + + + +	
生产制造		+ + + + +	+ +	+ +		+
验收	+ + + + +					

2004~2007 年	政府	主机厂	关键零部件	研究院	高校	外企
目标，参数设定	+ + + + +					
开发设计		+ + + + +	+ + + + +	+ + + + +	+ + + + +	+ + + +
试验验证		+ +		+ + + + +	+ + + +	
消化吸收		+ + + + +	+ + + + +	+ + + + +	+ + + + +	
生产制造		+ + + + +	+ + + + +	+ + + +		+ + + +
验收	+ + + + +					

2008 年至今	政府	主机厂	关键零部件	研究院	高校	外企
目标，参数设定	+ + + + +	+ + + + +				
开发设计		+ + + + +	+ + + + +	+ + + + +	+ + + + +	+
试验验证		+ + + + +		+ + + + +		
生产制造		+ + + + +	+ + + + +	+ + + + +		+ +
验收	+ + + + +				+ + + + +	
采购	+ + + + +					

资料来源：根据研究内容整理。

综上所述，正是制度四个维度、创新生态系统、产业创新能力三者之间协同演化，使得中国轨道交通装备从无到有，从落后走向跟随，从跟随实现引领，形成了独特的技术赶超路径：创新生态系统初始形成期，通过对购买装备进行整车仿制，逐步分解仿制部件技术，形成系列内燃电力机车的仿制能力，培养技术人才（见图7-1）；一定技术储备之后，扩展生态系统成员，着力于整车和关键部件研制、共性基础技术的研发；通过外部技术的引入，提升成员整车集成、关键部件技术能力，再逐步过渡到整个系统技术提升；技术赶超期关键着力点在基础共性技术、关键部件研究、实现技术引领。

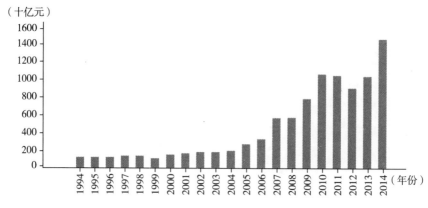

图 7 - 1 1994 ~ 2014 年国家铁路车辆购买情况

资料来源：根据相关数据绘制。

第五节 主要结论

本章以中国轨道交通装备产业为对象，采用定性和定量相结合的探索性案例研究方法，将宏观制度环境、中观创新生态系统、微观企业创新能力整合到统一分析框架，分析制度（从行政干预、产业政策、国家资金支持三个维度展开），创新生态系统（从构成、结构特征、合作模式、竞合强度四个维度测度），企业创新能力之间的协同演化机理。通过对中国轨道交通装备产业 1949 ~ 2014 年纵向案例进行分析，研究表明：中国政府通过有效组合制度不同维度，打造了一个逐步成熟的创新生态系统，构建起宏观制度环境、中观层次的产业生态系统和微观层次的企业创新能力三者之间的协同演化机制，使得中国轨道交通装备产业从落后走向世界领先。本章在以下几个方面作出了重要理论贡献。

第一，丰富了制度理论，尤其是推动了制度多样性理论的发展。虽然学者们认识到制度由多个不同维度组成，共同对产业发展产生影响（Delmas & Toffel，2008；Batjargal et al.，2013），近年来有学者对制度多样性进行了探索性研究（Batjargal et al.，2013），但如何将制度不同维度整合进同一分析框架，分析制度不同维度对组织战略的共同作用效果还有待进一步理论和实证检验（Luo et al.，2011；Batjargal et al.，2013；Holmes et al.，2016）；制度不断更新调整演变，现有研究主要是静态研究（Batjargal et al.，2013），没有考虑制度的演化特征，缺乏对制度尤其是产业政策演进的细致刻画；且较少有研究比较分析制度不同维度之间的关系、功能及实施效果的异同。针对这些研究不足，本章将行政干预、产业政策、国家科技项目支持、国家市场采购制度的四个维度整合进统一分析框架，通过刻画不同时期四个维度的相互关系、作用大小、功能和演化特征，实证检验四个维度如何共同影响创新生态系统形成与演化。研究表明：制度不同，维度功能不同，对创新生态系统，企业创新能力的作用效果存在差别，且功能和作用效果随时间发生变化。

第二，从新的视角化解了政府能否有效干预经济（Holmes et al.，2016；Zhou et al.，2017）与政府能否促进后发企业赶超的争论，对如何构建有效的制度进行了探索性研究。现有研究一派认为政府干预将阻碍企业发展（Nolan & Zhang，2003），另一些学者则认为国家为企业发展创造机会和创新环境（Cho et al.，1998；Lazzarini，2015；Zhou et al.，2017）。我们认为政府对经济产生正向或负向影响取决于政府是否能建立有效的制度，以为产业保驾护航。本章研究表明，政府在促进本国产业发展过程中扮演着重要角色，尤其是战略性产业。政府能否有效促进本国产业发展，关键在于能否根据产业发展状况有效组合制度不同维度，形成一个灵活自适应调整的制度保障体系，为产业发展打造一个逐步完善的创新生态系统支撑体系，建立起制度、创新生态系统和产业企业创新能力之间的协同演化机制。通过对制度各个维度共同作用效果分析，加深了我们对政府如何有效促进产业成长的理解。

第三，推动了创新生态系统理论的发展。虽然近年来业界学界政界都意识到创新生态系统的重要性，越来越多的学者开始研究关注创新生态系统，但现有研究对创新生态系统内涵、边界并没有一致的界定。本章研究将创新生态系统定义为：在特定的制度环境中，为了实现某一技术、产品，甚至某一类产品从研发到成功商业化，多个种群之间形成的相互依赖、相互竞争的群体，这些群体按照功能的不同，集中于研发到商业化过程中的某一环节或者多个环节、种群、环境之间相互依赖、相互作用、合作与竞争共存的协同演化系统，最终实现技术或产品从研发到成功商业化，从低级向高级演化。因此，根据关注重点的不同，创新生态系统可以是技术、产品、企业、产业甚至国家层面。本章研究对创新生态系统内涵进行了充实，为后续研究界定创新生态系统的边界提供参考。且现有研究集中于企业微观层面（Adner，2010），主要探讨创新生态系统背景下企业的价值创造和获取，且集中于一种类型关系，较少同时考虑多种不同关系模式及演化（Navis & Glynn，2010；Sytch & Tatarynowicz，2014；Hannah & Eisenhardt，2016）。创新生态系统成员之间是相互依赖、共同作用的关系，这种关系不是简单的线性关系，而是具有"1+1>2"的非线性涌现特征。要更好理解微观层次在中观层次的涌现特征，需要将研究视野从微观转向中观，通过测度创新生态系统构成和结构以刻画中观层次的变化。此外，产业政策的核心目的之一促进产业结构调整，优化产业布局，而其实施效果主要体现在中观产业生态系统构成结构特征，现有研究缺乏对中观层次生态系统作用机理及效果实证检验。如何评价创新生态系统所处阶段及其成熟度？这些都是亟须解决的问题。本章内容突破现有研究局限，从创新生态系统构成、结构特征、合作模式、竞争合作强度四个维度构建创新生态系统测度指标体系，细致刻画微观成员之间的相互作用在中观创新生态系统层次所表现出来的涌现特征和演化过程，对创新生态系统演化、评价指标测度体系进行了探索性研究，对现有创新生态系统理论进行了突破。

第四，对协同演化理论进行了拓展。制度的形成过程有待进一步研究。是什么因素促进制度多样性形成和演化？如何促进制度的演化？会产生什么样的结果？都有待进一步研究（Batjargal et al.，2013）。首先，本章研究为组织对制度环境影响研究提供了新的洞见。大量研究证明制度对经济绩效具有决定性影响。但较少有研究探讨如何才能创造有效的制度（Mayer et al.，2009）。虽然政府在这方面具有关键作用，但是这种自上而下的制度压力并不能完全揭示如何才能构建有效的制度环境。因为企业并不是消极被动地接受制度环境的影响，而是会延迟或加速正式制度的演化。未来研究应更多分析组织对制度的影响（Wilson & Hynes，2009），尤其是探讨组织与制度如何共同演化（Mayer et al.，2009）。研究证明，随着企业能力提升、创新生态系统的完善，企业和创新生态系统对制度环境的反向作用日益增强且形式逐渐多样化，这一结论与迪勒曼和萨克斯（Dieleman & Sachs，2008）的研究一致。研究发现，国有企业可以通过改制，推动政府放松行政管制，通过创新能力提升，推动产业政策和资金支持重点变化。国有企业还可以通过管理，使技术人员晋升为政府决策者提高政策制定效度，以为自身发展创造更有效的制度环境。其次，组织与组织、组织与制度环境之间的相互作用会导致中观层次的涌现特征，而现有研究由于合作数据获取的困难，缺乏对这种中观层次涌现特征及演化过程的测度（Volberda & Lewin，2003；Wilson & Hynes，2009），缺乏微观—中观层次的相互作用机理研究（Suhomlinova，2006；Wilson & Hynes，2009），尤其是转型经济国家，更缺乏中观层次研究（Suhomlinova，2006），有待进一步对微观企业层次和中观产业层次之间的协同演化过程进行实证分析（Wilson & Hynes，2009），制度环境与组织行为之间的交互影响，未来还需进一步进行理论和实证研究（Singh，2007）。本章引入创新生态系统理论，为建立宏观、中观和微观之间的联系提供了有益探索。本章研究剖析宏观层次的制度、中观层次的产业生态系统、微观层次的企业行为之间的相互作用机理和协同演化过程，实证检验了制度与产业、组织共演过程，进一步丰富了制度理论和协同演化理论，扩展了制度和协同演化理论在解释新兴经济国家发展中的应用。据我们所知，本书是第一次将创新生态系统、制度理论和协调演化理论整合的尝试。

第五，扩展了创新理论在新兴经济中的应用（Luo et al.，2011），为更好地理解新兴经济体国家企业技术赶超（Cappelli et al.，2010；Xu & Meyer，2013；Hoskisson et al.，2013）提供了新的视角。我们响应罗等（Luo et al.，2011）的建议，从微观、中观、宏观结合视角分析新兴经济国家技术赶超问题。本章将制度理论、创新生态系统理论和协同演化理论整合到同一分析框架，通过宏观、中观与微观层次结合，揭示制度与创新生态系统协同演进过程和机理，打开后发企业赶超机理的"黑箱"。本章研究表明，企业赶超不能简单地总结为制度和组织之间相互作用的结果，而应考虑制度环境对支撑企业成长的创新生态系统的影响，一个成熟完善的创新生态系统才是企业产业从落后走向领先的关键所在。此外，本章研究一个重要贡献是建立了一个解释政府如何通过有效组合制度不同维度促进创新生态系统形成和演化，进而为企业从落后向领先提供支撑的新理论框架，剖析了政府应该如何组合制度才能使其对产业发挥正向作用，刻画了支撑产业从落后到领先的生态系统具有什么样的特征，进一步丰富了新兴经济体管理研究。

第四篇

关键核心技术瓶颈突破的
政策及对策研究

第八章
高速列车关键核心技术瓶颈突破的政策及对策研究

第一节　政府促进关键核心技术瓶颈突破的政策组合对策

第一，本书研究为政府职能转换和有效组合干预手段，从而促进产业创新生态系统演进、企业创新能力提升，进而为促进关键核心技术突破提供实践指导。新生期，政府可以通过行政直接干预促进产业创新生态系统优化空间布局、从无到有快速积累技术能力，帮助产业克服工业化初期困难（Braguinsky & Hounshell，2016），进而促进产业创新生态系统雏形快速高效构建；雏形建立之后，政府角色从全面管理向主导转变，放松政治管制同时增加经济间接干预力度，提升成员自主能力、竞合动力，促进产业创新生态系统规模扩大和产业生态链扩展；为了突破系统集成瓶颈，政府可以通过先核心提升再向外围扩展，引导核心企业通过对先进、前沿技术自主研制、引进等方式，帮助产业突破技术发展瓶颈，缩短产业升级时间，快速实现追赶。成熟期，产业和企业进入技术发展前沿时，政府角色应该随之改变，政府应给予产业和企业政策和经济自由，因为此时的技术创新依赖于企业和个体网络的外溢效应，而不是对投资的协调（Mahmood & Rufin，2005）。政府应从主导者向协调者转换，减弱甚至退出行政直接干预，采用经济、政策间接干预组合，为产业创新生态系统创新提供良好的政策环境。

第二，由于创新生态系统的缺失，"合作悖论"成为困扰中国企业关键核心技术突破的难题。中国轨道交通装备关键核心技术突破方式，可以为企业、产业提供启示。政府等产业管理部门，应创造条件，加强上游研究院所、关键部件成员与下游集成企业、配套设备供应商、客户等成员之间的合作，实现技术与市场精准对接、高效迭代，进而促进研发的成功商业化（吕铁和贺俊，2019；路风，2019）。例如，1965 年，中国就诞生了第一块国产芯片，但我国芯片关键核心技术却一直受制于人。究其原因，在于创新生态系统上游研发和下游商业化脱节，没有形成完整的创新生态系统。而CRH380A、复兴号列车在开始研制时，就有鲜明的商业化应用导向（吕铁和贺俊，2019）。政府、整车企业等生态系统成员为上游零部件成员提供技术支持和试验设施；上游零部件成员、研究院所、高校通过联合研发，并在反复试验、用户反馈和运营中逐步完善技术（吕铁和贺俊，2019）。这些案例充分说明，要突破制约我国产业创新发展的关键核心技术"卡脖子"问题，企业、产业和政府应构建从基础研究、技术研发、产品应用、市场培育的完整产业创新生态系统，促进上下游成员协同合作。

第三，政府应根据关键核心技术依赖的技术基础，采取应对措施助推企业实现突破。"落后—追赶"阶段，由于与国际先进技术水平存在较大差距，政府可以通过产业政策、科技资金支持方式，一方面，促进创新生态系统规模扩张、种群丰富度增强（谭劲松等，2021）；另一方面，引导有实力的高校、研究院所、企业等合作，从资金、政策等方面，帮助相关企业克服起步阶段的困难。而当进入创新引领或创新前沿阶段，关键核心技术表现出更多不确定、模糊性，政府不仅需要为核心企业专注于前沿技术研发提供资金、政策、市场、知识产权保护等支持，协助规划前瞻性技术的科研布局；还应为核心企业与高校、研究院所等成员深度合作搭建平台，促进创新生态系统技术溢出效应（谭劲松等，2021；宋娟等，2023）。

第四，如何构建具有绝对竞争力和控制力的全产业创新生态系统支撑体系，成为身处逆全球化、技术和贸易封锁盛行、产业生态链本土化将成为未来国家战略主线（贺俊，2020）的复杂国际环境下的中国企业、产业甚至国家层面突破创新发展瓶颈的首要问题。中国轨道交通装备产业创新生态系统构建经验，可以为企业、政府提供启示。对于政府来说，为了培育掌握关键核心技术的零部件企业，应尽可能促成专业化的市场结构（吕铁和贺俊，2019）。例如，从新生期初期，政府通过对机车产业统一规划、产业结构专业化调整、优化空间布局等方式，使中国轨道交通装备产业在新生期就形成了机车车辆、机械、电机、专业化机车车辆研究所构成的专业分工体系；且后续发展过程中，政府通过经济、政策等干预手段，促进全产业链关键环节企业掌握核心技术。另外，要促进全产业创新生态系统技术能力提升，单靠市场采购、研发投资、产业政策单一手段不行，而是需要这几个手段同时发力，以打通研发与商业化桥梁，实现研发与市场迭代，不断提升技术能力。

第五，本书研究为政府发展本国战略性产业提供了重要启示。本书研究证明，对于国家战略性产业和大型复杂产品产业，相对于市场机制的自组织演化，政府有效干预能优化资源配置，政府应根据产业发展状况自适应调整制度以打造一个强大的创新生态系统支撑体系，促进产业成长并为企业走向世界领先提供系统支持，尤其是在初始期和提升期通过宏观调控，引导支撑产业突破技术窗口期，提高产业技术消化吸收再创新效率缩短技术演化时间，实现技术赶超。

第六，本书研究为政府能否有效干预经济的争论提供了新的见解，也为政府如何建立有效的制度、政府应如何有效组合制度不同维度提供实践指导。传统的学术文献认为政府干预不利于本国经济增长，但是本书研究认为政府可以通过有效组合制度培养良好的创新生态系统促进本国产业发展。因此，政府在干预经济过程中，关键是要根据产业实际情况（例如产业结构、技术发展水平）有效组合制度不同维度，并不断自适应调整，构建一个完善的创新生态系统架构以支撑产业企业发展。本书研究表明，制度、创新生态系统和企业之间协同演化机制的构建是产业成长的关键，政府应根据创新生态系统的成熟度选择不同维度的制度组合。创新生态系统初期，政府通过行政直接干预的方式布局产业生态系统架构，随着市场机制和产业生态系统的成长成熟，政府应从行政主导的直接干预逐步过渡到以产业政策、资金支持为主的间接干预，并根据创新生态系统构成，结构特征不断调整产业政策和资金支持内容，促进创新生态系统核心成员向整个产业链扩展，随着创新生态系统成熟和市场机制建立，政府应逐步减弱甚至退出对创新生态系统的干预。

第七，对于国家财政支持产业发展方面，本书研究通过刻画不同时期政府科技资金支持重点变化也可以为新兴经济国家技术赶超财政支持政策和手段设计提供参考。本书研究证明，国家科技项目资助和市场采购是政府推动产业创新能力提升的有效手段。对于后发国家，在技术体系尚未建立的产业初始阶段，科技资金资助重点集中于系统集成，通过逆向工程以向部件扩展。随着产业链的完善和技术体系的成熟，资金资助重点应从集成向部件扩展，集成与部件技术资助并重，当产业具备较强的创新能力，国家科技资金资助以共性、基础技术为主，并且随着市场化机制的完善和创新生态系统整体创新能力的提升，国家政策重点从产业政策、国家科技资助向市场采购拉动为主转变。

第八，对于产业政策制定的建议。国家产业政策的制定和调整应来源于对产业中观整体情况的把握，需要构建一个能反映产业构成和结构特征的测度和评价体系，通过自下而上的数据分析，为自上而下的产业顶层设计提供科学依据。本书研究从创新生态系统构成、结构特征、合作模式、竞争合作强度四个维度构建创新生态系统测度指标体系，为政府建立产业创新系统测评体系以及政府政策，实施方案，后评价体系构建提供决策参考。作为制度的制定实施主要参与者，政府主管部门官员选拔应考虑其是否有企业行业经历，使其能根据产业实际情况实时调整制度，确保制度制定更好地促进产业发展。应提高企业、行业专家在相关制度制定中的参与度和影响力，可以成立专门的政策制定三方研究机构，通过深入研究产业实际情况，全面把握产业发展趋势，为政策制定提供科学依据。

第九，对创新生态系统评价的启示。近年来，建立生态系统支撑企业产业成长已经成为政界业界重点努力方向，创新生态系统的重要性得到了一致共识，但如何界定创新生态系统内涵、边界，如何评价创新生态系统所处阶段及其成熟度？这些都是亟须解决的问题。本书研究对创新生态系统内涵进行了充实，根据对象的不同，可以将其扩展到不同范围。本书研究也为政界业界建立创新生态系统评价体系提供了可测度的指标体系。本书研究表明，成熟的创新生态系统具有如下特征：种群规模和多样性大，成员间竞争合作强度大，核心种群多样化且分布广泛，从网络结构看，成熟的创新生态系统密度弱，中心度分布较为分散，成员之间的依赖性低，鲁棒性高。政界业界可以根据这些特征，建立产业创新系统测评体系，为政府政策、实施方案、后评价体系构建提供决策依据。

第十，本书研究为国有企业如何推动制度环境的改变来为自身发展创造更有效的制度环境提供参考。研究证明，国有企业可以通过改制，推动政府放松行政管制，通过创新能力提升，推动产业政策和资金支持重点变化。国有企业还可以通过管理，使技术人员晋升为政府决策者提高政策制定效度，以为自身发展创造更有效的制度环境。此外，中国经济转型"摸着石头过河"环境下（Tan & Tan, 2005），国有企业管理者应该具企业家精神，敢于突破，可以参考其他国家行业的经验，推动管理体制改革，以提高企业效率，通过"试点"成功推动制度演变。例如，株洲所事业制改制的成功推动了事业制在全行业实施。此外，很多研究认为国有企业不利于创新，但在大多数国家，战略性产业属于国有控制。如何发挥制度和国家所有制优势，中国轨道交通产业的成功将为世界国有企业战略性产业的成功提供理论和实践借鉴。

第二节　后发企业关键核心技术瓶颈突破策略

第一，核心企业需要针对关键核心技术特征，与创新生态系统上下游成员构建适配的耦合网络，才能成功突破关键核心技术被"卡脖子"。其一，核心企业需要与科研机构建立紧密耦合的研发网络，在联合开展源头创新中，获取丰富的领域知识并整合众多不同领域的架构知识，突破集成技术。其二，通过松散耦合的研发网络为部件研制企业提供支持，促进其积累、深化领域知识以突破负责的子技术分支。其三，核心企业还须与部件研制企业构建松散耦合的研发网络，协调各层级子技术分支兼容、适配。其四，技术研发完成之后，核心企业更应该加强与创新生态系统上下游成员的交互、配合，促进研发网络与商业化网络间紧密耦合，防止技术研发与市场应用"脱节"，跨越技术转商用的"最后一公里"，即可靠性无法达标问题，这也是目前我国关键核心技术突破过程中的"死亡之谷"。例如，高端轴承钢、液压系统等 35 项"卡脖子"清单中，多数技术是因为达不到规模商用的可靠性要求。只有借助实地测试和长周期实际应用，通过研发端与应用端的反馈迭代，才能持续提高技术可靠性，突破关键核心技术。其五，核心企业需要在动态变化的环境中不断调整自身创新战略（Tan & Tan，2005），提高对前沿技术的敏感性和识别能力，持续追踪技术前沿，同时积极主动寻求政府支持，借助资金、政策红利以及市场机会（Tan & Tan，2017），整合各方资源，开展前沿技术研究并推动产品规模商用。

第二，由于创新生态系统的缺失，"合作悖论"成为困扰中国企业关键核心技术突破的难题。对于企业来说，企业应将关注重点从自身核心能力培养扩大到所嵌入的产业创新生态系统的培育与优化（Adner，2012），通过整合生态系统成员资源，突破关键核心技术研发和商业化瓶颈。例如，CRH380A 成功研制，源于在四方股份发起、政府支持下，构建了一个研发与商业化互动迭代的产业创新生态系统支撑体系。所有成员协同创新，逐个突破关键共性技术、关键零部件技术、关键材料技术、试验验证技术。要突破制约我国产业创新发展的关键核心技术"卡脖子"问题，企业、产业、政府应构建从基础研究、技术研发、产品应用、市场培育的完整产业创新生态系统，促进上下游成员协同合作。

第三，对构建全产业关键环节都强大的产业创新生态系统的启示。如何构建具有绝对竞争力和控制力的全产业创新生态系统支撑体系，成为身处逆全球化、技术和贸易封锁盛行、产业生态链本土化将成为未来国家战略主线（贺俊，2020）的复杂国际环境下的中国企业、产业甚至国家层面突破创新发展瓶颈的首要问题。对于集团公司，应加强产业创新生态系统培养和优化意识，通过对产业结构、组织结构、产品结构的调整，促进产业生态链的优化。对于核心企业来说，应将构建和优化产业创新生态系统作为自身战略重点，通过构建合作创新网络、产业创新联盟、以项目为载体进行联合研发、在国外成立研究合作机构以整合全球技术资源等方式，助推整个产业创新生态系统向原始创新、关键共性技术、前沿技术扩展，促进技术与市场精准对接、高效迭代。

第四，领先企业创新生态系统战略构建的建议。创新生态系统成员间应构建适配的耦合模式和耦合范围以灵活应对由系统内外部环境变化等因素而带来的挑战。处于创新生态系统中的企业在不同演化阶段会遇到不同的挑战，这将对成员间关键核心技术合作创新产生负面影响；而由于核心企业能凭借其资源优势拥有对其他成员支配和影响的权力，在管理创新生态系统关键核心技术合作创新活动中发挥着关键性作用，往往承担着控制、协调系统发展的责任（Jacobides & Tae，2015）。因此，本书研究可为核心企业正确判断关键核心技术合作创新过程中面临的挑战类型，选择适配的耦合战略、优化创新生态系统结构、协调系统成员耦合行为，以应对各种挑战、降低关键核心技术合作创新风险，从而提高关键核心技术合作创新成功率提供决策依据。此外，值得注意的是，在以我国为代表的新兴工业化国家中，政府、政策环境对创新生态系统关键核心技术合作创新的成功起至关重要的作用，尤其是对战略性或新兴产业系统中的企业而言（Genin et al.，2021）。政府应根据产业系统内外部环境及发展阶段定义自身角色并选择相应的干预手段：对于以轨道交通装备等复杂系统产品为代表的战略性产业，资本密集、研发周期长且关系到国家安全等特征使之不能完全依靠市场，其创新、发展离不开政府的支持；对于新兴产业，由于市场和技术不够成熟，政府需进行一定的引导和扶持以帮助相关企业克服起步阶段的困难。创新生态系统是在不断进行动态变化的，不同演化阶段的主导挑战不同，且系统复杂程度也随时间推移愈加凸显，这就需要政府干预发生相应变化以期实现最优的政策效果。政府可通过产业发展规划、研发资金投入、新产品采购等方式，为研发和商业化提供资金和政策保障；营造公平、制度完善且规范的环境，增大企业和创新生态系统的技术溢出效应，最终提高创新生态系统成员间关键核心技术合作创新成功率及绩效。

第五，核心企业提高关键核心技术创新成功率的建议。要提高核心企业关键核心技术创新成功率，核心企业除了将视野关注于自身能力，例如自身管理能力，技术能力等，更应将视野从自身扩展到所处创新生态系统成员耦合过程，识别并规避与创新生态系统成员合作过程中可能的关键核心技术创新"盲点"。

第六，核心企业应明晰可能的非良性耦合因素。创新生态系统中，通过模块之间界面的标准化设计能有效降低不同成员之间的依赖性和协调需求，但当产品一个组成模块的创新影响到其他的组成模块以及模块之间的连接方式，需要其他模块随之成功创新才能发挥整体性能时，创新的不确定性和成员之间的依赖性显著增加，此时过度依赖界面的标准化形成的自动响应，可能会使核心企业忽视成员之间耦合的重要性，导致成员之间非一致性协同，出现关键核心技术创新"盲点"，将会给核心企业的创新带来毁灭性的打击。因此，核心企业需要认识到与其他成员耦合的重要性，通过绘制创新生态系统蓝图（Adner，2012，2006），明确创新过程中需要实现良性耦合的所有成员，包括共同创新成员、采用链成员，并确定它们在创新生态系统中所处的位置及所发挥的作用，关注与这些成员之间的耦合特征，明晰与其他成员耦合过程中所有的非良性耦合因素，识别创新过程中的"盲点"。

第七，核心企业需要与其他成员建立良性耦合关系，突破关键核心技术创新"盲点"。创新生态系统中影响核心企业创新的其他成员具有很强的独立性，核心企业难以直接影响其他成员的行为，为核心企业实现与其他成员的一致性协同带来了极大的挑战。因此，核心企业可以通过与其他成员建立合作关系或在合作过程中提高合作关系强度等方式，构建紧密耦合机制，增强组织之间的协调，在保持成员独立性的情况下，实现相互依赖所需的一致性协同，从而突破关键核心技术创新"盲点"，提高创新成功率。

第八，本书研究对国际合资企业和国内企业利用组织间关系促进关键核心技术创新突破提供建议。对国际合资企业来说，跨国企业在建立合作伙伴关系时，应考虑国内外关系紧张所造成的关系约束。国际合资企业应扩大与所在国企业的合作网络范围，以减少关系约束。相比之下，行政隶属企业应利用创新网络的紧密合作关系促进组织学习，以提高企业创新能力。通过创新网络的紧密合作，行政隶属企业可以从掌握高技术的研究机构、企业合作中获得创新所需知识。因此，行政隶属企业的管理者应加强与其他组织的技术合作，以促进企业技术创新能力提升。

参考文献

［1］艾冰，陈晓红．政府采购与自主创新的关系［J］．管理世界，2008（3）：169－170．

［2］安同良，周绍东，皮建才．R&D 补贴对中国企业自主创新的激励效应［J］．经济研究，2009，44（10）：87－98，120．

［3］白俊红．中国的政府 R&D 资助有效吗？来自大中型工业企业的经验证据［J］．经济学，2011，10（4）：1375－1400．

［4］曹兴，宋娟．技术联盟网络企业知识转移行为的仿真分析［J］．研究与发展管理，2010，22（5）：23－30．

［5］曹兴，宋娟．技术联盟知识转移影响因素的实证分析［J］．科研管理，2011，32（2）：1－9，19．

［6］曹兴，宋娟．网络组织知识转移仿真分析［J］．中国软科学，2014（3）：142－152．

［7］曹兴，宋娟，张伟，等．技术联盟网络知识转移影响因素的案例研究［J］．中国软科学，2010（4）：62－72，182．

［8］陈春阳．中国机车车辆业创新战略研究［D］．北京：北京交通大学，2007．

［9］陈嘉文，姚小涛．组织与制度的共同演化：组织制度理论研究的脉络剖析及问题初探［J］．管理评论，2015，27（5）：135－144．

［10］陈清泰．促进企业自主创新的政策思考［J］．管理世界，2006（7）：1－3．

［11］陈衍泰，孟媛媛，张露嘉，等．产业创新生态系统的价值创造和获取机制分析——基于中国电动汽车的跨案例分析［J］．科研管理，2015（S1）：68-75．

［12］崔淼，苏敬勤．技术引进与自主创新的协同：理论与案例［J］．管理科学，2013，26（2）：1-12．

［13］戴亦舒，叶丽莎，董小英．创新生态系统的价值共创机制——基于腾讯众创空间的案例研究［J］．研究与发展管理，2018，30（4）：24-36．

［14］杜运周，李佳馨，刘秋辰，等．复杂动态视角下的组态理论与QCA方法：研究进展与未来方向［J］．管理世界，2021，37（3）：180-197，12-13．

［15］冯江华，李永华．永磁牵引系统：中国掌握了最先进的高铁牵引技术［J］．中国经济周刊，2019，（20）：38-41．

［16］付明卫，叶静怡，孟俣希，等．国产化率保护对自主创新的影响——来自中国风电制造业的证据［J］．经济研究，2015，50（2）：118-131．

［17］傅晓霞，吴利学．技术差距、创新路径与经济赶超——基于后发国家的内生技术进步模型［J］．经济研究，2013，48（6）：19-32．

［18］傅志寰．中国铁路机车车辆工业发展之路的思考［J］．中国铁路，2002（7）：11-14，4．

［19］高柏，李国武，甄志宏，等．中国高铁创新体系研究［M］．北京：社会科学文献出版社，2016．

［20］高铁见闻．高铁风云录［M］．长沙：湖南文艺出版社，2015．

［21］关志雄．中美经济摩擦进入新阶段：矛盾焦点从贸易失衡转向技术转移［J］．国际经济评论，2018（4）：35-45，5．

［22］贺俊．从效率到安全：疫情冲击下的全球供应链调整及应对［J］．学习与探索，2020（5）：79-89，192．

［23］贺俊，吕铁，黄阳华，等．技术赶超的激励结构与能力积累：中国高铁经验及其政策启示［J］．管理世界，2018，34（10）：191-207．

［24］黄阳华，吕铁．深化体制改革中的产业创新体系演进——以中国高铁技术赶超为例［J］．中国社会科学，2020（5）：65-85，205-206．

［25］黄永春，李倩．GVC 视角下后发国家扶持新兴产业赶超的政策工具研究——来自中、韩高铁产业赶超案例的分析［J］．科技进步与对策，2014，31（18）：119 - 124．

［26］黄永春，郑江淮，杨以文，等．中国"去工业化"与美国"再工业化"冲突之谜解析——来自服务业与制造业交互外部性的分析［J］．中国工业经济，2013（3）：7 - 19．

［27］江飞涛，李晓萍．直接干预市场与限制竞争：中国产业政策的取向与根本缺陷［J］．中国工业经济，2010（9）：26 - 36．

［28］江鸿，吕铁．政企能力共演化与复杂产品系统集成能力提升——中国高速列车产业技术追赶的纵向案例研究［J］．管理世界，2019，35（5）：106 - 125，199．

［29］江诗松，龚丽敏，魏江．转型经济背景下后发企业的能力追赶：一个共演模型——以吉利集团为例［J］．管理世界，2011（4）：122 - 137．

［30］江诗松，龚丽敏，徐逸飞，等．转型经济背景下国有和民营后发企业创新能力的追赶动力学：一个仿真研究［J］．管理工程学报，2015，29（4）：35 - 48．

［31］骄阳．"中国面孔"是这样雕塑的［N］．科技日报，2011 - 10 - 22．

［32］解维敏，唐清泉，陆姗姗．政府 RD 资助，企业 RD 支出与自主创新——来自中国上市公司的经验证据［J］．金融研究，2009（6）：86 - 99．

［33］黎文靖，郑曼妮．实质性创新还是策略性创新？——宏观产业政策对微观企业创新的影响［J］．经济研究，2016（4）：60 - 73．

［34］李春涛，宋敏．中国制造业企业的创新活动：所有制和 CEO 激励的作用［J］．经济研究，2010，45（5）：55 - 67．

［35］李恒毅，宋娟．新技术创新生态系统资源整合及其演化关系的案例研究［J］．中国软科学，2014，26（6）：129 - 141．

［36］刘放，杨筝，杨曦．制度环境，税收激励与企业创新投入［J］．管理评论，2016，28（2）：61 - 73．

［37］柳卸林，高雨辰，丁雪辰．寻找创新驱动发展的新理论思维——基于新熊彼特增长理论的思考［J］．管理世界，2017（12）：8 - 19．

［38］路风．冲破高铁迷雾——追踪中国高铁技术核心来源［J］．瞭望，2013（48）：30-32.

［39］路风．冲破迷雾——揭开中国高铁技术进步之源［J］．管理世界，2019，35（9）：164-194，200.

［40］路风．论产品开发平台［J］．管理世界，2018，34（8）：106-129，192.

［41］吕铁，贺俊．政府干预何以有效：对中国高铁技术赶超的调查研究［J］．管理世界，2019，35（9）：152-163，197.

［42］吕一博，韩少杰，苏敬勤．翻越由技术引进到自主创新的樊篱——基于中车集团大机车的案例研究［J］．中国工业经济，2017（8）：174-192.

［43］吕越，陈帅，盛斌．嵌入全球价值链会导致中国制造的"低端锁定"吗？［J］．管理世界，2018，34（8）：11-29.

［44］栾强，罗守贵．R&D资助、企业创新和技术进步——基于国有企业与民营企业对比的实证研究［J］．科学学研究，2017，35（4）：625-632.

［45］欧阳桃花，胡京波，李洋，等．DFH小卫星复杂产品创新生态系统的动态演化研究：战略逻辑和组织合作适配性视角［J］．管理学报，2015，12（4）：546-557.

［46］欧忠辉，朱祖平，夏敏，等．创新生态系统共生演化模型及仿真研究［J］．科研管理，2017，38（12）：49-57.

［47］彭纪生，仲为国，孙文祥．政策测量、政策协同演变与经济绩效：基于创新政策的实证研究［J］．管理世界，2008（9）：25-36.

［48］彭新敏，郑素丽，吴晓波，等．后发企业如何从追赶到前沿？——双元性学习的视角［J］．管理世界，2017（2）：142-158.

［49］沈志云，张天明．我的高铁情缘——沈志云口述自传［M］．长沙：湖南教育出版社，2014.

［50］寿柯炎，魏江．后发企业如何构建创新网络——基于知识架构的视角［J］．管理科学学报，2018，21（9）：28-42.

［51］宋娟，曹兴，李恒毅．加权局域世界网络组织技术扩散模型及仿

真分析［J］. 管理工程学报, 2015, 29 (1)：149 – 155.

［52］宋娟, 曹兴. 网络视角下联盟企业知识转移行为模型及实证研究［J］. 系统工程, 2013, 31 (11)：78 – 85.

［53］宋娟, 谭劲松, 王可欣, 等. 创新生态系统视角下核心企业突破关键核心技术"卡脖子"——以中国高速列车牵引系统为例［J］. 南开管理评论, 2023, 26 (5)：4 – 17.

［54］宋娟, 张莹莹, 谭劲松. 创新生态系统下核心企业创新"盲点"识别及突破的案例分析［J］. 研究与发展管理, 2019, 31 (4)：76 – 90.

［55］宋凌云, 王贤彬. 重点产业政策、资源重置与产业生产率［J］. 管理世界, 2013 (12)：63 – 77.

［56］苏敬勤, 单国栋. 复杂产品系统企业的主导逻辑——以大连机车为例［J］. 科研管理, 2016, 37 (6)：92 – 102.

［57］苏敬勤, 林菁菁. 国有企业的自主创新：除了政治身份还有哪些情境因素？［J］. 管理评论, 2016, 28 (3)：230 – 240.

［58］苏敬勤, 刘静. 政策驱动型机车车辆业自主创新模式——基于探索性案例［J］. 科学学与科学技术管理, 2012, 33 (8)：21 – 27.

［59］苏屹, 姜雪松, 雷家骕, 等. 区域创新系统协同演进研究［J］. 中国软科学, 2016 (3)：44 – 61.

［60］谭劲松, 宋娟, 陈晓红. 产业创新生态系统的形成与演进："架构者"变迁及其战略行为演变［J］. 管理世界, 2021, 37 (9)：167 – 191.

［61］谭劲松, 张红娟, 林润辉. 产业创新网络动态演进机制模拟与实例分析［J］. 管理科学学报, 2019, 22 (12)：1 – 14.

［62］王俊. R&D 补贴对企业 R&D 投入及创新产出影响的实证研究［J］. 科学学研究, 2010, 28 (9)：1368 – 1374.

［63］王可达. 提高我国关键核心技术创新能力的路径研究［J］. 探求, 2019 (2)：38 – 46.

［64］魏江, 杨洋. 跨越身份的鸿沟：组织身份不对称与整合战略选择［J］. 管理世界, 2018 (6)：140 – 156.

［65］吴先明, 高厚宾, 邵福泽. 当后发企业接近技术创新的前沿：国

际化的"跳板作用"[J].管理评论，2018，30（6）：40-54.

[66] 吴先明，苏志文.将跨国并购作为技术追赶的杠杆：动态能力视角 [J].管理世界，2014（4）：146-164.

[67] 吴晓波，付亚男，吴东，等.后发企业如何从追赶到超越？——基于机会窗口视角的双案例纵向对比分析 [J].管理世界，2019，35（2）：151-167，200.

[68] 吴晓波，张馨月，沈华杰.商业模式创新视角下我国半导体产业"突围"之路 [J].管理世界，2021，37（3）：123-136，9.

[69] 谢富胜，吴越，王生升.平台经济全球化的政治经济学分析 [J].中国社会科学，2019（12）：62-81，200.

[70] 许晖，许守任，王睿智.网络嵌入、组织学习与资源承诺的协同演进——基于3家外贸企业转型的案例研究 [J].管理世界，2013（10）：142-169.

[71] 闫晓苏，李凤新.我国高速铁路的技术创新之路——基于专利数据的统计分析 [J].科学观察，2013，8（5）：56-64.

[72] 杨飞，孙文远，程瑶.技术赶超是否引发中美贸易摩擦 [J].中国工业经济，2018（10）：99-117.

[73] 应瑛，刘洋，魏江.开放式创新网络中的价值独占机制：打开"开放性"和"与狼共舞"悖论 [J].管理世界，2018（2）：144-160.

[74] 余江，陈凤，张越，等.铸造强国重器：关键核心技术突破的规律探索与体系构建 [J].中国科学院院刊，2019，34（3）：339-343.

[75] 余明桂，范蕊，钟慧洁.中国产业政策与企业技术创新 [J].中国工业经济，2016（12）：5-22.

[76] 余振，周冰惠，谢旭斌，等.参与全球价值链重构与中美贸易摩擦 [J].中国工业经济，2018（7）：24-42.

[77] 曾赛星，陈宏权，金治州，等.重大工程创新生态系统演化及创新力提升 [J].管理世界，2019，35（4）：28-38.

[78] 张宝红，张保柱.转轨经济下的企业行为及其价值影响 [J].管理世界，2011（5）：182-183.

［79］张红娟，谭劲松．联盟网络与企业创新绩效：跨层次分析［J］.
管理世界，2014（3）：163－169.

［80］张红娟，谢思全，谭劲松．企业战略—组织环境协同演进与产业空间
转移——以自行车产业为例［J］.管理学报，2011，8（5）：666－675，682.

［81］张米尔，田丹．从引进到集成：技术能力成长路径转变研究——
"天花板"效应与中国企业的应对策略［J］.公共管理学报，2008（1）：
84－90.

［82］张同斌，高铁梅．财税政策激励、高新技术产业发展与产业结构
调整［J］.经济研究，2012，47（5）：58－70.

［83］张艺，陈凯华，朱桂龙．产学研合作与后发国家创新主体能力演
变——以中国高铁产业为例［J］.科学学研究，2018，36（10）：1896－1913.

［84］赵庆国．高速铁路产业发展政策研究［D］.南昌：江西财经大
学，2013.

［85］赵小刚．与速度同行：亲历中国铁路工业40年［M］.北京：中
信出版社，2014.

［86］赵小刚．在推进南车集团技术创新的进程中谱写青春华章［J］.
机车车辆工艺，2007（2）：1－2.

［87］郑刚，郭艳婷．新型技术追赶与动态能力：家电后发企业多案例
研究［J］.科研管理，2017，38（7）：62－71.

［88］周亚虹，蒲余路，陈诗一，等．政府扶持与新型产业发展——以
新能源为例［J］.经济研究，2015，50（6）：147－161.

［89］朱平芳，徐伟民．政府的科技激励政策对大中型工业企业RD投
入及其专利产出的影响——上海市的实证研究［J］.经济研究，2003（6）：
45－53，94.

［90］朱瑞博，刘志阳，刘芸．架构创新、生态位优化与后发企业的跨
越式赶超——基于比亚迪、联发科、华为、振华重工创新实践的理论探索
［J］.管理世界，2011（7）：69－97，188.

［91］Adner R，Feiler D. Interdependence，perception，and investment
choices：An experimental approach to decision making in innovation ecosystems

[J]. *Organization Science*, 2019, 30 (1): 109 – 125.

[92] Adner R, Kapoor R. Innovation ecosystems and the pace of substitution: Re-examining technology s-curves [J]. *Strategic Management Journal*, 2016, 37: 625 – 648.

[93] Adner R. Ecosystem as structure: An actionable construct for strategy [J]. *Journal of Management*, 2017, 43 (1): 39 – 58.

[94] Adner R, Kapoor R. Value creation in innovation ecosystems: How the structure of technological interdependence affects firm performance in new technology generations [J]. *Strategic Management Journal*, 2010, 31 (3): 306 – 333.

[95] Adner R. Match your innovation strategy to your innovation ecosystem [J]. *Harvard Business Review*, 2006, 84: 98 – 107.

[96] Adner R. The wide lens: A new strategy for innovation [M]. UK: Penguin, 2012.

[97] Alexy O, George G, Salter A I, et al. The selective revealing of knowledge and its implications for innovative activity [J]. *Academy of Management Review*, 2013, 38 (2): 270 – 291.

[98] Alnuaimi T, George G. Appropriability and the retrieval of knowledge after spillovers [J]. *Strategic Management Journal*, 2016, 37: 1263 – 1279.

[99] Ansari S S, Garud R, Kumaraswamy A. The disruptor's dilemma: Ti-Vo And the U. S. television ecosystem [J]. *Strategic Management Journal*, 2016, 37 (9): 1829 – 1853.

[100] Bahemia H, John S, Wim V. The timing of openness in a radical innovation project, a temporal and loose coupling perspective [J]. *Research Policy*, 2018, 47 (10): 2066 – 2076.

[101] Bamberger P. Beyond contextualization: using context theories to narrow the micro-macro gap in management research [J]. *Academy of Management Journal*, 2008, 51 (5): 839 – 846.

[102] Batjargal B, Hitt M A, Tsui A S, et al. Institutional polycentrism, entrepreneurs' social networks, and new venture growth [J]. *Academy of Man-

agement Journal, 2013, 56: 1024 – 1049.

[103] Bird Y, Short J L, Toffel M W. Coupling labor codes of conduct and supplier labor practices: The role of internal structural conditions [J]. *Organization Science*, 2019, 30 (4): 847 – 867.

[104] Braguinsky S, Hounshell D A. History and nanoeconomics in strategy and industry evolution research: Lessons from the meiji-era Japanese cotton spinning industry [J]. *Strategic Management Journal*, 2016, 37: 45 – 65.

[105] Brice D, Oliver A, Erkko A. Maneuvering in poor visibility: How firms play the ecosystem game when uncertainty is high [J]. *Strategic Management Journal*, 2018, 43 (1): 39 – 58.

[106] Brusoni S, Pavitt P K. Knowledge specialization, organizational coupling, and the boundaries of the firm: Why do firms know more than they make? [J]. *Administrative Science Quarterly*, 2001, 46 (4): 597 – 621.

[107] Brusoni S, Prencipe A. The organization of innovation in ecosystems: Problem framing, problem solving, and patterns of coupling [J]. *Advances in Strategic Management*, 2013, 30 (1): 167 – 194.

[108] Bruton G D, Peng M W. Ahlstrom D, et al. State-owned enterprises around the world as hybrid organizations [J]. *Academy of Management Perspectives*, 2015, 29 (1): 92 – 114.

[109] Cabigiosu A , Camuffo A. Beyond the "Mirroring" hypothesis: Product modularity and interorganizational relations in the air conditioning industry [J]. *Organization Science*, 2012, 23 (3): 686 – 703.

[110] Caloghirou Y, Kastelli I, Tsakanikas, A. Internal capabilities and external knowledge sources: Complements or substitutes for innovative performance? [J]. *Technovation*, 2004, 24 (1): 29 – 39.

[111] Cappelli P, Singh H, Singh J, et al. The India way: Lessons for the US [J]. *Academy of Management Perspectives*, 2010, 24 (2): 6 – 24.

[112] Cennamo C, Santalob J. Generativity tension and value creation in platform ecosystems [J]. *Organization Science*, 2019, 30: 617 – 641.

[113] Cho D S, Kim D J, Rhee D K. Latecomer strategies: Evidence from the semiconductor industry in Japan and Korea [J]. *Organization Science*, 1998, 9 (4): 489 –505.

[114] Cho S Y, Sang K K. Horizon problem and firm innovation: The influence of CEO career horizon, exploitation and exploration on breakthrough innovations [J]. *Research Policy*, 2017, 46 (10): 1801 –1809.

[115] Clement J, Shipilov A, Galunic C. Brokerage as a public good: The externalities of network hubs for different formal roles in creative organizations [J]. *Administrative Science Quarterly*, 2018, 63: 251 –286.

[116] Cuervo A, Villalonga B. Explaining the variance in the performance effects of privatization [J]. *Academy of Management Review*, 2000, 25: 581 –590.

[117] Davis J P, Eisenhardt K M. Rotating leadership and collaborative innovation: Recombination processes in symbiotic relationships [J]. *Administrative Science Quarterly*, 2011, 56: 159 –201.

[118] Davis J P. The group dynamics of interorganizational relationships: Collaborating with multiple partners in innovation ecosystems [J]. *Administrative Science Quarterly*, 2016, 61 (4): 621 –661.

[119] Dedrick J, Kraemer K, Linden G. Who profits from innovation in global value chains? A study of the iPod and notebook PCs [J]. *Industrial and Corporate Change*, 2010, 19 (1): 81 –116.

[120] Delmas M, Toffel M. Organizational responses to environmental demands: Opening the black box [J]. *Strategic Management Journal*, 2008, 29: 1027 –1055.

[121] Dieleman M, Sachs W M. Coevolution of institutions and corporations in emerging economies: How the Salim group morphed into an institution of Suharto's crony regime [J]. *Journal of Management Studies*, 2008, 45 (7): 1274 –1300.

[122] Eisenhardt K M. Building theories from case study research [J]. *Academy of Management Review*, 1989, 14 (4): 532 –550.

［123］Eisenhardt K M, Melissa E G. Theory building from cases: Opportunities and challenges ［J］. *Academy of Management Journal*, 2007, 50 (1): 25 – 32.

［124］Fan J, McCandliss B D, Fossella J, et al. The activation of attentional networks ［J］. *Neuroimage*, 2005, 26 (2): 471 – 479.

［125］Gao X. A latecomer's strategy to promote a technology standard: The case of Datang and TD – SCDMA ［J］. *Research Policy*, 2014, (43): 597 – 607.

［126］Gao X. Approaching the technological innovation frontier: Evidence from Chinese SOEs ［J］, *Industry and Innovation*, 2019, 26: 100 – 120.

［127］Garnsey E, Leong Y Y. Combining resource-based and evolutionary theory to explain the genesis of bio-networks ［J］. *Industry and Innovation*, 2008, 15 (6): 669 – 686.

［128］Genin A L, Tan J, Song J. Relational assets or liabilities? Competition, collaboration, and firm intellectual property breakthrough in the Chinese high-speed train sector ［J］. *Journal of International Business Studies*, 2022, 53: 1895 – 1923.

［129］Genin A L, Tan J, Song J. State governance and technological innovation in emerging economies: State-owned enterprise restructuration and institutional logic dissonance in China's high-speed train sector ［J］. *Journal of International Business Studies*, 2021, 52 (4): 621 – 645.

［130］Giachetti C, Marchi G. Successive changes in leadership in the worldwide mobile phone industry: The role of windows of opportunity and firms' competitive action ［J］. *Research Policy*, 2017, 46 (2): 352 – 364.

［131］Greenwood R, Suddaby R. Institutional entrepreneurship in mature fields: The big five accounting firms ［J］. *Academy of Management Journal*, 2006, 49 (1): 27 – 48.

［132］Grigoriou K, Rothaermel F. T. Organizing for knowledge generation: Internal knowledge networks and the contingent effect of external knowledge sourcing ［J］. *Strategic Management Journal*, 2017, 38 (2): 395 – 414.

[133] Guan J, Liu N. Exploitative and exploratory innovations in knowledge network and collaboration network: A patent analysis in the technological field of nano-energy [J]. *Research Policy*, 2016, 45 (1): 97 – 112.

[134] Gurses K, Ozcan P. Entrepreneurship in regulated markets: Framing contests and collective action to introduce Pay TV in the US [J]. *Academy of Management Journal*, 2015, 58 (6): 1709 – 1739.

[135] Hannah D P, Eisenhardt K M. How firms navigate cooperation and competition in nascent ecosystems [J]. *Strategic Management Journal*, 2018, 39 (12): 3163 – 3192.

[136] Hitt M, Ahlstrom D, Dacin T, et al. The institutional effects on strategic alliance partner selection in transition economies: China versus Russia [J]. *Organization Science*, 2004, 15: 173 – 185.

[137] Hofman E, Halman J I M, Looy B V. Do design rules facilitate or complicate architectural innovation in innovation alliance networks? [J]. *Research Policy*, 2016, 45 (7): 1436 – 1448.

[138] Hofman E, Halman J I M, Song M. When to use loose or tight alliance networks for innovation? Empirical evidence [J]. *Journal of Product Innovation Management*, 2017, 34 (1): 81 – 100.

[139] Holmes R M, Zahra S A, Hoskisson R E, et al. Two-way streets: The role of institutions and technology policy in firms' corporate entrepreneurship and political strategies [J]. *Academy of Management Perspectives*, 2016, 30 (3): 247 – 272.

[140] Hoskisson R, Eden L, Lau C M, Wright M. Strategy in emerging economies [J]. *Academy of Management Journal*, 2000, 43 (3): 249 – 267.

[141] Hoskisson R E, Wright M, Filatotchev I, Peng M W. Emerging multinationals from mid-range economies: The influence of institutions and factor markets [J]. *Journal of Management Studies*, 2013, 50 (7): 1295 – 1321.

[142] Hwang H R, Choung J Y. The co-evolution of technology and institutions in the catch-up process: The case of the semiconductor industry in Korea and

Taiwan [J]. *Journal of Development Studies*, 2014, 50 (9): 1240 – 1260.

[143] Iansiti M, Levien R. Strategy as ecology [J]. *Harvard Business Review*, 2004, 82 (3): 68 – 78, 126.

[144] Jacobides M G, Carmelo C, Annabelle G. Towards a theory of ecosystems [J]. *Strategic Management Journal*, 2018, 39 (8): 2255 – 2276.

[145] Jacobides M G, MacDuffie J P, Tae C J. Agency, structure, and the dominance of oems: Change and stability in the automotive sector [J]. *Strategic Management Journal*, 2016, 37 (9), 1942 – 1967.

[146] Jacobides M G, Tae C J. Kingpins, bottlenecks, and value dynamics along a sector [J]. *Organization Science*, 2015, 26 (3): 889 – 907.

[147] Jacobides M G, Winter S G. The co-evolution of capabilities and transaction costs: Explaining the institutional structure of production [J]. *Strategic Management Journal*, 2005, 26 (5): 395 – 413.

[148] Jiang H, Xia J, Cannella A A, Xiao T. Do ongoing networks block out new friends? Reconciling the embeddedness constraint dilemma on new alliance partner addition [J]. *Strategic Management Journal*, 2018, 39 (1): 217 – 241.

[149] Jiang S S, Gong L M, Wang H, et al. Institution, strategy, and performance: A co-evolution model in transitional China [J]. *Journal of Business Research*, 2016, 69: 3352 – 3360.

[150] Jick, T D. Mixing qualitative and quantitative methods: Triangulation in action [J]. *Administrative Science Quarterly*, 1979, 24: 602 – 611.

[151] Joris K, Bakker R M. The guppy and the whale: Relational pluralism and start-ups' expropriation dilemma in partnership formation [J]. *Journal of Business Venturing*, 2019, 34 (1): 103 – 121.

[152] Kang H, Song J. Innovation and recurring shifts in industrial leadership: Three phases of change and persistence in the camera industry [J]. *Research Policy*, 2017, 46 (2): 376 – 387.

[153] Kapoor R, Adner R. What firms make vs. what they know: How firms' production and knowledge boundaries affect competitive advantage in the face

of technological change [J]. *Organization Science*, 2012, 23: 1227 – 1248.

[154] Kapoor R, Agarwal S. Sustaining superior performance in business e-cosystems: evidence from application software developers in the iOS and Android smartphone ecosystems [J]. *Organization Science*, 2017, 3 (28): 531 – 578.

[155] Kapoor R. Ecosystems: Broadening the locus of value creation [J]. *Journal of Organization Design*, 2018, 7 (1): 12.

[156] Kapoor R, Lee J M. Coordinating and competing in ecosystems: How organizational forms shape new technology investments [J]. *Strategic Management Journal*, 2013, 34: 274 – 296.

[157] Kogut B, Ragin C. Exploring complexity when diversity is limited: Institutional complementarity in theories of rule of law and national systems revisited [J]. *European Management Review*, 2006, 3: 44 – 59.

[158] Kwon, S, Rondi E, Levin D Z, et al. Network brokerage: An integrative review and future research agenda [J]. *Journal of Management*, 2020, 46 (6): 1092 – 1120.

[159] Laumann E O, Marsden P V, Prensky D. The boundary specification problem in network analysis [A]. In R. S. Burt & M. J. Minor (Eds.), Applied network analysis [M]. Beverly Hills, CA: Sage, 1983.

[160] Lavie D. Alliance portfolios and firm performance: A study of value creation and appropriation in the U. S. software industry [J]. *Strategic Management Journal*, 2007, 28 (12): 1187 – 1212.

[161] Lavie D, Rosenkopf L. Balancing exploration and exploitation in alliance formation [J]. *Academy of Management Journal*, 2006, 49 (4): 797 – 818.

[162] Lazzarini S G. Strategizing by the government: Can industrial policy create firm-level competitive advantage? [J]. *Strategic Management Journal*, 2015, 36: 97 – 112.

[163] Leblebici H, Salancik G R, Copay A, et al. Institutional change and the transformation of interorganizational fields: An organizational history of the U. S. radio broadcasting industry [J]. *Administrative Science Quarterly*, 1991, 36

(3): 333 – 363.

[164] Lee J J, Yoon, H. A comparative study of technological learning and organizational capability development in complex products systems: Distinctive paths of three latecomers in military aircraft industry [J]. *Research Policy*, 2015, 4: 1296 – 1313.

[165] Lee K, Ki J. Rise of latecomers and catch-up cycles in the world steel industry [J]. *Research Policy*, 2017, 46 (2): 365 – 375.

[166] Lee K, Malerba F. Catch-up cycles and changes in industrial leadership: Windows of opportunity and responses of firms and countries in the evolution of sectoral systems [J]. *Research Policy*, 2017, 46: 338 – 351.

[167] Leten B, Vanhaverbeke W, Roijakkers N, et al. IP models to orchestrate innovation ecosystems [J]. *California Management Review*, 2013, 55 (4): 51 – 64.

[168] Lewin A Y, Volberda H W. Prolegomena on coevolution: A framework for research on strategy and new organizational forms [J]. *Organization Science*, 1999, 10 (5): 519 – 535.

[169] Li J, Chen L, Yi J, et al. Ecosystem-specific advantages in international digital commerce [J]. *Journal of International Business Studies*, 2019, 50 (9): 1448 – 1463.

[170] Lin Z, Peng M W, Yang H, et al. How do networks and learning drive M&As? An institutional comparison between China and the United States [J]. *Strategic Management Journal*, 2009, 30 (10): 1113 – 1132.

[171] Lipparini A, Lorenzoni G, Ferriani S. From core to periphery and back: A study on the deliberate shaping of knowledge flows in interfirm dyads and networks [J]. *Strategic Management Journal*, 2014, 35: 578 – 595.

[172] Li S, Xia J, Long C X, et al. Control modes and outcomes of transformed state-owned enterprises in China: An empirical test [J]. *Management and Organization Review*, 2012, 8 (2): 283 – 309.

[173] Liu F, Denis F S, Sun Y, et al. China's innovation policies: Evolu-

tion, institutional structure, and trajectory [J]. *Research Policy*, 2011, 40 (7): 917 –931.

[174] Liu X L, Cheng P. National strategy of indigenous innovation and its implication to China [J]. *Asian Journal of Innovation and Policy*, 2014, 3 (1): 117 –139.

[175] Luo X L, Zhu J Y, Gleisner R, et al. Effects of wet-pressing-induced fiber hornification on enzymatic saccharification of lignocelluloses [J]. *Cellulose*, 2011, 18: 1055 –1062.

[176] Lu Y, Eric T, Mike P. Knowledge management and innovation strategy in the Asia Pacific: Toward an institution-based view [J]. *Asia Pacific Journal of Management*, 2008, 25: 361 –374.

[177] Madsen P M, Desai V. Failing to learn? The effects of failure and success on organizational learning in the global orbital launch vehicle industry [J]. *Academy of Management Journal*, 2010, 53 (3): 451 –476.

[178] Mahmood I P, Rufin C. Government's dilemma: The role of government in imitation and innovation [J]. *Academy of Management Review*, 2005, 30: 338 –360.

[179] Martin J A, Eisenhardt K M. Rewiring: Cross-business-unit collaborations in multibusiness organizations [J]. *Academy of Management Journal*, 2010, 53 (2): 265 –301.

[180] Masucci M, Brusoni S, Cennamo C. Removing bottlenecks in business ecosystems: The strategic role of outbound open innovation [J]. *Research Policy*, 2020, 49 (1): 103823.

[181] Mayer D M, Kuenzi M, Greenbaum R, et al. How low does ethical leadership flow? Test of a trickle-down model [J]. *Organizational Behavior and Human Decision Processes*, 2009, 108 (1): 1 –13.

[182] Mazzaola E, Bruccoleri M, Perrone G. The effect of inbound, outbound and coupled innovation on performance [J]. *International Journal of Innovation Management*, 2012, 16 (6): 1240008.

[183] Meyer K E, Peng W. Probing theoretically into central and eastern Europe: Transactions, resources, and institutions [J]. *Journal of International Business Studies*, 2005, 36: 600 – 621.

[184] Meyer K, Estrin S, Bhaumik S, et al. Institutions, resources, and entry strategies in emerging economies [J]. *Strategic Management Journal*, 2009, 30 (1): 61 – 80.

[185] Miles M B, Huberman A M. Qualitative data analysis (2nd ed) [M]. Thousand Oaks, CA: *Sage Publications*, 1994.

[186] Miozzo M, Desyllas P, Lee H F, et al. Innovation collaboration and appropriability by knowledge-intensive business services firms [J]. *Research Policy*, 2016, 45 (7): 1337 – 1351.

[187] Moore J F. Predators and prey: A new ecology of competition [J]. *Harvard Business Review*, 1993, 71: 75 – 86.

[188] Morrison A, Rabellotti R. Gradual catch up and enduring leadership in the global wine industry [J]. *Research Policy*, 2017, 46 (2): 417 – 430.

[189] Murmann J P. The coevolution of industries and important features of their environments [J]. *Organization Science*, 2013, 24: 58 – 78.

[190] Musacchio A, Lazzarini S G, Aguilera R V. New varieties of state capitalism: Strategic and governance implications [J]. *Academy of management perspectives*, 2015, 29 (1): 115 – 131.

[191] Nambisan S, Baron R A. Entrepreneurship in innovation ecosystems: Entrepreneurs' self-regulatory processes and their implications for new venture success [J]. *Entrepreneurship Theory and Practice*, 2013, 37 (5): 1071 – 1097.

[192] Nambisan S, Sawhney M. Orchestration processes in network-centric innovation: Evidence from the field [J]. *Academy of Management Perspectives*, 2011, 25 (3): 40 – 57.

[193] Navis C, Glynn M A. How new market categories emerge: Temporal dynamics of legitimacy, identity, and entrepreneurship in satellite radio, 1990 – 2005 [J]. *Administrative Science Quarterly*, 2010, 55 (3): 439 – 471.

[194] Nelson R R. Co-evolution of industry structure, technology and supporting institutions, and the making of comparative advantage [J]. *International Journal of the Economics of Business*, 1995, 2 (2): 171 –184.

[195] Nolan P, Zhang J. Globalization challenge for large firms from developing countries: China's oil and aerospace industries [J]. *European Management Journal*, 2003, 21 (3): 285 –99.

[196] Ojala A, Evers N, Rialp A. Extending the international new venture phenomenon to digital platform providers: A longitudinal case study [J]. *Journal of World Business*, 2018, 53 (5): 725 –739.

[197] Orton D, Weick K E. Loosely coupled systems: A reconceptualization [J]. *Academy of Management Review*, 1990, 15 (2): 203 –223.

[198] Ostrom E. Understanding institutional diversity [M]. Princeton, NJ: Princeton University Press, 2005.

[199] Ozcan P, Santos F M. The market that never was: Turf wars and failed alliances in mobile payments [J]. Strategic Management Journal, 2015, 36 (10): 1435 –1597.

[200] Peng M W. Institutional transitions and strategic choices [J]. *Academy of Management Review*, 2003, 28: 275 –296.

[201] Peng M W, Lee S, Wang D Y L. What determines the scope of the firm over time? A focus on institutional relatedness [J]. *Academy of Management Review*, 2005, 30 (3): 622 –633.

[202] Peng M W, Sun S L, Pinkham B, et al. The institution-based view as a third leg for a strategy tripod [J]. *Academy of Management Perspectives*, 2009, 23 (3): 63 –81.

[203] Phelps C C. A longitudinal study of the influence of alliance network structure and composition on firm exploratory innovation [J]. *Academy of Management Journal*, 2010, 53 (4): 890 –913.

[204] Ranganathan R, Lori R. Do ties really bind? The effect of knowledge and commercialization networks on opposition to standards [J]. *Academy of Man-*

agement Journal, 2014, 57 (2): 515 – 540.

[205] Schilling M A. Technology shocks, technological collaboration, and innovation outcomes [J]. *Organization Science*, 2015, 26: 668 – 686.

[206] Schoenherr T, Wagner S M. Supplier involvement in the fuzzy front end of new product development: An investigation of homophily, benevolence and market turbulence [J]. *International Journal of Production Economics*, 2016, 180: 101 – 113.

[207] Shin J S . Dynamic catch-up strategy, capability expansion and changing windows of opportunity in the memory industry [J]. *Research Policy*, 2017, 46 (2): 404 – 416.

[208] Shipilov A, Gulati R, Martin K, et al. Relational pluralism within and between organizations [J]. *Academy of Management Journal*, 2014, 57 (2): 449 – 459.

[209] Singh J. Asymmetry of knowledge spillovers between MNCs and host country firms [J]. *Journal of International Business Studies*, 2007, 38: 764 – 786.

[210] Sminia H. Institutional continuity and the Dutch construction industry fiddle [J]. *Organization Studies*, 2011, 32 (11): 1559 – 1585.

[211] Song J. Innovation ecosystem: Impact of interactive patterns, member location and member heterogeneity on cooperative innovation performance [J]. *Innovation: Management, Policy and Practice*, 2016, 18 (1): 13 – 29.

[212] Suhomlinova O. Toward a model of organizational co-evolution in transition economies [J]. *Journal of Management Studies*, 2006, 43 (7): 1537 – 1558.

[213] Sun Y T, Cao C. The evolving relations between government agencies of innovation policymaking in emerging economies: A policy network approach and its application to the Chinese case [J]. *Research Policy*, 2018, 47: 592 – 605.

[214] Surie G. Creating the innovation ecosystem for renewable energy via social entrepreneurship: Insights from India [J]. *Technological Forecasting and Social Change*, 2017, 121: 184 – 195.

[215] Sytch M, Tatarynowicz A. Exploring the locus of invention: The dy-

namics of network communities and firms' invention productivity [J]. *Academy of Management Journal*, 2014, 57 (1): 249 – 279.

[216] Tan D, Tan J. Far from the tree? Do private entrepreneurs agglomerate around public sector incumbents during economic transition? [J]. *Organization Science*, 2017, 28 (1): 113 – 132.

[217] Tan J. Growth of industry clusters and innovation: Lessons from Beijing Zhongguancun Science Park [J]. *Journal of Business Venturing*, 2006, 21 (6): 827 – 850.

[218] Tan J. Institutional structure and firm social performance in transitional economies: Evidence of multinational corporations in China [J]. *Journal of Business Ethics*, 2009, 86: 171 – 189.

[219] Tan J, Li S M, Xia J. When iron fist, visible hand, and invisible hand meet: Firm-level effects of varying institutional environments in China [J]. *Journal of Business Research*, 2007, 60 (7): 786 – 794.

[220] Tan J, Litschert R L. Environment-strategy relationship and its performance implications: An empirical study of Chinese electronics industry [J]. *Strategic Management Journal*, 1994, 15 (1): 1 – 20.

[221] Tan J, Peng M. Organizational slack and firm performance during economic transitions: Two studies from an emerging economy [J]. *Strategic Management Journal*, 2003, 24: 1249 – 1263.

[222] Tan J. Phase transitions and emergence of entrepreneurship: The transformation of Chinese SOEs over time [J]. *Journal of Business Venturing*, 2007, 22: 77 – 96.

[223] Tan J, Shao Y, Li W. To be different, or to be the same? An exploratory study of isomorphism in the cluster [J]. *Journal of Business Venturing*, 2013, 28 (1): 83 – 97.

[224] Tan J, Tan D. Environment-strategy co-evolution and co-alignment: A staged model of Chinese SOEs under transition [J]. *Strategic Management Journal*, 2005, 26 (2): 141 – 157.

［225］ Tan J. Venturing in turbulent water: A process based model of entre-preneurial transformation ［J］. *Journal of Business Venturing*, 2005, 20 （5）: 689 – 704.

［226］ Tan J, Zhang H, Wang L. Network closure or structural hole? The conditioning effects of network-level social capital on innovation performance ［J］. *Entrepreneurship Theory and Practice*, 2015, 39 （5）: 1189 – 1212.

［227］ Volberda H W, Lewin A Y. Co-evolutionary dynamics within and be-tween firms: From evolution to co-evolution ［J］. *Journal of Management Studies*, 2003, 40 （8）: 2111 – 2136.

［228］ Vértesy D. Preconditions, windows of opportunity and innovation strat-egies: Successive leadership changes in the regional jet industry ［J］. *Research Policy*, 2017, 46 （2）: 388 – 403.

［229］ Walrave B, Talmar M, Podoynitsyna K S, et al. A multi-level per-spective on innovation ecosystems for path-breaking innovation ［J］. *Technological Forecasting and Social Change*, 2018, 136: 103 – 113.

［230］ Wang J. Innovation and government intervention: A comparison of Singapore and Hong Kong ［J］. *Research Policy*, 2018, 47 （2）: 399 – 412.

［231］ Wilson J, Hynes N. Co-evolution of firms and strategic alliances: Theory and empirical evidence ［J］. *Technological Forecasting and Social Change*, 2009, 76: 620 – 628.

［232］ Xia F, Walker G. How much does owner type matter for firm perform-ance? Manufacturing firms in china 1998 – 2007 ［J］. *Strategic Management Jour-nal*, 2015, 36: 576 – 585.

［233］ Xu C. The fundamental institutions of China's reforms and development ［J］. *Journal of Economic Literature*, 2011, 49 （4）: 1076 – 1151.

［234］ Yang H B, Zheng Y F, Zhao X. Exploration or exploitation? Small firms' alliance strategies with large firms ［J］. *Strategic Management Journal*, 2014, 35: 146 – 157.

［235］ Yap X S, Truffer B. Shaping selection environments for industrial catch-up and sustainability transitions: A systemic perspective on endogenizing windows of opportunity [J]. *Research Policy*, 2019, 48 (4): 1030 – 1047.

[236] Yayavaram S, Srivastava M K, Sarkar M B. Role of search for domain knowledge and architectural knowledge in alliance partner selection [J]. *Strategic Management Journal*, 2018, 39 (8): 2277 – 2302.

[237] Yin R K. Case study research: Design and methods [M]. *Sage Publications*, 2009.

[238] Yin R K. Case study research: Design and methods [M]. *Social Research Methods Series*, 2003.

[239] Yin R K. Case study research: Design and methods (2nd ed.) [M]. Thousand Oaks, CA: Sage, 1994.

[240] Yin R K. Case study research: Design and methods (5th ed) [M]. Thousand Oaks, CA: Sage, 2014.

[241] Zajac E J, Kraatz M S, Bresser R K F. Modeling the dynamics of strategic fit: A normative approach to strategic change [J]. *Strategic Management Journal*, 2000, 21 (4): 429 – 453.

[242] Zhang C, Tan J, Tan D. Fit by adaptation or fit by founding? A comparative study of existing and new entrepreneurial cohorts in China [J]. *Strategic Management Journal*, 2016, 37 (5): 911 – 931.

[243] Zhang J, Jiang H, Wu R, et al. Reconciling the dilemma of knowledge sharing: A network pluralism framework of firms' R&D alliance network and innovation performance [J]. *Journal of Management*, 2019, 45 (7): 2635 – 2665.

[244] Zhou K Z, Gao G Y, Zhao H. State ownership and firm innovation in China: An integrated view of institutional and efficiency logics [J]. *Administrative Science Quarterly*, 2017, 62 (2): 375 – 404.

[245] Zhu F, Liu Q. Competing with complementors: An empirical look at Amazon. com [J]. *Strategic Management Journal*, 2018, 39 (10): 2618 – 2642.